高中化学知识体系与教学设计

—— 基于人教版新教材的视角

景崤壁 著

化学工业出版社

·北京·

内 容 简 介

　　《高中化学知识体系与教学设计——基于人教版新教材的视角》主要内容包括绪论、高中化学必修部分逻辑体系和教学思考、高中化学选择性必修部分逻辑体系和教学思考三部分内容。全书以《普通高中化学课程标准》为编写指南和依据，从"课标要求""知识体系梳理"和"教学思考"三个方面，对人民教育出版社出版的普通高中教科书《化学》全部必修部分和选择性必修部分内容，从化学思维规律和方法以及学科价值的视角，对中学化学知识体系进行剖析，以期为广大一线教师和即将成为一线教师的师范类本科生提供思考化学学科教学的方法。

　　《高中化学知识体系与教学设计——基于人教版新教材的视角》可作为中学化学教师的培训进修教材，亦可作为高等师范院校师范生的"中学化学教材分析与比较"课程的教材。

图书在版编目（CIP）数据

　　高中化学知识体系与教学设计：基于人教版新教材的视角 / 景崤壁著 . —北京：化学工业出版社，2021.10（2025.8重印）
　　ISBN 978-7-122-39517-7

　　Ⅰ.①高… 　Ⅱ.①景… 　Ⅲ.①中学化学课–高中–教学参考资料 　Ⅳ.①G633.83

　　中国版本图书馆CIP数据核字（2021）第135910号

责任编辑：褚红喜　　　　　　　　　　文字编辑：苗　敏　师明远
责任校对：王　静　　　　　　　　　　装帧设计：韩　飞

出版发行：化学工业出版社（北京市东城区青年湖南街13号　邮政编码100011）
印　　装：北京科印技术咨询服务有限公司数码印刷分部
710mm×1000mm　1/16　印张15½　字数279千字　2025年8月北京第1版第3次印刷

购书咨询：010-64518888　　　　　　　　售后服务：010-64518899
网　　址：http://www.cip.com.cn
凡购买本书，如有缺损质量问题，本社销售中心负责调换。

定　　价：59.80元　　　　　　　　　　　　　　　　版权所有　违者必究

前言

化学是在分子层次研究物质结构与组成、性能与用途的一门基础自然科学，其目的是创造和识别分子。化学科学的发展以及化学与相关科学的渗透与融合，使化学在生命、能源、材料、环境等领域的应用越来越广泛，成为新兴、朝阳科学发展的基础；化学科学研究成果的广泛应用，也使化学渗透到人类生活的每一个角落。为了与快速发展的化学科学相匹配，基础化学教学改革的深入思考和实践研究就显得十分必要。

2016年12月，习近平总书记在全国高校思想政治工作会议上的讲话指出："各门课都要守好一段渠、种好责任田，使各类课程与思想政治理论课同向同行，形成协同效应"，开启了高校各类课程融入课程思政理念的研究和实践。

2017年9月，中共中央办公厅和国务院办公厅印发了《关于深化教育体制机制改革的意见》，要求健全全员育人、全过程育人、全方位育人的体制机制，充分发掘各门课程中的德育内涵，加强德育课程、思政课程，注重学科德育、课程思政。2017年12月，教育部颁发了《高校思想政治工作质量提升工程实施纲要》，要求高校大力推广以课程思政为目标的课堂教学改革。近几年来，高校课程思政建设取得了大量突出的成果，课程思政理念在中小学阶段的拓展也成为必然趋势和正确方向。如何在化学课堂中体现思政思想是新时期化学教育者需要思考和研究的重要课题。

从化学学科的视角看，学科课程思政的基础、落脚点和最终目标都属于学科价值范畴，学科思政的工具则属于学科思维规律和方法范畴，学科思政的追求则是学科知识本身。学科思维规律和方法以及学科知识本身构成了系统的学科逻辑。因此，学科思政包括学科逻辑和学科价值两个主要组成部分。鉴于知识本身的客观系统性，化学学科课程思政应该包含化学思维规律和方法、具有关联性的化学知识和化学学科价值三部分内容。本书旨在从化学思维规律和方法以及学科价值的视角解读中学化学知识体系，从而为广大一线教师和即将成为一线教师的师范生提供一种思考化学学科教学的方法，有助于一线教师在化学课堂上呈现给学生一门基础的、科学的、真实的、有用的化学。

本书可作为中学化学教师的培训进修教材，亦可作为高等师范院校师范生的"中学化学教材分析与比较"课程的教材。

在本书编写过程中，我参考了大量的文献，在此，对被引用文献的作者表示谢意。感谢扬州大学出版基金、扬州大学"课程思政"教学示范课程建设基金以及扬州大学教改基金的支持。由于作者水平有限，恳请读者对本书中的疏漏和不足之处提出批评指正意见。

景崤壁

2021 年 2 月

目录

第一章

绪　论

　　2017版《普通高中化学课程标准》（以下简称"新课标"）的颁布标志着我国高中化学教学正式迈入发展学生化学学科核心素养的时代。新课标对高化学课堂教学实施建议分别围绕"科学制定化学教学目标""合理选择和组织化学教学内容""精心设计实验探究活动""创设真实问题情境""实施'教、学、评'一体化"和"增进化学学科理解，提升课堂教学能力"六个方面进行了阐述。这六个方面是课标组专家经过全方位研究和论证后行之有效的发展学生化学学科核心素养策略的高度概括。三年以来，专家和广大一线教师在探求行之有效的能够彰显新课标要求的课堂教学模式的实践中取得了一系列的成果，但是由于部分一线教师对学生核心素养水平评价能力的欠缺，导致其对文献中所述各类教学策略的选择显得无所适从，因此，对新课标中高中化学课堂教学实施建议的六个方面的可操作化研究就显得非常急迫。

　　在化学课堂教学中，教学策略的选择和运用，最终是为了促进学生掌握化学知识，进而培养学生的化学学科核心素养。理解和内化化学知识的过程与知识在学生头脑里的"发现"过程有着紧密的关系。教师的教学策略决定了学生"发现"知识的过程。因此，化学知识的实然逻辑体系同学生内化化学知识过程中的逻辑体系的一致性，才是课堂教学的最终目标；教师在教学中呈现的化学知识逻辑体系应该符合化学知识的实然逻辑体系，只有这样才能促进学生内化知识点进而形成科学的知识体系。

　　研究科学的化学教学策略，必然离不开对化学知识体系的理解和认识。

第一节

从"穷其理"到"明其理"

1922 年，冯友兰发表于《国际伦理学杂志》上的《为什么中国没有科学——对中国哲学的历史及其后果的一种解释》以及著名的李约瑟问题（Needham Problem）说明了在 20 世纪早中期东西方普遍认为"中国古代不存在现代意义上的科学"。受该观点的影响，长期以来中国的中学化学教育全盘接纳和吸收了西方的化学科学教育思想和教学模式。然而中华文明具有至少五千年的持续发展过程，中国古代的思想家和哲学家们不可能不对周围物质的本体进行探究和思考，这些探究和思考不应该被排斥在现代科学范畴之外。中华文明在化学科学范畴中的发现和发明充分证明中国传统文化并不完全排斥科学。因此基于中华传统文化的物质观不应该和西方的物质观相矛盾。但是各类文献中很少有人关注和研究基于中国传统思想的化学科学教学。在落实"立德树人"的教育根本任务背景下，重新审视中华传统思想和科学教育之间的关系问题显得意义重大。

作为中国传统儒家思想核心内容的"格物致知"理念应该具备"科学"因素，该理念是掌握化学知识的有效抓手，更是教师培养学生化学学科核心素养的有效教学策略。"格物致知"出自中国传统经典《大学》里的"致知在格物"一语，是《大学》中"三纲八目"的基础。"三纲"即"明明德，亲民，止于至善"。"八目"即"格物，致知，诚意，正心，修身，齐家，治国，平天下"。"格物致知"的原意表达了格物为修身、齐家、治国、平天下的儒家思想。历代先贤对"格物致知"思想内涵的表述各不相同。廖永安总结了历代"格物致知"的思想内涵，大体有伦理学上的、认识论上的和神秘主义上的三个方面意义。

从认识论上讲，"八目"是"三纲"的途径。《礼记·孝经》中论述了"八目"和"三纲"的逻辑关系："古之明明德于天下者，先治其国；欲治其国者，先齐其家；欲齐其家者，先修其身；欲修其身者，先正其心；欲正其心者，先诚其意；欲诚其意者，先致其知；致知在格物。"也就是说，通过"格物，致知，诚意，正心，修身"以求"明明德"；通过"齐家，治国，平天下"以求"亲民"；最终的目的是止于至善。通过逐步践行以格物致知为基础的"八目"，可以达到止于至善的终极目标。跳出伦理学和神秘主义的内涵，"明明德"可以理解为懂得一定的道理，而懂得一定的道理的策略是通过"格物致知"达到"诚意、正心和修身"。"八目"和"三纲"之间的关系如图 1-1。

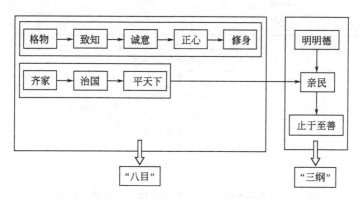

图 1-1 "八目"和"三纲"的关系图

宋代的朱熹对"格物致知"有明确的解释："格，至也。物，犹事也。穷至事务之理，欲其极处无不到也""故致知之道，在乎即事观理，以格夫物。"也就是说，通过"格物"以达到"致知"，然后通过一系列的实践，从而达到"明明德"的境界。

北宋的欧阳修最早提出了"格物穷理"之学，他认为天地万物之理都可以穷究。朱熹对"格物穷理"的解释是"因其已知之理而益穷之，以求至乎其极。至于用力之久……众物之表面精粗无不到……此为物格致知之至也"。明清之际的张载提出"万物皆有理，若不能穷理，如梦过一生"。他主张"穷理"的方法有"明庶务，察人伦"，即"明察"。

实验是从化学视角认识物质世界最有效的方法之一，因此，科学家对每一种物质所进行的"实验"便是"格物"的过程，"格物"一定要"穷其理"。只有通过"穷其理"获得的结论才能称为"致知"。因此，"穷"是实验探究的基本原则。

"致知"是实验过程中通过思考得到的结论，这个过程消除了迷思观念从而达到对基本概念认识的明确，即"诚意"。"诚意"后逐渐形成化学观念，即达到"正心"。对于化学而言，"致知""诚意"和"正心"的过程就是通过化学实验探究化学知识形成化学观念的"修身"过程。不断积累化学观念的重复"修身"最终形成化学素养，即达到"明明德"的境界。运用化学素养解决生活中实际问题的过程就是"齐家""治国""平天下"的"亲民"过程。能够科学运用化学素养解决问题的终极状态便是"止于至善"。"格物致知"理念和化学学习过程之间的关系如图 1-2 所示。

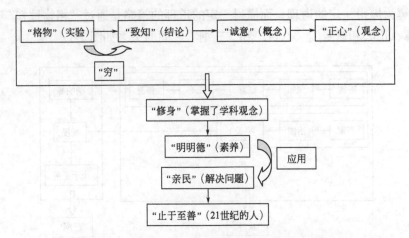

图1-2 "格物致知"理念和化学学习过程的对应关系

从化学实验开始到掌握学科观念并形成化学素养过程中的每一个环节都需要"穷其理"。"学"的要求必然决定教师在教授化学时,"穷其理"成为整个课堂教学的基本原则。"穷其理"的最终目标是使学生"明其理"。因此,学习的过程一定是探寻化学的"理"的过程,这种"理"应该是化学知识内在的逻辑关系。化学学习的"明其理"目标一定是运用"穷其理"的方法而达成的。

第二节
化学教学中"穷其理"的方法和原则

朱熹的"因其已知之理而益穷之"道出了"格物致知"的方法和原则。"益穷之"是针对"已知之理"应该持有的态度,是正常人面对万事万物应该具备的科学精神。"已知之理"在教学中可以看成是学生日常生活中司空见惯的"公理"和已经内化的知识体系,在"已知之理"之上继续"穷其理"是新的知识生长的有效策略,因此,"穷其理"一定是对司空见惯的事物的研究和质疑。针对司空见惯的事物提出合理问题的能力是"穷其理"的前提。发现问题并付诸探究,基于探究得到证据,经过合理的推理和验证最终得到新的知识。因此,基于问题的探究并获得证据和推理的过程以及由此形成新知识的内化过程也是"穷其理"的必然过程。如图1-3，"穷其理"的要素包含质疑、设计、观察、思考、应用和内化共六个方面。相对应的基于"已知之理"的发现问题、展开探究、获取证据、合理推理、迁移验证环节便是"穷其理"的方法，该方法最终达成形成知识的目的。

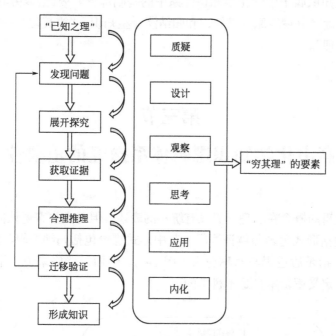

图1-3　"穷其理"的过程和方法

　　"穷其理"是基于"已知之理"的探究，因此，在新知识生成的过程中无法脱离已有的认知基础，建构主义理论也主张新知识的生成一定是基于已有知识的建构过程。在课堂教学中，合理的情境一定不能脱离"已知之理"。"在生活中学习化学"和"学习生活中的化学"是创设合理情境的指导原则。需要说明的是，学习者已有的知识也属于已知之理。因此，课堂情境应该包含学生已有的化学知识。对知识本身的质疑并发现问题以及对其进行探究也属于"穷其理"的范畴。

　　总之，"穷其理"的基本方法是围绕其基本要素展开的，教师应引导学生对已知事物进行分析，引发学生的质疑，引导学生进行设计、指导学生进行科学观察、帮助学生进行思考、指导学生对新知识加以应用，最终达成知识的内化目的。

　　受制于中学学段知识范畴，很多已有知识所引发的质疑无法科学合理地探究，这类知识我们可以暂时归结为逻辑原点型知识，因而无法也无需进行探究。例如，当乙酸和乙醇反应生成乙酸乙酯时，对于为什么乙酸断裂的是碳氧键而不是"更容易"断裂的氧氢键的问题，如果不涉及有机化学机理知识，教师只能将该内容经过简单的展示，让学生通过记忆形式掌握。这些中学阶段的逻辑原点型知识属于中学化学知识体系中的基础部分。因此，"穷其理"的基本原则是正确区分逻辑原点型知识和归纳演绎型知识。"穷其理"一定是"穷"可探究之"理"。

第三节

高中化学知识逻辑体系探究的重要性

虽然逻辑的概念在心理学界没有统一的表述。但是大家普遍认同逻辑的概念；逻辑包括形式逻辑与辩证逻辑，其中形式逻辑包括归纳逻辑与演绎逻辑，辩证逻辑包括矛盾逻辑与对称逻辑（图1-4）。然而，严格来说，用某种形式的逻辑集合定义逻辑本身是不科学的。

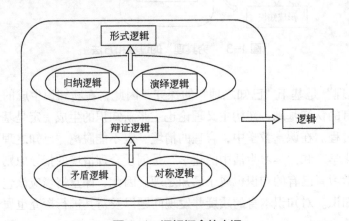

图1-4　逻辑概念的内涵

心理学家普遍认为，学科知识逻辑结构泛指学科规律，它包括学科思维规律和学科客观规律。学科思维规律指思考问题的学科思维方式，而学科客观规律指知识的内在关联。因此化学学科逻辑是化学家研究化学问题的思维规律和方法以及所取得的具有相互关联性的化学知识体系。在化学学科教学中，学科逻辑应该聚焦学生获得怎样的化学知识。因此，我们进行化学教学时应该聚焦化学知识的关联性和化学学科独有的思考问题的方式，如图1-5所示。

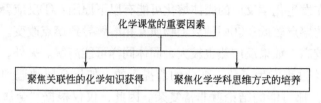

图1-5 化学课堂的重要因素

美国逻辑学家皮尔斯曾说过，除非一个人相信他自己的推理或多或少是不健全的，否则他研究逻辑就是愚蠢的，因为推理未必需要逻辑支持，它不过是某种"被一个人经过深思熟虑而相信是健全的东西"。因此，教师在课堂中的实验探究和推导不一定呈现了知识之间的正确关联和学科思维方式；也就是说，很多情况下，教师觉得水到渠成的科学推导并不一定具有逻辑性。柏拉图曾说过，知识是得到确证的真信念。所以，教师在课堂上对真信念的呈现不一定具有逻辑性。

以金属钠与水的反应教学为例，中国知网中该内容的绝大多数教学设计都涉及教师引导学生通过将金属钠放入预先滴加了酚酞的水中的反应现象总结出化学知识的过程。文献中金属钠和水反应现象和得到的结论关系见表1-1。

表1-1 文献中金属钠和水反应现象和得出的结论

反应现象	结论
金属钠漂浮在水面上	金属钠的密度比水小
金属钠熔化	金属钠熔点低
金属钠不断游动	反应生成了气体，推动金属到处游动
发出声响	氢气"爆鸣"
溶液变红	生成氢氧化钠

思考表1-1中的逻辑关系，我们会发现很多问题。

（1）"金属钠漂浮在水面上"的现象能否推出"金属钠的密度比水小"的结论？

在科学体系范围内，一个物体漂浮在液面上可能有以下几个原因：①漂浮物排水量较大（例如钢铁做的轮船）；②漂浮物受到额外的向上的推力（例如在垂直向上的排气孔上漂浮的小球）；③漂浮物本身密度比液体小等。很明显，金属钠和水的接触面上产生了大量的气体，在无法排除这种气体向上的推力是导致金属钠漂浮在水面的主要原因和金属钠的排水量问题的情况下，仓促得到

"金属钠的密度比水小"的结论是否符合科学逻辑呢？

（2）"金属钠熔化"的反应现象能否得到"金属钠熔点低"的结论？

一个正在发生化学反应的固体熔化可能有以下原因：①反应释放的热量较大；②固体的熔点较低；③两种以上物质互相溶解导致熔点改变。因此，假如固体的熔点较高，如果反应热也较大，固体同样可能溶解。另外，所有的假设都是建立在该过程发生了化学变化的前提下的。如果金属钠遇到水发生的是"物理变化"，那可能的结论就非常复杂。因此，仅仅根据"金属钠熔化"就得到"金属钠熔点比较低"的结论是否符合科学逻辑呢？

（3）"金属钠不断游动"的反应现象能否得到"反应生成了气体"的结论？

金属钠在水面上不断地游动可能有以下两个原因：①反应生成的气体推动其游动；②反应热导致水汽化为水蒸气从而推着金属钠游动。既然反应过程中释放了大量的热量，那就不能完全排除水蒸气导致的金属钠的游动，因此，根据"金属钠不断游动"就得到"反应生成了气体"的结论是否符合科学逻辑呢？

（4）"发出声响的反应现象"能否得到"反应生成了氢气"的结论？

反应过程中不断发出声响可能有以下原因：①反应过程中生成了容易发生爆炸的气体；②反应过程中产生较多的热量引起"物理爆炸"。假如反应热能够导致接触面的液态水快速汽化，这个快速的汽化过程完全有可能因为局部气压过大而产生声响。另外，很多气体在高温时都能燃烧产生爆鸣声，氢气仅仅是能够产生爆鸣声的气体之一。因此通过"发出声响"就得到"反应生成了氢气"的结论是否符合科学逻辑呢？

（5）根据"溶液变红"的反应现象能否得到反应"生成氢氧化钠"的结论？

反应过程中溶液逐渐变红可能有以下原因：①反应生成了氢氧化钠；②反应生成了能够使酚酞变红的碱性物质；③金属钠本身可能使酚酞变红（此阶段学生的知识无法排除该可能性）。尤其需要说明的是，酚酞遇到氢氧化钠溶液会变红，但是能够让酚酞变红的绝对不止氢氧化钠一种溶液。因此根据"溶液变红"就得到"反应生成了氢氧化钠"的结论是否符合科学逻辑呢？

通过上述简单的分析可知，课堂上常见的金属钠和水反应的实验探究活动往往都缺乏一定的逻辑性，正是因为这种不符合逻辑，尚未"穷其理"的探究活动才需要学生像记忆外语单词一样去死记化学知识。这种探究模式无法最大可能地发展学生学科核心素养。

本书将从逻辑视角思考和归纳总结高中化学知识体系结构。运用"穷其理"的原则，思考并呈现高中化学知识体系，以期望对高中化学教学有所帮助。

第四节

课程思政理念下的化学教育

课程思政的协同创新一定是以马克思主义理论为基本原则的。马克思主义理论的核心体系是辩证唯物主义和历史唯物主义。作为哲学知识体系，马克思主义理论同样包含本体论、认识论和方法论的理论体系。毛泽东思想丰富了马克思主义理论，发展并完善了以"实践论"为主要代表的马克思主义 - 毛泽东思想体系。因此，课程思政理念一定是以辩证唯物主义和历史唯物主义为基础，以实践论和方法论为工具，以认识论为追求，以价值论为落脚点，最终目标是实现人的自由全面发展。图 1-6 为马克思主义哲学体系视域下的课程思政要素。

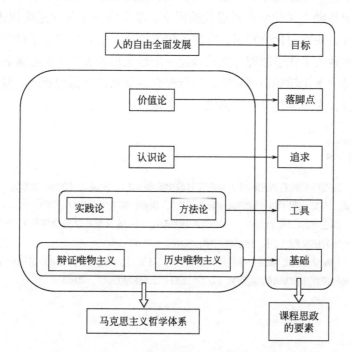

图 1-6　马克思主义哲学体系视域下的课程思政要素

鉴于知识本身的客观系统性，化学学科课程思政体系应该包含"化学思维规律和方法""具有关联性的化学知识"和"化学学科价值"三部分内容，如图 1-7。

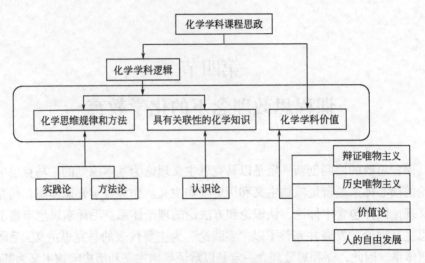

图1-7 化学学科课程思政体系

彰显了化学思维规律和方法、具有关联性的化学知识和化学学科价值的化学课堂一定是融入了化学课程思政的课堂。学生掌握了化学思维规律和方法，掌握了具有关联性的化学知识，内化了化学价值，就必然发展了化学学科核心素养，因此融入了化学课程思政的课堂一定是聚焦发展学生核心素养的化学课堂。本书对中学化学知识逻辑体系进行探究，聚焦化学课程思政和发展学生学科核心素养，为中学化学教学提供了一个全新的视角。

◆ 参考文献 ◆

[1] 张存建. 我国逻辑教育的知识能力目标及其教学实现 [J]. 中国大学教学, 2020, 7: 19-24.

[2] 欧阳子豪. 人文地理学科逻辑的教学导向 [D]. 长春: 东北师范大学, 2019.

[3] 杨德红. 高三化学二轮复习中学科知识逻辑的架构——基于SOLO分类评价下薄弱学生认知结构与能力提升的实践 [J]. 化学教与学, 2016, 12: 60-64.

[4] 魏宣贸. 超越化学知识层面，学科思维逻辑先行 [J]. 化学教与学, 2020, 2: 14-17.

[5] 戚静. 高校课程思政协同创新研究 [D]. 上海: 上海师范大学, 2020.

第二章

高中化学必修部分逻辑体系和教学思考

目前通行的高中化学教材有人教版、苏教版和鲁科版等多种版本，《普通高中化学课程标准》（以下简称新课标）是教材编写的指南和依据，教材是经过重新创造和再组织后的课标载体。教材需要基于课标且高于课标，它是课堂教学的基本依据。本书将以2019年人民教育出版社出版的高中化学教材为基本分析对象，结合新课标的要求，展开对学科知识逻辑体系的分析并提出相应的教学思考。

第一节
物质及其变化

本节包含"物质的分类及转化""离子反应""氧化还原反应"三部分内容。

一、物质的分类及转化

 课标要求

根据课标中"学业质量标准"部分的化学学科核心素养水平划分的相关规定，通过该部分的学习，学生应该获得的化学学科核心素养主要表现在：

素养1 宏观辨识与微观探析

水平1：能从物质的宏观特征入手对物质及其反应进行分类和表征。

水平2：能根据实验现象归纳物质及其反应的类型。

当然该部分的学习也为化学学科核心素养的其他内容做准备，例如：

素养1 宏观辨识与微观探析

水平2：能根据实验现象归纳物质及其反应的类型。

素养2 变化观念与平衡思想

水平1：能归纳物质及其变化的共性和特征。

素养3 证据推理与模型认知

水平1：能从物质及其变化的事实中提取证据。

素养5 科学态度与社会责任

水平1：逐步养成严谨求实的科学态度。

知识体系梳理

从教材内容体系中看，"物质的分类"部分包含"根据物质的组成和性质分类"和"分散系及分类"两个部分；"物质的转化"部分包含"酸碱盐的性质"和"物质的转化"两个部分，如图2-1。

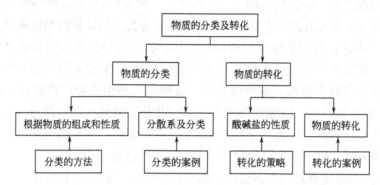

图2-1　教材中"物质的分类及转化"一节知识的逻辑体系

在本节"物质的分类"主题中，第一模块是"根据物质的组成和性质分类"，这部分主要展示了分类的方法。对物质进行分类必须首先确定一个分类的标准，"根据物质的组成和性质"就是对物质进行分类的一个标准，因此，本模块的教学目标一定是让学生学会分类的方法，而不是让学生记忆根据物质的组成和性质将物质分成哪些部分的内容。

分散系是根据一定标准（物质纯净与否）对物质进行分类，在确定了分散系中分散质颗粒的大小这一分类标准后，分散系就可以分为溶液、胶体、乳浊液/悬浊液等，而胶体在确定了一定的标准（分散剂的种类）后又可以继续分为液溶胶、气溶胶和固溶胶等。

综合"物质的分类"模块，通过"分类的方法"展示（根据物质的组成和性质）并结合具体"分类的案例"（分散系及分类）呈现了"分类"这个化学工具的使用方法。

在"物质的转化"部分，"酸碱盐的性质"模块呈现了探究一类物质共性的方法，就是寻找其相似点，找到的相似点即可成为物质分类的标准，也可以成为思考其转化的出发点。例如，总结并发现了酸和盐的通性之后，根据酸的性质（电离出的阳离子全部是氢离子）和盐的性质（电离出的阴、阳离子不仅仅是氢氧根或氢离子），通过一定的逻辑推理，就可以得出酸转化成盐的基本方法就是将氢离子通过化学反应转化为水并引入其他阳离子。因此，解决物质转化问题一定是从归纳总结物质的性质入手，这是解决物质转化问题的基本策略。

在物质的转化案例部分，展现了基于元素不变这一基本的原则，根据转化前后性质的差异思考物质转化的基本方法，从而让学生深入了解化学家研究物质的基本方法。

分类是化学家研究物质的基本方法之一，分类的目的是寻找物质的共性，对物质共性的探究有助于人类了解事物的本质并为人们认识新物质提供开门的"钥匙"，因此，分类能够促进知识的迁移。物质的转化是人们制造物质的基本方法，在物质分类的基础上研究物质的转化是人们制造新物质的有效策略。

因此，在知识层面，本节内容为"根据物质的组成和性质对物质进行分类""分散系及分类""酸碱盐的性质"和"物质的转化"四个部分；在方法论层面，本节的内容包括物质分类的方法和转化的策略；在价值论层面，研究物质的分类和转化是为了生产和制造对人类有用的物质。

"物质的分类及转化"部分内容属于高中化学"物质及其变化"一章中的第一节，根据建构主义理论，学生对知识的掌握一定是建立在初中化学知识基础上的。"物质分类及转化"一节知识的逻辑体系见图2-2。

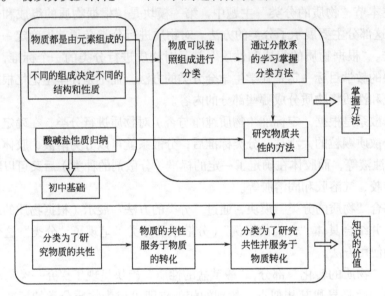

图2-2　教材中"物质的分类及转化"一节知识的逻辑体系

 教学思考

"物质的分类及转化"一节的教学目的之一是让学生了解物质分类在化学学习和研究中的意义，因此在教学设计和实施中，教师应该彰显每一个知识的价值。

（1）"根据物质的组成和性质分类"部分知识的生成一定是学生完成了以下问题链的思考后得到的：

① 为什么要对物质进行分类？

② 对物质进行分类仅仅是像图书馆图书分类一样为了方便存储和查找吗？

③ 对物质进行分类的依据如何选择？

④ 根据某个依据对物质进行分类后，不同类之间的关系是什么？

⑤ 分类后的同类物质有什么相同点？

⑥ 同类物质的相同点和分类依据之间的关系如何？

也就是说，学生最终了解的是，分类的依据一定决定了最终分类结果中不同类之间的差异，也决定了分类结果中同类物质之间的共性。该部分知识的掌握一定促进了学生分类观念的生成，同类物质性质相似的观念能促进化学知识的有效迁移。如果课堂教学仅仅呈现了根据元素组成对物质进行分类，学生将只得到物质是由混合物和纯净物组成、纯净物又分为单质和化合物等结论，这部分知识就变成了学生疲于记忆的"死知识"。

（2）"分散系及分类"部分知识的生成一定是学生完成了以下问题链的思考后得到的：

① 根据初中知识，总结溶液有哪些特点？

② 溶质在溶剂中分散程度如何？

③ 如果溶液中溶质颗粒逐渐变大，分散性逐渐变差，溶液会有哪些变化？

④ 溶质颗粒度变大的最终状态是浊液或者乳液，那是否存在一个中间过渡态？

⑤ 猜测该过渡态可能有哪些性质？

⑥ 如何合理解释该过渡态的丁达尔现象？

⑦ 分散系如何分类？

分散系及分类是对前面物质分类方法的一个具体应用的案例展示，其知识基础一定是建立在初中溶液的相关知识之上的。对于溶液中溶质微粒大小变化的思考，结合熟悉的悬浊液和乳浊液性质的知识，学生必然能够猜想出处于中间态的胶体的性质，进而也明白了为什么对不同溶液进行分类的依据是溶质微粒的大小。如果首先呈现的是分类的依据（分散质粒子的直径），得到胶体的概念，进而探究胶体的性质，此时，分类的依据、胶体的概念、丁达尔现象等知识点对学生来说只能是毫无逻辑的记忆型"死知识"。

（3）"酸碱盐的性质"和"物质的转化"部分知识的生成一定是学生完成

了以下问题链的思考后得到的:

① 常见无机物质可以分为酸、碱、盐三大类的分类依据是什么?

② 分类依据(pH 值)决定了酸、碱、盐的哪些性质差异?

③ 从酸、碱、盐性质的差异出发,能否得到三者互相转化的方法?

④ 物质转化的基本依据是什么?

⑤ 解决陌生物质之间转化问题的基本方法是什么?

学习物质分类的目的一定是便于归纳总结同类物质的共性,进而解决物质转化问题。因此,对物质分类的方法、分类的依据、分类依据和同类物质共性之间的关系等知识和方法的掌握,最终是为了研究物质的转化问题。

如果教师仅仅带领学生归纳总结酸、碱、盐的性质,结果就是酸、碱、盐的性质归纳和物质转化之间显得毫无关联,对于学生进行的性质归纳结果的评价就会失恰。其实酸、碱、盐的任何一个性质都能决定其转化,物质转化问题的解决一定是基于性质的梳理。

二、离子反应

 课标要求

根据课标中"学业质量标准"部分的化学学科核心素养水平划分的相关规定,通过该部分的学习,学生应该获得的化学学科核心素养主要表现在:

素养 1 宏观辨识与微观探析

水平 1:能运用化学符号描述常见简单物质及其变化。

水平 2:能根据实验现象归纳物质及其反应的类型,能运用微粒结构图式描述物质及其变化的过程。

当然该部分的学习也为化学学科核心素养的其他内容做准备,例如:

素养 2 变化观念与平衡思想

水平 1:能根据观察和实验获得的现象和数据概括化学变化发生的条件、特征和规律。

水平 2:能从原子、分子水平分析化学变化的内因和变化的本质。

素养 3 证据推理与模型认知

水平 1:能识别化学中常见的物质模型和化学反应的理论模型,能将化学事实和理论模型进行关联和合理匹配。

水平 2：能理解、描述和表示化学中常见的认知模型，指出模型表示的具体含义。

知识体系梳理

从教材内容体系中看，"离子反应"包含"电解质的电离"和"离子反应"两部分。

很明显，电解质电离概念的学习是为掌握离子反应做准备的。电解质电离概念是基于初中已经建立的溶液的概念模型，在融入了微观的思想后方能建立的一个学科概念。该部分内容的重要目的之一是引导学生学习化学从宏观到微观视角的变化。

电离是溶质在水中溶解的变化过程。以氯化钠溶解于水为例，在氯化钠固体中，钠离子和氯离子因为正、负电荷吸引而结合成相对稳定的结构，既然固体氯化钠遇到水能够溶解，一定是水分子分别与钠离子和氯离子产生了相互作用，因此，和钠离子产生吸引力的一定是带部分负电荷的水分子中氧原子部分，和氯离子产生吸引力的一定是带部分正电荷的水分子中氢原子部分。由此得出，电离一定是电荷相互作用导致溶质分子正、负电荷分离的过程，且该过程是动态的，与外部是否通电无关。当然，围绕着一定数量水分子的钠离子和氯离子，因为电荷的吸引，同样有可能靠近发生"反溶解"的结晶过程，该过程一定需要"剥离"水合离子周围的水，因此，溶液的结晶需要蒸发掉溶剂水。

我们可以采用一种简单的物理模型思考电离的过程，即水分子对阴、阳离子的吸引力和阴、阳离子之间的吸引力形成一种博弈关系。如果水分子和阴、阳离子的结合力强于阴、阳离子之间的吸引力，此时，形成一种溶解作用；如果水分子和阴、阳离子的结合力弱于阴、阳离子之间的吸引力，此时，溶解将变得困难。因此，不同的物质在水中的溶解度一定是不相同的，一些盐类不溶解于水也是正常的。但是严格来说，物质在水中可溶和不溶没有严格的界限，更没有非此即彼的排他性，因此，电解质的定义中就呈现了在水溶液里和熔融状态两个条件。

学习和理解电离的过程一定是为寻找溶液中离子反应的规律做基础的。电解质溶解于水中，阴、阳离子分别形成水合离子。以氯化钠溶液为例，严格来说，该溶液可以看成是钠离子溶液和氯离子溶液的"混合"溶液，当然，自然界不存在"纯"的钠离子溶液或者氯离子溶液。

　　两种电解质在水溶液中发生复分解反应的过程，其实是两种电解质所形成的四种离子中的两种离子结合后脱离体系导致的反应。该过程因为有新的物质脱离了体系而呈现出了变化。脱离体系的方式无非就是沉淀、气体的溢出和水的生成。未脱离体系的另外两个离子在溶液中一直处于未发生任何变化的状态（宏观的视角），因此，当复分解反应中忽略了未发生反应的两个离子时自然就呈现出了离子反应的本质。

　　一般情况下，脱离体系的沉淀都是在水中难以电离的物质，但是需要说明的是，在特殊情况下，脱离体系的沉淀不一定是在水中难以电离的物质。例如早期的侯氏制碱法是分步进行的，二氧化碳和氨气在水中反应生成碳酸氢铵饱和溶液，在接近饱和的碳酸氢铵溶液中加入饱和氯化钠溶液时会析出碳酸氢钠沉淀。碳酸氢铵在20℃时的溶解度为21.7g，相同温度下碳酸氢钠的溶解度为9.6g，因此饱和碳酸氢铵溶液和饱和氯化钠溶液混合时，碳酸氢钠会析出来。这个过程由反应前的碳酸氢铵和氯化钠经过变化生成了新物质碳酸氢钠，因此该过程可以视为发生化学变化的过程。

　　对于"离子反应"这节内容，从知识层面上看，电解质、电离和离子反应方程式的书写需要学生掌握；从方法论层面看，学生发展的是通过梳理微观粒子在反应前后的变化，归纳、总结离子反应本质的模型建构能力；从价值论层面看，学生发展的是通过微观看物质的视角进而控制化学反应为人类服务的价值观。"离子反应"一节知识的逻辑体系如图2-3。

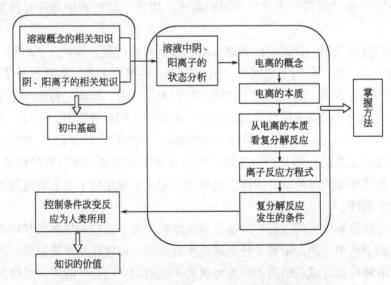

图2-3　教材中"离子反应"一节知识的逻辑体系

 教学思考

电解质的电离过程必须要基于微观的视角进行思考。离子反应方程式是连接宏观和微观的符号表征形式。因此教学设计和实施中应该彰显从微观到宏观的知识生长过程。

（1）"电解质的电离"部分知识的生成一定是学生完成了以下问题链的思考后得到的（以氯化钠在水中的电离为例）：

① 氯化钠固体的微观结构是怎样的？

② 固体氯化钠遇到水之后会产生哪些变化？

③ 如何证明水中有自由的水合钠离子和水合氯离子？

④ 导电实验说明了"电"引起了电解质在水中的电离还是证明了水中具有能移动的带电微粒？

⑤ 如何证明在水中不溶解的氯化银、硫酸钡之类的物质中也含有阴离子和阳离子？

⑥ 电解质的本质属性是什么？

⑦ 从电解质的角度思考如何对常见的盐进行分类并归纳性质。

⑧ 酸的本质是什么？

通过引导学生从微粒这一微观角度思考氯化钠固体遇到水分子后的变化过程，让学生真正理解溶解和电离的过程，从而让学生形成正确的微粒观。

在以上问题链中，物质的导电性实验是为了证明水中具有自由移动的带电粒子。如果未进行任何微观分析，直接根据湿手容易触电的情境进而展示物质的导电性实验，从认知的角度，学生会有几个疑惑：湿手容易触电就说明水（溶液）可以导电啊，为什么还要做实验验证？蒸馏水导电实验中小灯泡不亮能说明其不导电吗？灯泡亮了确实说明溶液导电了，这就能证明溶液中任何时候都具有导电的微粒？如何排除不是因电势差导致溶液中出现导电的微粒的？

只有经过微观分析，发现溶液中可能存在带电的微粒时，接下来就是如何通过实验证明这些微粒的存在，此时，溶液的导电性实验就是验证以上猜测的过程。灯泡亮了，则说明溶液中确实存在导电性的微粒。这种逻辑就不太容易让学生产生认知困惑。

（2）"离子反应"部分知识的生成一定是学生完成了以下问题链的思考后得到的（以硫酸钠和氯化钡反应为例）：

① 硫酸钠溶液中具有哪些微粒？

② 氯化钡溶液中具有哪些微粒？

③ 两种溶液混合后，微粒间发生了哪些作用？

④ 从宏观上看生成了什么物质？

⑤ 硫酸钡沉淀说明了什么？

⑥ 如果将含有相同数量的硫酸根和钡离子的两种溶液混合后，此时溶液中剩余的主要微粒是什么？

⑦ 从钠离子和氯离子的角度看，它们参与化学反应了吗？

⑧ 若将不参与化学反应的微粒省略不写的话，该反应的实质如何表示？

⑨ 氯化钠也是生成产物之一，和硫酸钡相比，一个是被动生成，一个是主动反应，那复分解反应的实质是什么？

⑩ 产物脱离体系导致了整个反应的发生，还有哪些情况表明产物脱离了体系？

⑪ 盐酸和氢氧化钠反应的实质如何表示？

⑫ 盐酸和碳酸钠反应的实质如何表示？

⑬ 能否总结出复分解反应的条件？

以上问题链的解决是引导学生深入理解并自主归纳复分解反应三个条件的过程。复分解反应的三个条件一定是学生从微观视角深刻理解复分解反应的实质之后自主归纳、总结得到的，而且这三个条件的共性就是"脱离体系"，这为以后勒夏特列原理的学习打下了基础。复分解反应的三个条件一定不是逻辑原点的记忆性的死知识。

如果教师仅仅通过酸碱中和反应、沉淀反应和气体生成反应就归纳、总结了复分解反应的三个条件，没有从"脱离体系"的视角分析主动反应的产物和被动反应的产物，则学生必然会将三个条件视为记忆型的逻辑原点知识进行英语单词般的死记硬背。这样必然导致学生在学习侯氏制碱法时，遇到碳酸氢钠沉淀所造成的认知困惑：碳酸氢钠可溶物啊，怎么会沉淀呢？这个反应是复分解反应吗？符合复分解反应的三个条件吗？因此，从微观的角度让学生明白"脱离体系"才是掌握这部分知识的有效抓手。

三、氧化还原反应

 课标要求

根据课标中"学业质量标准"部分的化学学科核心素养水平划分的相关规定，通过该部分的学习，学生应该获得的化学学科核心素养主要表现在：

素养 1　宏观辨识与微观探析

水平 2： 能运用微粒结构图式描述物质及其变化的过程。

素养 2　变化观念与平衡思想

水平 2： 能从原子、分子水平分析化学变化的内因和变化的本质。

　　当然该部分的学习也为化学学科核心素养的其他内容做准备，例如：

素养 1　宏观辨识与微观探析

水平 2： 能从物质的微观结构说明同类物质的共性和不同类物质性质差异及其原因，解释同类的不同物质性质变化的规律。

素养 2　变化观念与平衡思想

水平 1： 能归纳物质及其变化的共性和特征。

素养 3　证据推理与模型认知

水平 1： 能识别化学中常见的物质模型和化学反应的理论模型，能将化学事实和理论模型进行关联和合理匹配。

知识体系梳理

　　从教材内容体系中看，"氧化还原反应"部分包含"氧化还原反应"与"氧化剂和还原剂"两部分。

　　氧化还原反应的本质一定是微观粒子电子的得失。从原子的角度看，得失电子是原子转变成离子的过程。这个过程最终形成的是离子型化合物。原子得到电子，化合价必然降低；原子失去电子，化合价自然升高。因此，氧化还原反应必然伴随着化合价的变化。

　　能够溶于水的非离子型化合物，例如 HCl，由于其在水中能电离出 H^+ 和 Cl^-，因此，HCl 分子中氢原子部分的化合价被视作正一价，氯原子部分被视作负一价。类似的情况，例如氢气在氧气中燃烧的过程也被视为氧化还原反应过程。

　　不溶于水的非离子型化合物，例如甲烷，其分子中碳原子和氢原子以共价键的形式形成分子结构，其非电解质的属性导致甲烷中氢原子很难转化为氢离子，因此我们很少讨论甲烷分子中各个原子的化合价，处于在化合物中氢元素经常被视为正一价的知识迁移状态。虽然我们偶尔也说甲烷分子中氢原子是正一价，碳原子是负四价，但是很少将由氢气和单质碳在一定条件下反应生成甲烷的过程明确界定为氧化还原反应。因此，严格来讲，氧化还原反应并不存在一个明确的边界。

学习氧化还原反应的真正目的是从微观视角理解具有电子得失过程的化学反应，电子的明确得失必然形成离子型化合物，从电子的明确得失到电子的偏移（不明确得失）之间并不存在一个明确的界限，这也和元素周期律中各类性质的逐渐递变规律相一致。因此，氧化还原反应的学习一定是为元素周期律的学习做准备的。所以这部分知识的学习一定是基于原子结构到电子的得失进而归纳形成氧化还原反应的概念的。化合价的概念是电子得失后的微粒属性，因此，该部分内容的逻辑原点一定不是化合价，也就是说，从化合价开始讲解（学习）氧化还原反应不利于学生对氧化还原反应的本质进行深度理解。

真正理解了氧化还原反应的本质后，学生才知道化合价变化是该类反应的一个外化表现，也是今后学习反应方程式配平的一个有效工具，因此，反应前后化合价变化是氧化还原反应的特征，而非原因。

需要说明的是，教材中明确说明电子对的偏向和偏离也是电子转移的一部分，也会引起化合价的变化，因而也属于氧化还原反应。其实在以共价键为主的有机化学体系中，人们给出了"加氧和脱氢为氧化反应，去氧和加氢为还原反应的新的氧化还原反应模型"的描述。因此，在高中化学必修1阶段对氧化还原反应描述仍然是阶段性的概念，课堂中大可不必对电子对偏向和偏离的共价键做较多的解读。

"氧化还原反应"这节内容，从知识层面上看，学生需要掌握氧化还原反应、氧化剂和还原剂等概念；从方法论层面看，学生需要发展从微观结构变化模型理解氧化还原反应本质的能力；从价值论层面看，学生需要根据历史上不同时期对氧化还原反应的认识变化理解化学概念发展的必然趋势，同时需要了解化学反应类型对促进化学研究的意义。"氧化还原反应"一节知识的逻辑体系见图2-4。

教学思考

"氧化还原反应"一定是基于微观元素原子结构分析得到反应前后得失电子的过程从而建立起来的概念。该部分知识的生成一定是学生完成了以下问题链的思考后得到的（以氯化钠的形成过程为教学情境）：

① 钠原子的核外电子排布是什么样子的？
② 氯原子的核外电子排布是什么样子的？

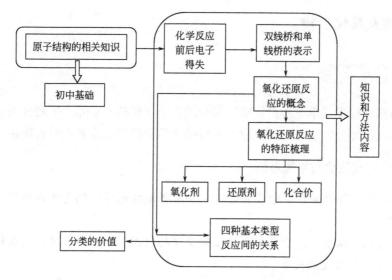

图2-4　教材中"氧化还原反应"一节知识的逻辑体系

③ 金属钠在氯气中燃烧，两种原子经历了怎样的微观结构变化？

④ 你还能举出哪些在化学反应过程中经历了电子得失的例子？

⑤ 给出这类反应的名称（氧化还原反应的概念），这个概念和初中氧化反应的区别是什么？

⑥ 氧化还原反应在反应前后因电子的得失导致了哪些变化？

⑦ 如何科学合理地表述这些变化？

通过引导学生从微观角度思考金属钠在氯气中燃烧的变化过程，让学生真正理解氧化还原反应的本质，从而让学生形成正确的变化观。

在以上问题链中，从电子得失的微观视角建构氧化还原反应模型是不可省略的教学过程，无论是从化合价开始还是从双线桥开始建构氧化还原反应的过程都是不符合认知规律的。

第二节

海水中的重要元素——钠和氯

本节包含"钠及其化合物""氯及其化合物"和"物质的量"三部分内容。

一、钠及其化合物

 课标要求

根据课标中"学业质量标准"部分的化学学科核心素养水平划分的相关规定，通过该部分的学习，学生应该获得的化学学科核心素养主要表现在：

素养2　变化观念与平衡思想

水平1： 能根据观察和实验获得的现象和数据概括化学变化发生的条件、特征与规律。

水平2： 能从原子、分子水平分析化学变化的内因和变化的本质，能理解化学反应中量变和质变的关系。

素养3　证据推理与模型认知

水平1： 能从物质及其变化的事实中提取证据。

水平2： 能从宏观和微观结合上收集证据，能依据证据从不同视角分析问题，推出合理的解释。

当然该部分的学习也为化学学科核心素养的其他内容做准备，例如：

素养3　证据推理与模型认知

水平1： 能对有关化学问题提出假设，能依据证据证明或证伪假设。

素养4　科学探究与创新意识

水平1： 能根据教材中给出的问题设计简单的实验方案，完成实验操作，观察物质及其变化的现象，客观地进行记录，对实验现象做出解释，发现和提出需要进一步研究的问题。

水平2： 能对化学简单问题的解决提出可能的假设，依据假设设计实验方案，组装实验仪器，能运用多种方法收集实验证据，基于实验事实得出结论，提出自己的看法。

素养5　科学态度与社会责任

水平1： 具有安全意识，逐步养成严谨求实的科学态度。

水平2： 具有"绿色化学"观念，能运用所学知识分析和探讨某些化学过程给人类健康、社会可持续发展带来的双重影响，并对这些影响从多个方面进行评估。

📑 **知识体系梳理**

从教材内容体系中看,"钠及其化合物"包含"活泼的金属单质——钠""钠的几种化合物"和"焰色实验"三个部分,如图 2-5。

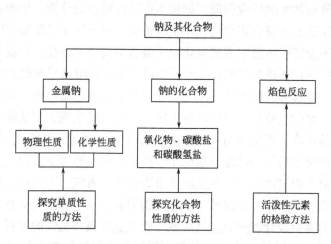

图 2-5　教材中"钠及其化合物"一节的内容体系

金属钠是高中阶段学生遇到的第一个化学元素,人类对任何元素的认识都是从物理性质、化学性质、化合物、获取和自然界中存在的方式以及检验与鉴别等几个方面展开的。由于学生尚未学习电化学的相关知识,金属钠单质的制备未在教材中涉及。

对于物理性质的研究,一定要基于对实物的观察。用镊子在煤油中取出金属钠和用刀切开的过程均能感受到金属钠密度小和质地柔软的特性,切开的断面明显能看到其金属光泽。在空气中加热能看到固体钠在燃烧前先熔化的过程,这表明其熔点较低。

在化学性质方面,从煤油中取出来的金属块表面的颜色和刚切开断面的颜色不同,说明金属钠在空气中容易被氧化,而这个发现自然引发了对金属钠在空气中燃烧的探究。金属钠首先在空气中燃烧生成淡黄色固体,该固体在试管中和水反应释放出能使带火星木条复燃的氧气,这两个实验组合充分说明金属钠在空气中燃烧生成的物质不是氧化钠(氧化钠中的氧元素为负二价,遇到水不可能被氧化成零价氧气分子)。但是无论通过实验现象还是理论分析,都无法得到金属钠在空气中燃烧生成的物质是过氧化钠而不是其他氧化物(如超氧化钠)的结论。因此,在高中阶段,过氧化钠的生成属于逻辑原点型知识,需要学生记忆。

取金属钠表面的氧化膜和水反应，没有生成氧气的事实能够说明金属钠表面的氧化膜不是过氧化钠。根据初中阶段学习的钠原子和氧原子的核外电子排布式，氧原子获得两个电子后形成负二价的氧离子，钠原子失去一个电子后形成钠离子，因此，金属钠表面的氧化膜是氧化钠。

对于金属钠和水的反应探究，如果不经过任何理论分析，单纯通过实验现象推理得到结论是不符合逻辑的。将金属钠扔到预先滴加酚酞的水中，结果水溶液变红并不能证明溶液中有氢氧化钠（氢氧根离子）存在，也就是说，在氢氧化钠溶液中滴加酚酞后溶液会变红，酚酞会使碱性溶液呈现红色，但是，氢氧根不是唯一能够导致酚酞分子结构变化后显示出红色的物质。因此，人教版教材中，钠与水的反应实验探究部分，第一阶段明确呈现了"从物质组成及氧化还原反应的角度，预测钠与水反应的生成物"。从钠原子核外电子排布开始，预测钠原子遇到水后将会把最外层电子转移给水中的氢离子，而其自身转化为钠离子，氢离子得到电子后生成氢原子进而转化为氢气，因氢离子消耗后逐渐过量的氢氧根和钠离子一起组成了氢氧化钠溶液，这个预测完全符合一定的逻辑。接下来的实验设计和探究就转变成了验证氢氧根和氢气的过程，此时，根据氢氧根能够使酚酞溶液变红的性质，通过加入酚酞溶液来检验该预测是否正确。如果酚酞溶液变红了，就可以说明生成了氢氧化钠。氢气与空气混合后点燃能发出爆鸣声，因此，金属钠在水面上反应所发出的声音足以证明生成了氢气的猜想。需要说明的是，该反应过程中所呈现的现象不可以简单归纳为"浮""熔""游""响""红"五个字，因为化学教师不能简单地帮助学生通过编造"口诀"来记忆知识，教师在教学中的功能一定是聚焦教学目标。

对于碳酸钠和碳酸氢钠的探究，通过实验能够容易地得到两者在水中都呈碱性且相同浓度下碱性有差异、两者的分解温度不同且碳酸氢钠受热容易分解产生二氧化碳等结论。在这个探究过程中，学生通过实验知道了碳酸钠和碳酸氢钠水溶液都显碱性的事实，但是其原因暂时无法进行探究和解释，这可以激发学生学习化学的兴趣并为教师进行校本化的单元教学研究留下充足的空间。

对于钠离子的检验问题，因为很少遇到一种含钠离子的不溶于水的物质，而且常见的钠盐在水溶液中都不呈现出特殊的颜色，因此，常规的通过沉淀或者颜色变化无法检验钠离子的存在，而焰色反应却起到了很好的检验钠离子的作用。但是，不同离子呈现不同焰色的原因无法在这里解释，这导致焰色反应及其显示的不同颜色对学生来说均属于需要记忆的逻辑原点型知识。

综合教材中"钠及其化合物"一节的内容，在知识层面，本节内容为"金属钠、钠的氧化物、碳酸钠和碳酸氢钠的性质"和"焰色反应"两部分；在方法论层面，本节内容可帮助学生建立探究单质和化合物的基本方法；在价值论层面，通过学习学生逐渐树立了"结构决定性质，性质决定应用"的化学价值观念。教材中"钠及其化合物"一节知识的逻辑体系见图2-6。

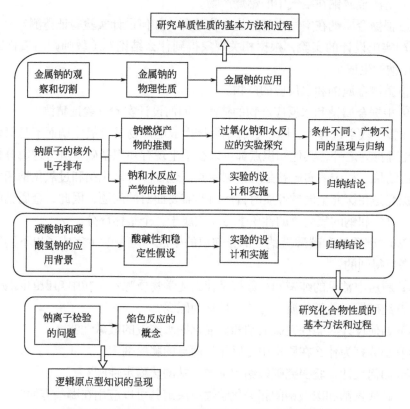

图2-6　教材中"钠及其化合物"一节知识的逻辑体系

教学思考

"钠及其化合物"一节是高中阶段学生遇到的第一个单质及其化合物的系统学习内容，因此，教师在呈现知识点本身时，教学目标应该聚焦学生对单质和化合物性质研究方法的掌握以及结构决定性质和性质决定应用观念的培养。

（1）"钠的性质"部分知识的生成一定是学生完成了以下问题链的思考后得到的：

① 根据钠的贮存、取用、切割和表面观察，能得到金属钠的哪些物理性质？

② 金属钠的物理性质决定其可能在哪些地方应用？

③ 钠原子的核外电子排布如何？

④ 钠原子核外电子排布决定其可能具有哪些性质？

⑤ 猜测金属钠在空气中的燃烧产物。

⑥ 根据金属钠在空气中的燃烧产物猜测，如何设计实验验证猜测？

⑦ 实施设计的实验，根据相关现象得到什么结论？（教师归纳氧化钠和过氧化钠的生成）

⑧ 猜测金属钠和水反应的产物。

⑨ 根据金属钠和水反应产物的猜测，如何设计实验并验证猜测？

在整个教学过程中，除了金属钠燃烧生成的产物是过氧化钠而不是氧化钠无法正确推导之外，其他知识点都可以在学生现有知识基础上进行逻辑分析并猜测出结果。相应的实验就是对猜测的验证过程。对氧化钠和过氧化钠相关性质的探究是在探究金属钠性质时自然而然需要面对的问题，因此，金属钠的性质学习过程和钠的氧化物的性质学习应该属于一个整体部分。

（2）"碳酸钠和碳酸氢钠"部分知识的生成一定是学生完成了以下问题链的思考后得到的：

① 厨房中常见的纯碱和小苏打是什么化学物质呢？（初中知识的回顾）

② 纯碱属于盐类物质，为什么被称为碱呢？

③ 如何设计实验探究碳酸钠和氢氧化钠水溶液的酸碱性？

④ 小苏打为什么在厨房中可以作为面点的膨松剂呢？

⑤ 如何设计实验探究碳酸钠和碳酸氢钠的热稳定性呢？

⑥ 碳酸氢钠和碳酸钠的相关化学性质决定其可以应用在哪些方面？

从逻辑上讲，因为碳酸钠水溶液具有一定的碱性，因此，习惯上被称为纯碱的碳酸钠可以皂化油脂生成可溶性物质从而具有去油污的特性。而在课堂教学中，经常被运用的逻辑是因为在厨房中纯碱经常被用作去油污的物质，因此需要探究其酸碱性。但是此时学生尚未学习皂化的相关知识，显碱性的物质可以去油污尚未形成便于理解的逻辑环，碱性可以去油污的知识对学生来说只能通过记忆掌握。

小苏打加热容易分解生成二氧化碳气体，因此可以被用来作为面点膨松剂，这个情境便于引发学生对小苏打热稳定性的探究欲望，这就是利用物质的应用倒过来探寻其必然具备的某种性质。如果直接从性质到应用进行探究，那小苏打热稳定性的探究就显得突兀而影响学生的思考。

对于焰色反应，高中阶段不涉及任何理论原理，对于不同的元素在火焰中显示不同的颜色没有任何逻辑性可讲，因此这部分内容只能作为逻辑原点型知识进行呈现。

二、氯及其化合物

根据课标中"学业质量标准"部分的化学学科核心素养水平划分的相关规定，通过该部分的学习，学生应该获得的化学学科核心素养主要表现在：

素养 2　变化观念与平衡思想

水平 1：能根据观察和实验获得的现象和数据概括化学变化发生的条件、特征与规律。

水平 2：能从原子、分子水平分析化学变化的内因和变化的本质，能理解化学反应中量变和质变的关系。

素养 3　证据推理与模型认知

水平 1：能从物质及其变化的事实中提取证据。

水平 2：能从宏观和微观结合上收集证据，能依据证据从不同视角分析问题，推出合理的解释。

当然该部分的学习也为化学学科核心素养的其他内容做准备，例如：

素养 3　证据推理与模型认知

水平 1：能对有关化学问题提出假设，能依据证据证明或证伪假设。

素养 4　科学探究与创新意识

水平 1：能根据教材中给出的问题设计简单的实验方案，完成实验操作，观察物质及其变化的现象，客观地进行记录，对实验现象做出解释，发现和提出需要进一步研究的问题。

水平 2：能对化学简单问题的解决提出可能的假设，依据假设设计实验方案，组装实验仪器，能运用多种方法收集实验证据，基于实验事实得出结论，提出自己的看法。

素养 5　科学态度与社会责任

水平 1：具有安全意识，逐步养成严谨求实的科学态度。

水平 2：具有"绿色化学"观念，能运用所学知识分析和探讨某些化学过程给人类健康、社会可持续发展带来的双重影响，并对这些影响从多个方面进行评估。

知识体系梳理

从教材内容体系中看,"氯及其化合物"部分包含"氯气的性质""氯气的实验室制法"和"氯离子的检验"三个部分,如图 2-7。

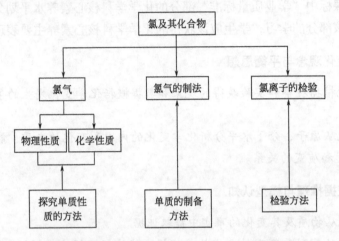

图 2-7 教材中"氯及其化合物"一节内容体系

和金属钠的性质探究一样,氯气作为单质,其知识体系同样包含物理性质和化学性质的探究。除了含氯有机化合物之外,含氯元素的化合物主要是含氯离子的化合物和各个价态的含氧氯酸(盐)。氯气和水反应生成次氯酸,因此,教材中主要涉及氯单质的性质、次氯酸、氯气的制备和氯离子的检验等内容。

对于氯气物理性质的研究,通过观察瓶中的气体就可得到其大部分的物理性质。通过加水振荡,便可以观察出氯气具有一定水溶性的性质。

对于氯气化学性质的探究,一定是建立于氯原子核外电子排布基础上的。氯原子最外层 7 个电子的特征决定其具有较强的获得电子的能力,因此氯气具有较强的氧化性。在这个结论基础上,经过简单的逻辑推理,便可以得出氯气遇到常见的金属和非金属单质都能将其氧化为氯化物的性质,因此,金属钠和氢气分别在氯气中的燃烧实验仅仅是检验这种推理的验证性实验。

对于氯气和水的反应探究,教材中直接描述了"溶于水的部分氯气与水发生反应生成盐酸和次氯酸"。这句话明确表明,溶解于水中的氯气分子只有一部分和水发生了化学反应。进一步演绎就是溶解在水中的氯气分子可以维持其分子结构不变,这明显和"相似相溶"的化学原理不符合,非极性的氯气分子溶解于极性的水分子中保持其非极性结构不变是不科学的。事实上，强氧化性的氯气分子在溶解于水时，受到水分子的极化作用，中间的 Cl—Cl σ 键被极化，电子云偏移到极限便生成氯负离子和氯正离子，氯正离子和水中氢氧根结合后生成次氯酸。这个微观极化的过程决定氯气溶解于水中只能部分生成次氯酸而不可能生成其他价态的含氧氯酸。因此，聚焦于单个溶解于水中的氯气分子时，氯元素一直处于氯气分子、极化态的氯气分子、次氯酸、氯负离子等结构的变化中。这便是微观动态平衡的模型。当然受高中学段的限制，高中化学教材中仅仅呈现出氯气溶解于水后，部分氯分子和水反应生成了次氯酸和盐酸。但是，脱离了机理分析的实验探究无法得到氯水中含有的含氧氯酸一定是次氯酸的结论。氯气在水中溶解的动态过程和可逆机理见图 2-8。

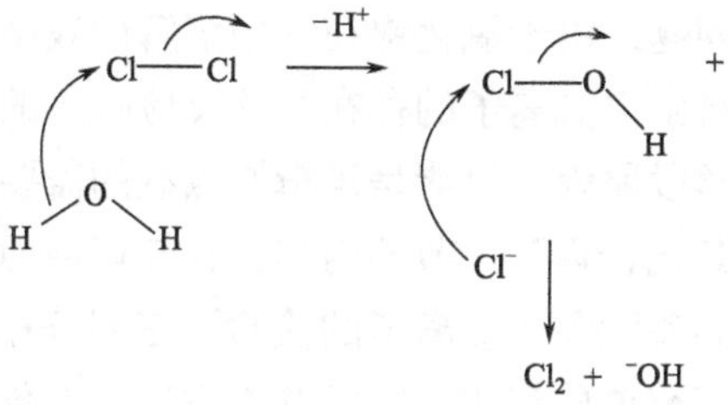

图 2-8　氯气在水中溶解的动态过程和可逆机理

对于次氯酸在氯水中的存在以及次氯酸漂白性的实验探究，根据氯水的颜色和氯气颜色相同并不能推导出氯水中必然存在氯气分子的结论；根据干燥的氯气不能使有色布条褪色，不能得到氯气不具备漂白性的结论，也不能得到氯水能使有色布条褪色不是水中氯气分子作用导致的结论，更不能得到氯水中一定含有次氯酸分子的结论。因为干燥氯气遇到有色布条属于气态和固态两种物质的非均相反应，氯气扩散到固态布条内部的速率一定不会很快。在溶剂水的作用下，溶解的氯气分子可以较快地渗透到布条纤维中。例如，铁钉暴露在潮湿的空气中 2 小时尚未显现锈蚀现象，并不能得出铁钉在潮湿空气中无法和氧气反应的结论。至于次氯酸能够漂白有色物质和凡是能漂白有色物质的都是次氯酸明显不是一回事。因此，高中化学教材中的相关实验探究一定是基于氯气分子和水反应生成了盐酸和次氯酸的前提，进而转化为对盐酸和次氯酸性质的展示过程。

对于氯气和碱的反应，本质上来说是氯气和水的反应产物与碱继续反应的过程。当然，在碱水溶液中，极化氯气分子的是水分子还是氢氧根离子其实并不重要，因为极性微粒对氯分子的极化过程导致了整个反应的发生。

久置的次氯酸或者次氯酸在光照情况下分解，其实质一定是次氯酸分子结构不稳定导致的。不存在较低价态的氯离子时，次氯酸水溶液中，+1 价的氯元素唯一能氧化的只有 −2 价的氧元素，因此，从氧化还原反应的角度看，次氯酸的分解产物应该是氧气和氯化氢。

对于氯气的实验室制法部分，因为氯气的活性较高，因此自然界中并不存在氯单质，相应地，实验室或者工厂制备氯气的条件都比较苛刻，能够氧化氯负离子生成氯气的物质肯定是氧化性较强的物质。此时，中学生无法通过氧化还原电位科学选择氧化还原法制备氯气的氧化物。基于对氯气发现历史过程的尊重，教材中呈现了舍勒法制备氯气的反应及其实验装置。该部分内容基本上都属于需要学生记忆的逻辑原点型知识。

对于氯离子的检验问题，由于氯化银在水中溶解度较小，因此，加入银离子溶液，根据沉淀即可辨别出氯离子的存在，该反应唯一的干扰就是碳酸根离子。这个部分的知识因学段原因，只能是逻辑原点型的需要记忆的知识。

综合教材中"氯及其化合物"一节的内容，在知识层面上，这节的内容为"氯气的性质""氯气的制备"和"氯离子的检验"三部分；在方法论层面，本节内容可帮助学生掌握探究单质和化合物的基本方法；在价值论层面，通过学习学生逐渐树立了"结构决定性质，性质决定应用"的化学价值观念。教材中"氯及其化合物"一节知识的逻辑体系见图 2-9。

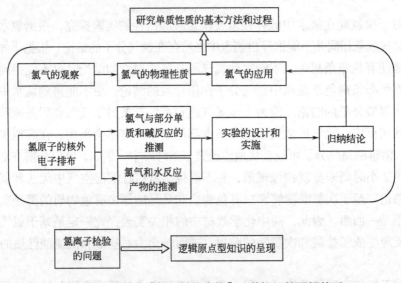

图 2-9　教材中"氯及其化合物"一节知识的逻辑体系

教学思考

　　和钠的单元相似，本单元教师在呈现知识点本身时，教学目标应该聚焦学生对单质和化合物性质研究方法的掌握以及结构决定性质和性质决定应用观念的培养，进而发展学生的化学学科核心素养。

　　（1）"氯气的性质"部分知识的生成一定是学生完成了以下问题链的思考后得到的：

　　① 根据观察，能够得到氯气的哪些物理性质？

　　② 氯原子的核外电子排有何特征？

　　③ 氯原子核外电子排布决定其可能具有哪些性质？

　　④ 合理推理氯气分别和金属与非金属单质反应的产物。

　　⑤ 猜测氯气和水反应的产物。

　　⑥ 根据产物次氯酸的背景知识，如何设计实验证实氯水中存在次氯酸？

　　⑦ 合理推理氯气和碱反应的产物。

　　对于氯气性质的探究，一定是建立在氯原子核外电子排布基础上的。如果没有预先引导学生从氯原子核外电子排布开始思考氯气的性质，则氯气和水的反应产物只能简单呈现给学生。大量的文献表明，高氯酸等氯元素的高价含氧酸均具有一定范围的漂白性，漂白其实是和有色物质反应生成无色物质的过程。例如，氯气能够和淡黄色的胡萝卜素发生加成反应生成无色的有机物，因此，我们完全可以说氯气对胡萝卜素具有漂白作用。所以，直接用氯水能够使有色布条褪色就证明氯水中含有次氯酸分子是不符合逻辑的。即使预先演示了次氯酸水溶液能够使有色布条褪色的实验，进而展示氯水也能使有色布条褪色，也并不能说明氯水中就含有次氯酸，因为无论如何均不能排除氯气分子在水溶液的均相体系中具有漂白性的可能。如果不将氯气和水反应可以生成次氯酸作为逻辑原点型需要记忆的知识呈现，则必须要分析氯气的结构，以及氯气和水分子之间的极化作用，然后氢氧根和极化为正价态部分的氯原子结合生成了次氯酸分子，相应的氢离子和极化为负价态部分的氯原子在溶液中形成盐酸。

　　（2）"氯气的实验室制法"部分知识的生成一定是学生完成了以下问题链的思考后得到的：

　　① 氯原子的核外电子排布说明氯气的氧化性强还是弱？

　　② 氯元素在自然界中主要以哪种形式存在？

　　③ 如何将自然界中常见的氯离子转化为氯气单质？

④ 选择氧化剂氧化 −1 价的氯制备氯气时，对氧化剂有什么特殊要求？

以上问题链仅仅能解决制备氯气需要较强的氧化剂氧化 −1 价的氯的问题。至于具体什么氧化剂以及和什么含氯化合物反应则需要教师呈现舍勒发现氯气的方法。对于舍勒法制备氯气的反应，如果基于化学史直接呈现反应方程式，学生必然会有以下两个问题：

① 为什么选择浓盐酸不用稀盐酸？

② 饱和氯化钠溶液可以吗？

解决这两个问题只能从大学化学中所学的能斯特方程入手，通过计算发现只有酸性达到一定程度后，二氧化锰氧化氯离子反应才能自发进行。但是，即使呈现了能斯特方程，也仅仅是将该反应发生的原因直接推给了能斯特方程本身，对于为什么酸性越强氧化锰的氧化性越强的本质问题并未解决。

受制于中学学段，该问题只能通过简单的逻辑思考加以解决。从微观视角，氧化锰在氧化氯离子时，高价态的锰吸引氯离子核外电子引发电子转移，锰元素周围负二价的氧会起到一种"排斥"电子的作用，如果体系酸性较强，质子结合氧化锰结构中的氧原子后，由于正电荷质子的亲电作用，大大促进了氯离子的电子向氧化锰结构中的中心锰原子转移。这个微观的电子转移模型可以帮助学生理解该反应，该过程也促进了学生的微观辨识和模型认知能力。

对于从反应方程式到实验装置的选择问题，都可以通过初中阶段的气体制备装置选择相应的知识进行迁移而得到解决。

（3）虽然"氯离子的检验"部分的知识都属于逻辑原点记忆型知识，但是其蕴含的逻辑关系有：

① 常见的离子检验方法有哪些？

② 能否通过将氯离子转化为气体逸出体系的方式检验氯离子？

③ 能否通过反应前后溶液颜色的变化检验氯离子？

④ 寻找能够和氯离子生成沉淀的反应检验氯离子的干扰因素有哪些？

通过以上几个问题的思考，学生必然会明白选择银离子检验氯离子的优缺点，同时真正明白检验氯离子前加入稀硝酸的原因。

三、物质的量

 课标要求

"物质的量"的概念是研究化学过程中人们创造出的为了方便计量的单位。本质上讲，"物质的量"是学习化学的工具，根据课标中"学业质量标准"部

分的化学学科核心素养水平划分的相关规定,该概念的理解和掌握主要对以下几个素养表现奠定基础:

素养2 变化观念与平衡思想

水平2:能运用化学计量单位定量分析化学变化。

素养5 科学态度与社会责任

水平1:具有安全意识,逐步养成严谨求实的科学态度。

知识体系梳理

从教材内容体系中看,"物质的量"部分包含"物质的量的单位——摩尔""气体摩尔体积"和"物质的量浓度"三个部分,见图2-10。

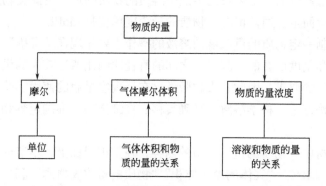

图2-10 教材中"物质的量"一节的内容体系

物质的量是人类从化学视角对物质微观粒子进行探究到一定阶段后必然产生的一个概念。既然物质都是由原子、分子和离子组成的,那宏观的物质如何准确表述其"量"呢?鉴于原子、分子和离子都非常微小,因此,人们规定了含有约$6.02×10^{23}$个粒子的集合称为1mol粒子。和长度、质量和时间等单位一样,物质的量的单位是人为规定的便于科学研究的7个国际单位制中的一个基本单位。

规定了物质的量的单位后,宏观上,任何纯净物质都可以用物质的量进行表述。因为任何化学反应都是微观粒子间具有固定粒子个数之比的反应,因此,用物质的量描述和计算化学反应的比例关系变得非常简单。例如,1mol NaOH和1mol HCl反应后生成1mol NaCl和1mol H_2O。

宏观的固体物质的称量基本上都是称其质量,因此,固体物质的物质的量必然要和其质量建立关系，即 1mol 任何物质的质量如果以克为单位时，其数值都等于粒子的原子量或分子量。从这点可以看出，规定"含有约 $6.02×10^{23}$ 个粒子的集合称为 1mol 粒子"时，人们充分考虑到了在物质的量和物质的质量之间建立简单的换算关系以便于称取和计算。

对于气体物质，人们在准确称量时往往量取体积，因此，建立物质的量与气体体积之间的关系就非常重要。气体微粒间的平均距离远远大于微粒本身的大小，因此，微粒数相同的情况下，气体的体积主要取决于微粒间的距离。当温度和压强相同时，相同微粒数的气体体积在宏观上是相等的。在 0℃ 和 101kPa 的条件下，1mol 气体的体积约为 22.4L。此时，气体的摩尔体积可以表示为 22.4L/mol。

对于溶液，人们在准确称量时也是习惯量取其体积，因此，溶液的体积和溶液中溶质的物质的量之间也需要建立关系以便于人们量取和计算，人们需要很方便地知道量取的一定体积的溶液中溶质的物质的量，由此，物质的量浓度的概念便应运而生。通常情况下物质的量浓度单位是 mol/L。

准确配制一定物质的量浓度的溶液的操作主要体现在"准确"上，容量瓶的"肚子"和刻度所在的"脖子"之间的直径比的比值比较大的设计本身就体现了"准确"的要求。因此，人教版教材在呈现容量瓶的使用实验时强调了准确计算、准确称量、科学溶解、准确转移、仔细洗涤、准确定容和合理保存等环节。

综合教材中"物质的量"一节的内容，在知识层面上，本节内容为"物质的量的概念和单位""气体的摩尔体积""物质的量浓度概念"和"一定物质的量浓度溶液的配制"四部分；在方法论层面，本节内容可帮助学生建立化学学科从微观视角解决宏观问题的方法；在价值论层面，本节内容能够培养学生的化学定量观。教材中"物质的量"一节知识的逻辑体系见图 2-11。

教学思考

"物质的量"概念的提出一定是化学家在研究化学过程中为了方便量取物质人为提出来的一个基本单位概念，化学是从微观科学视角解决宏观问题的一门科学，"物质的量"概念就是从微观视角对宏观物质的一个具象呈现。

（1）"物质的量的单位"和"气体摩尔体积"部分知识的生成一定是学生完成了以下问题链的思考后得到的：

① 化学反应中的最小微粒是什么？

② 具体的化学反应中反应物微粒之间的比例关系如何？

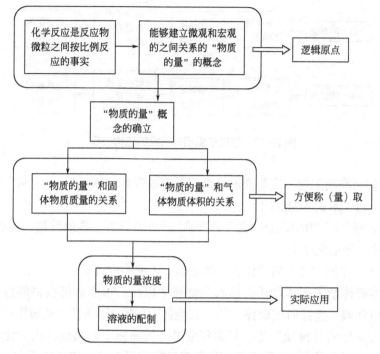

图 2-11　教材中"物质的量"一节知识的逻辑体系

③ 为了方便计量，用微粒的个数计量物质会造成哪些结果？

④ 生活中是如何解决微粒很小的物质的计量问题的？

⑤ 人为规定了物质的量的概念后，1mol 物质和其质量之间的关系是什么？

⑥ 气体微粒间的距离和微粒本身大小之间的关系是怎样的？

⑦ 气体的体积主要取决于什么因素？

⑧ 1mol 气体物质的体积取决于什么因素？

物质的量的概念绝对不是化学中的"独特概念"。很多老师会选择"一袋米""一瓶水"等生活中的概念帮助学生迁移理解 1mol 物质的概念，严格来说，"一袋米"中的"袋"有大有小，而"摩尔"是严格具有具体量的一个概念，因此，科学的迁移逻辑见图 2-12。"袋"是一个解决生活中质量和体积之间关系的常见概念。在规定了 1"袋"的质量之后，千克 / 袋就类似于固体的克 / 摩尔的概念，相应地，千克 / 斗就类似于气体的升 / 摩尔的概念。

（2）"物质的量浓度"和"配制一定物质的量浓度的溶液"部分知识的生成一定是学生完成了以下问题链的思考后得到的：

① 对于溶液中的物质，如何准确表示其量并方便取用呢？（建构摩尔 / 升的浓度概念）

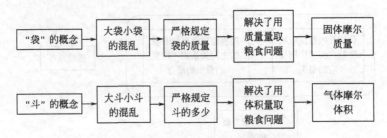

图 2-12　物质的量相关概念的建构过程

② 如何准确配制一定物质的量浓度的溶液呢？（"摩尔"的"量"的准确和"升"的"体积"的准确）

③ 如何保证"摩尔"的"量"的准确？（准确计算、准确称量、科学溶解、准确转移、仔细洗涤）

④ 如何保证"升"的"体积"的准确？（准确定容）

在准确称量了固体物质并转移到烧杯中以后，很多教师在讲解溶解的过程时严格强调"搅拌时玻璃棒严禁碰到烧杯内壁发出声响""玻璃棒必须要朝同一个方向顺时针搅动"等。其实仔细思考玻璃棒不触碰烧杯内壁无非是基于以下三个因素考虑：a. 玻璃棒和烧杯壁碰撞容易造成玻璃棒断裂；b. 玻璃棒和烧杯内壁碰撞容易产生微小的玻璃碎屑；c. 玻璃棒和烧杯内壁碰撞所产生的噪声影响周围的人。因此，溶解搅拌时玻璃棒和烧杯壁的碰撞并不是"严禁"，而是尽量减少。至于搅拌时玻璃棒朝同一个方向的要求并不科学，溶质和溶剂之间的逆向摩擦是相同条件下溶解最快的方式，能达到溶剂和溶质之间逆向摩擦的唯一方式就是顺时针和逆时针搅拌交错的方式，如果严格按照同一个方向搅拌，玻璃棒、溶剂、溶质三者速度接近时，此时的溶解速率并不理想。

将溶液转移到容量瓶中时，很多教师严格要求：a. 玻璃棒要低于容量瓶的刻度线；b. 玻璃棒要紧靠容量瓶的内壁；c. 烧杯口要紧靠玻璃棒；d. 玻璃棒不能接触容量瓶瓶口。诚然，在引流时，烧杯口接触玻璃棒和玻璃棒接触容量瓶内壁的同时玻璃棒远离容量瓶瓶口能够最大限度地降低溶液洒出的概率，但是，一定要将溶液引流到容量瓶刻度线以下并无必要，当玻璃棒抵在刻度线以下并远离容量瓶瓶口时，此时玻璃棒和地面之间的夹角几乎接近90°，烧杯口靠近接近垂直的玻璃棒倾倒溶液时绝对无法保证安全并倾倒彻底。对于必须要引流到刻度线以下，很多老师认为如果溶液接触到了刻度线以上部分，则会导致定容不准确。如果刻度线以上"挂壁"的溶液会影响配制的准确性，那容量瓶在使用前的绝对干燥就显得非常重要，对于潮湿的容量瓶内壁刻度线以上的"挂壁"水分，在同样逻辑推导下也会得到定容不准的结论。教材中明确要求，容量瓶在使用前应该检查瓶口处是否漏水，这个检漏的过程必然导致容量瓶在使用时是不干燥的。因此，引流到刻度线以下就非必要了。

需要说明的是，很多老师会将引流的要求总结为"一低两靠一不靠"的口诀帮助学生记忆，对于化学课程学习过程中类似的口诀［如"浮熔游想红"（钠和水反应的现象）；"嫁给那美女心特细芊轻统共一百斤"（金属活泼性顺序）等］，存在育人（负）价值，公认的有以下几点：a. 恶化了学生的语言表达能力；b. 将逻辑知识转化为了记忆型的"死"知识；c. 聚焦了应试教育；d. 不利于学生化学学科核心素养的发展。

将洗涤后的溶液全部转移到容量瓶中后，教材中明确说明了需要轻轻摇动容量瓶，使溶液混合均匀。如果缺少这个摇动环节，鉴于绝大多数溶液的浓度越大密度越大的事实，容量瓶中分几次引流入有浓度差的溶液导致了下层溶液的浓度明显大于上层溶液，缓慢的引流必然造成溶液分层，如果不摇匀，定容后的溶液摇匀后必然会产生体积变化。

同样道理，加入蒸馏水后，上层蒸馏水和下层溶液之间也会产生分层现象，定容前，蒸馏水液面已经处于容量瓶的"脖子"位置，此时摇匀容量瓶中溶液就比较困难，严格来说，在定容前需要将容量瓶放置一段时间以保证溶液扩散均匀。

人教版教材中通过思考与讨论的环节要求学生思考在读数时仰视或者俯视容量瓶上的刻度线，会造成溶液浓度比所要求的浓度偏大还是偏小的问题。该问题的主旨在于使让学生认识到如果配制溶液过程中不严谨就会造成结果存在偏差，至于俯视、仰视分别准确对应配制后的溶液浓度偏大还是偏小的问题本身不应该过于强调，因为在真实的科学研究中，如果发现已经配好的溶液在定容时没有平视刻度线，唯一的解决办法就是将溶液回收处理后重新科学配制溶液。

第三节

铁　金属材料

本节包含"铁及其化合物"和"金属材料"两部分。

一、铁及其化合物

 课标要求

根据课标中"学业质量标准"部分的化学学科核心素养水平划分的相关规定，通过该部分的学习，学生应该获得的化学学科核心素养主要表现在：

素养1 宏观辨识与微观探析

水平1：能根据实验现象辨识物质及其反应，能联系物质的组成和结构解释宏观现象。

素养2 变化观念与平衡思想

水平1：能归纳物质及其变化的共性和特征；能根据观察和实验获得的现象和数据概括化学变化发生的条件、特征和规律。

素养3 证据推理与模型认知

水平1：能从物质及其变化的事实中提取证据。

当然该部分的学习也为化学学科核心素养的其他内容奠定基础，例如：

素养3 证据推理与模型认知

水平1：能对有关化学问题提出假设，能依据证据证明或证伪假设，能将化学事实和理论模型进行关联和匹配。

水平2：能从宏观和微观结合上收集证据，能依据证据从不同视角分析问题，推出合理的解释。

素养4 科学探究与创新意识

水平1：能根据教材中给出的问题设计简单的实验方案，完成实验操作，观察物质及其变化的现象，客观地进行记录，对实验现象做出解释，发现和提出需要进一步研究的问题。

水平2：能对化学简单问题的解决提出可能的假设，依据假设设计实验方案，组装实验仪器，能运用多种方法收集实验证据，基于实验事实得出结论，提出自己的看法。

素养5 科学态度与社会责任

水平1：具有安全意识，逐步养成严谨求实的科学态度。

水平2：具有"绿色化学"观念，能运用所学知识分析和探讨某些化学过程给人类健康、社会可持续发展带来的双重影响，并对这些影响从多个方面进行评估。

知识体系梳理

从教材内容体系中看，"铁及其化合物"包含"铁单质"和"铁的重要化合物"两个部分，如图 2-13。

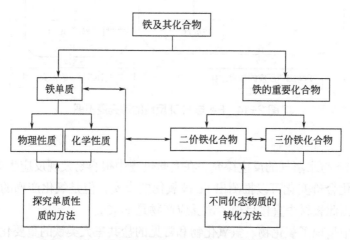

图 2-13 教材中"铁及其化合物"一节内容体系

铁原子最外层的价电子排布式为 $3d^64s^2$，根据 d 轨道半充满时离子具有一定稳定性的规律，铁原子可以失去两个或者三个电子，分别形成 Fe^{2+} 和 Fe^{3+} 两种离子，但是高中生此时尚未系统地学习元素周期律和元素周期表的相关知识，对过渡金属核外电子排布的规律尚未掌握，因此，本节内容的逻辑体系无法建立在原子核外电子排布基础之上，当然，如果展开单元教学研究，可以将元素周期律前置到这里进行教学。

对于铁单质性质的研究，物理性质中的熔点、沸点和密度等性质都属于逻辑原点型的简单呈现型知识。因此，除了铁单质作为金属所具备的金属的通性之外，其熔点、沸点和密度等不需要学生记忆。

鉴于学段的限制，铁单质的化学性质只能在实验探究中建构，通过实验探究，很容易发现铁单质和酸反应生成氢气的性质，但是，铁单质转化为了 +2 价还是 +3 价离子无法确定，因此教材中引入了 +3 价铁离子遇到 KSCN 时会呈现红色的鉴别方法。Fe 与 HCl 反应的探究逻辑见图 2-14。

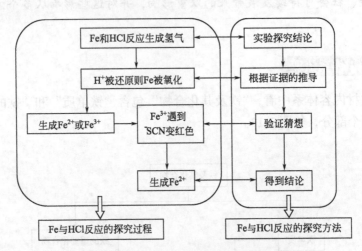

图 2-14　Fe 与 HCl 反应的探究逻辑图

对于 Fe 与水蒸气的反应探究，在实验过程中很容易发现反应生成了氢气，根据氢的化合价变化可以推测出 Fe 被氧化的事实，但是氧化产物的鉴别就比较困难，因此教材中直接呈现了该反应产物是 Fe_3O_4。

教材中呈现了氧化物、氢氧化物和常见的盐共三大类铁的重要化合物，除了 Fe_3O_4 外，常见的铁的化合物中铁元素都是 +2 价或 +3 价。在空气中，Fe^{2+} 很容易被氧化为 Fe^{3+}。整体"铁的重要化合物"部分主要通过铁元素化学价的变化呈现物质转化及其稳定性的相关性质。

对于"铁及其化合物"一节内容，通过铁单质以及常见的铁的化合物的学习，建构了 Fe、Fe^{2+} 和 Fe^{3+} 之间互相转化的方法，是氧化还原反应相关知识的实践运用。在知识层面，本节内容为"铁及其化合物的性质"；在方法论层面，本节内容可帮助学生从化合价变化的角度理解和建构物质转化的基本方法；在价值论层面，通过学习学生逐渐树立了"了解和掌握化学反应以制备所需化合物"的化学价值观念。教材中"铁及其化合物"一节知识的逻辑体系见图 2-15。

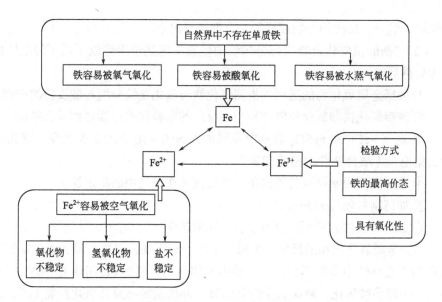

图 2-15　教材中"铁及其化合物"一节知识的逻辑体系

 教学思考

　　"铁及其化合物"这一节内容因为缺乏了从微观核外电子排布推导宏观物质化学性质的逻辑体系，因此，所有相关知识只能建立在铁的三个化合价基础上。通过分析化合价结合相关的生活经验和实验探究，帮助学生理解铁及其化合物相关性质的知识。

　　（1）"铁的性质"部分知识的生成一定是学生完成了以下问题链的思考后得到的：

　　①除了陨石之外，自然界中不存在单质铁说明了铁的什么性质？

　　②铁元素常见的化合价有哪几种？

　　③根据金属的通性，猜测铁单质遇到酸会发生什么反应？

　　④铁和水能发生化学反应吗？

　　⑤温度越高水的酸性越强，铁和热水能发生化学反应吗？铁也能和水蒸气发生化学反应吗？

　　在整个教学过程中，根据铁的活泼性和金属的通性，学生能够合理地推测出铁和酸反应生成氢气同时被氧化为阳离子，但是铁和酸反应生成铁离子的价态无法合理推导出。因为水的温度越高酸性越强，能够和铁反应的酸与不能和铁有明显反应的水之间一定存在一个反应临界点，这也是探究铁和水蒸气反应的原因，但是，反应的产物照样无法合理推导出来。

（2）"铁的重要化合物"部分知识的生成一定是学生完成了以下问题链的思考后得到的：

① 根据金属氧化物的通性，推测氧化铁与氧化亚铁分别与酸反应的产物。

② 观察氧化铁和氧化亚铁分别与酸反应的实验现象，能得到什么结论？

③ 观察 $FeCl_3$ 和 $FeSO_4$ 溶液中分别加入 $NaOH$ 溶液的实验现象，能得到什么结论？（结合 Fe^{3+} 的检验知识）

④ 通过实验说明铁及其不同价态的阳离子在空气中的稳定性。

⑤ 如何制备较纯的 $Fe(OH)_2$？

⑥ 如何实现铁元素不同价态微粒之间的转化？

因为金属氧化物和酸反应后金属离子的价态不变，根据实验，学生很容易发现 Fe^{2+} 在空气中非常不稳定，必然引发如何制备纯的 $Fe(OH)_2$ 的问题。Fe^{2+} 在空气中容易被氧化，解决这个问题的唯一办法就是还原其氧化产物 Fe^{3+}，因此，自然就会产生不同价态的铁元素之间如何转化的问题。这个问题是氧化还原反应知识的应用，通过该问题的解决，促进学生对氧化还原反应的进一步认识，从而提高学生的高阶思维能力。

二、金属材料

 课标要求

根据课标中"学业质量标准"部分的化学学科核心素养水平划分的相关规定，通过该部分的学习，学生应该获得的化学学科核心素养主要表现在：

素养 4　科学探究与创新意识

水平 1：能根据教材中给出的问题设计简单的实验方案，完成实验操作，观察物质及其变化的现象，客观地进行记录，对实验现象做出解释，发现和提出需要进一步研究的问题。

素养 5　科学态度与社会责任

水平 1：具有安全意识，逐步养成严谨求实的科学态度；能列举事实说明化学对人类的伟大贡献，主动关心与环境保护、资源开发等有关的社会热点问题，形成与环境和谐共处，合理利用资源的观念。

水平 2：具有"绿色化学"观念，能运用所学知识分析和探讨某些化学过程给

人类健康、社会可持续发展带来的双重影响，并对这些影响从多个方面进行评估。

当然该部分的学习也为化学学科核心素养其他内容的建构奠定了基础，例如：

素养2 变化观念与平衡思想

水平2：能从质量守恒，并运用动态平衡的观点看待和分析化学变化；能运用化学计量单位定量分析化学变化及其伴随发生的能量变化。

素养4 科学探究与创新意识

水平2：能对化学简单问题的解决提出可能的假设，依据假设设计实验方案，组装实验仪器，能运用多种方法收集实验证据，基于实验事实得出结论，提出自己的看法。

 知识体系梳理

从教材内容体系中看，"金属材料"一节包含"铁合金""铝和铝合金""新型合金"和"物质的量在化学方程式计算中的应用"四个部分，如图2-16。

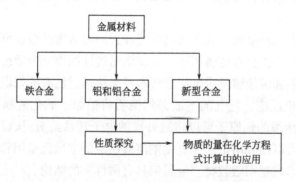

图2-16 教材中"金属材料"一节内容体系

新课标中"课程内容标准"部分对常见无机物及应用主题中"金属及其化合物"内容的要求是"结合真实情境中的应用实例或通过实验探究，了解钠、铁及其重要化合物的主要性质，了解这些物质在生产、生活中的应用。"对化学与社会发展主题中"化学科学在材料科学、人类健康等方面的重要作用"内容的要求是"知道金属材料……等常见材料类型，结合实例认识材料组成、性质与应用之间的联系。"因此，"金属材料"一节内容的重点是结合实例认识金属材料的组成、性质和应用之间的联系。在探究金属材料以了解其组成、性质和应用之间关系的过程中，物质的量的概念在化学计算中的应用非常广泛。

对于"铁合金"部分，其不同的组成决定了不同的性质，其性质特点可以决定其应用范围。但是根据简单的组成差异是无法经过简单的逻辑推理得到其性质的具体差异的。例如，为什么低碳钢的强度低，中碳钢的强度高而高碳钢硬而脆。对于掺杂了铬和镍的铁就不会生锈的原因，也不是高中学段所能够解决的问题。因此，这部分内容就变成了铁合金的组成和性质决定了其应用的逻辑关系。教材中通过简单的纯金属内原子排列图和掺杂了其他原子的合金微观结构图的简单对比，得到"合金的硬度比纯金属要大"的结论。当然这个模型在很多情况下是正确的（如钠钾合金在常温下是液态，其硬度明显低于金属钠或者金属钾的硬度，属于特例）。因此该模型能较好地帮助学生理解硬度和微观结构之间的关系。

对于"铝及其铝合金"和"新型合金"部分，鉴于课标中并未具体要求，因此，这部分内容可以理解为"结合真实情境中的应用实例通过实验探究认识材料的组成、性质和应用之间的关系"，即该部分内容的学习主要聚焦发展学生素养4"科学探究与创新意识"中水平1的"能根据教材中给出的问题设计简单的实验方案，完成实验操作，观察物质及其变化现象，客观地进行记录，对实验现象做出解释，发现和提出需要进一步研究的问题"和素养5"科学态度与社会责任"。

铝单质作为一种金属，具备金属的通性，即较活泼的金属可以和常见无机酸反应生成氢气和正价态金属离子。金属铝活泼性的探究为后续元素周期律的学习做准备。铝和碱能够反应生成氢气本身无法通过已有的知识进行合理的推理得到。基于该反应，氢气的生成必然说明将铝原子氧化的物质是溶液中的H^+，也就是说活泼的铝原子可以将最外层的电子转移给H^+从而生成氢气。因此，从该反应可以推导出铝和氢氧化钠溶液反应的本质还是铝和水的反应，人教版新教材中未出现旧版教材"金属铝具有两性"的结论。

根据金属氧化物的通性知识，可以推测出作为活泼金属氧化物的氧化铝可以和酸反应的结论。但是氧化铝可以和氢氧化钠溶液反应无法通过已有的知识进行合理的推理得到。根据实验事实，能够和酸反应的氧化物一般称为碱性氧化物，能够和碱反应的氧化物一般称为酸性氧化物，因此，氧化铝既是酸性氧化物又是碱性氧化物。

对于储氢合金、耐高温合金、高强度合金以及稀土合金的相关内容的学习，一定是基于"结构决定性质、性质决定应用"的思考过程。在金属单质中，添加其他元素形成合金，因为原子半径、电负性和核外电子排布等差异，合金和金属单质的物理性质必然会呈现一定的差异，各类新型材料就是通过改变微粒间的结构得到的。

各类合金材料的研制和组成成分分析实验是建立在各类理化实验基础上的，尤其是合金的组成成分分析绝大部分情况下都是通过合金的一系列化学反应实现的，因此，物质的量在化学反应方程式计算中的应用就显得格外重要。

对于"金属材料"一节内容，在知识层面上，通过"铁合金""铝和铝合金""新型合金"和"物质的量浓度在化学方程式计算中的应用"四部分内容的学习，建构了物质的微观结构、宏观性质和应用之间的关系；在方法论层面，本节内容可帮助学生认识"探寻特殊性质的材料一定要从微观结构改变入手"的科学方法；在价值论层面，通过学习学生逐渐树立了"研究化学为人类服务"的化学价值观念。教材中"金属材料"一节知识的逻辑体系见图2-17。

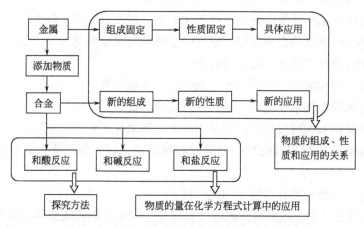

图2-17 教材中"金属材料"一节知识的逻辑体系

 教学思考

"金属材料"这一节的知识之间总体上欠缺了严密的逻辑关系，在无法具体回答为什么微观结构改变就造成了相应的性质差异的问题时，"结构决定性质，性质决定应用"就成了本节知识点间的唯一逻辑基础。

（1）"铁合金"部分知识的生成一定是学生完成了以下问题链的思考后得到的：

①生活中哪些物质主要是由铁元素组成的？

②铁和钢的主要组成成分都是铁元素，为什么其性质差异如此之大？

③ 纯铁中掺杂了碳原子后微观结构可能发生哪些变化？该变化可能导致哪些宏观性质发生改变？

④ 你的猜测和实际不同种类钢铁之间性质差异吻合吗？

在整个教学过程中，主要的教学目标是培养学生从微观视角思考宏观性质差异的意识，诸如铬、锰、钼、钨等元素的添加导致钢材具体性能的改变不是本节教学后学生必须记忆的知识点。对于低碳钢、中碳钢和高碳钢中碳元素的含量，更无需学生记忆，但是钢材性能的差异可以通过含碳量调节的逻辑关系在本节课教学中显得非常重要。

（2）"铝和铝合金"部分知识的生成一定是学生完成了以下问题链的思考后得到的：

① 铝原子的核外电子排布如何？

② 在自然界中不存在单质铝，这说明了什么？

③ 为什么铝很活泼但是生活中的纯铝制品却没有被空气氧化？

④ 哪些因素可能会导致铝在空气中不被氧气完全氧化？

⑤ 如何设计实验并验证你的猜想？

⑥ 金属铝和酸反应生成什么？如何进行实验验证？

⑦ 金属铝能和水反应吗？如何进行实验验证？

⑧ 金属铝和碱可以反应，碱水中什么物质氧化了铝？

⑨ 金属铝既可以和酸反应也可以和碱反应，那铝的氧化物是酸式盐还是碱式盐？

⑩ 思考铝合金为什么应用如此广泛？

在课堂教学中，根据金属的通性引导学生猜测出铝和酸能够反应后，具体的实验操作就变成了对猜测的简单验证，通过铝原子的核外电子排布以及自然界中不存在单质铝的事实，能够推导出铝的活泼性较强的结论，结合生活中铝制品不易被空气氧化的矛盾，探究铝表面的氧化膜以及金属铝和水的反应就显得非常必要。如果带领学生证明了金属铝能够和热水反应，那铝表面的氧化膜就很容易被推测出来。从金属铝能和酸反应到金属铝能和水反应，很自然就会猜测到金属铝和碱的反应，从氧化还原的角度分析清楚铝和碱的反应本质还是铝原子和氢离子的反应后，学生会全面地认识金属铝较活泼的化学性质。

铝的氧化物和大部分的金属氧化物一样能够和酸发生化学反应，这个知识的建构对学生来说并不困难。然而氧化铝和碱的反应无法从之前的知识基础上推导出来，因为和单质不同，氧化铝无法和水反应。如果课堂中单纯呈现了氧化铝和碱的反应，那该反应发生的本质原因也无法在该学段得到合理的解释，因此，氧化铝能和碱反应的知识在高中阶段属于需要学生记忆的逻辑原点型知识。

（3）"物质的量在化学方程式计算中的应用"部分知识是建立在学生充分理解化学反应方程式中物质的量的比例关系基础上的。学生在掌握了物质的量的概念以及理解了化学反应方程式所代表的意义之后，经过简单的训练达到对该部分知识的掌握并不难。

第四节

物质结构　元素周期律

本节包含"原子结构与元素周期表""元素周期律"和"化学键"三部分。

一、原子结构与元素周期表

 课标要求

根据课标中"学业质量标准"部分的化学学科核心素养水平划分的相关规定，通过该部分的学习学生应该获得的化学学科核心素养主要表现在：

素养 1　宏观辨识与微观探析

水平 1：能运用化学符号描述常见简单物质及其变化，能联系物质的组成和结构解释宏观现象。

水平 2：能运用微粒结构图示描述物质及其变化的过程，能从物质的微观结构说明同类物质的共性和不同类物质性质差异及其原因，解释同类的不同物质性质变化的规律。

当然该部分的学习也为化学学科核心素养其他内容的培养奠定了基础，例如：

素养 2　变化观念与平衡思想

水平 2：能从原子、分子水平分析化学变化的内因和变化的本质。

素养 3　证据推理与模型认知

水平 2：能从宏观和微观结合上收集证据，能依据证据从不同视角分析问题，

推出合理的结论。

素养5 科学态度与社会责任

水平1：能列举事实说明化学对人类文明的伟大贡献。

 **知识体系梳理**

从教材内容体系中看，"原子结构与元素周期表"部分包含"原子结构""元素周期表""核素""原子结构与元素的性质"四部分，如图2-18。

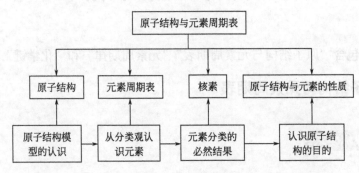

图2-18　教材中"原子结构与元素周期表"一节内容体系

长久以来，人们对客观物质的认识必然会从宏观逐渐走向介观和微观，宏观物质之间的性质差异必然是其微观结构和组成导致的，这就是人们不断探究原子结构的原因。

人教版教材中，仅仅以"科学史话"形式呈现了不同历史时期人们所建构的原子模型的演变，对于其模型建构的实验基础并未涉及，因此，只能通过简单呈现原子核和核外电子排布的事实建构原子结构模型。

人们在认识了原子结构之后必然会遇到如何将不同的原子进行分类的问题，由于同种原子中核电荷数、质子数和核外电子数相等，因此，按照核电荷数不同对原子进行排序自然就形成了一个可以供人们研究不同原子性质变化规律的图表（即元素周期表）。在人类认识核电荷数和核外电子之前，门捷列夫是根据原子量大小对原子进行排序绘制了最早的元素周期表。当人们发现了原子核由质子和中子组成（氕原子除外），且质子数相同而中子数不同的原子组成的物质化学性质相同的规律后，同种元素可能包含不同种类的核素的事实被发现，因此，按照原子量排列的早期门捷列夫元素周期表必然被按照质子数（核电荷数或核外电子数）排列的新的元素周期表替代，这个过程是人类探究原子结构过程中必然经历的，而人类探究原子结构的最终目的是从微观角度认识物质的性质及其化学变化的本质。

因此，"原子结构与元素周期表"一节内容在知识层面包括"原子结构""元素周期表""核素""原子结构与元素的性质"四部分；在方法论层面，通过分类的方法探究物质的性质；在价值论层面，让学生理解寻找科学的工具（模型）展开化学研究充分挖掘化学在社会生活中的价值。"原子结构与元素周期表"一节知识的逻辑体系见图2-19。

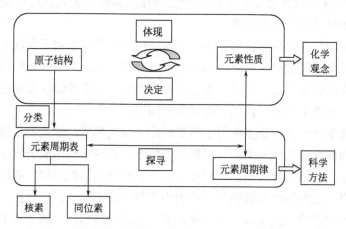

图2-19 "原子结构与元素周期表"一节知识的逻辑体系

 教学思考

元素周期表一定是人们研究原子结构之后，基于科学分类法按照决定化学反应的本质——核电荷数（核外电子数或质子数）进行排列的必然结果。相应地，元素周期表所呈现的规律也必然为人们认识元素的性质提供逻辑基础。因此，课堂的教学逻辑也一定是从原子结构到元素周期表再到"结构决定性质"的化学观念的递进。

（1）"原子结构""元素周期表"和"核素"三部分相关知识的生成一定是学生完成了以下问题链的思考后得到的：

①原子是由哪些部分构成的？（回顾初中知识）

②原子的什么结构决定了物质的化学性质？

③决定物质化学性质的核电荷数（质子数）和中子数以及核外电子数有什么关系？

④ 核电荷数相同但中子数不同的原子对宏观物质的化学性质有无影响？（核素概念的建立）

⑤ 将原子根据核电荷数的大小进行排列同时结合核外电子排布规律，能够发现什么规律？

⑥ 教材后面的元素周期表具有哪些特点？

⑦ 元素周期表中同一个位置可能包含了几种不同的原子？（同位素概念的建立）

⑧ 研究稀有气体元素原子的电子层排布及其性质关系，可以发现什么规律？（原子核外电子排布规律）

虽然受到学段的限制，原子结构、原子核外电子排布和元素周期表三部分内容的讲授无法通过严密的逻辑体系进行推导和证明，简单的知识呈现是这部分内容主要的讲授方式，但是，通过挖掘和思考，学生能够在初中已建立的化学知识体系基础上理解并快速掌握该部分知识。

初中化学已经帮助学生建构了简单的原子结构模型，学生也了解了原子核外电子排布和性质之间的关系，根据原子的电子数等于核内质子数也等于核电荷数的关系，能够推导得出"不同元素原子之间核电荷数不同"的结论。由于中子不带电，相同核电荷数的原子核内中子数可能不同，因此，核电荷数相同但中子数不同的原子其实属于同一种元素（化学性质相同）的"核素"的概念就很容易建构出来。

将不同种类的原子根据核电荷数进行分类（排序）进而研究其性质和核电荷数递变所产生的规律是通过分类研究性质的基本方法，元素周期表就是利用这种分类法最终形成的研究化学的工具。根据元素周期表同族元素核外电子排布的规律，总结归纳原子核外电子排布规律就相对容易了。学生建构该部分知识的逻辑体系如图2-20。

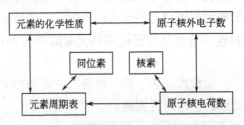

图 2-20　学生建构该部分知识的逻辑体系

（2）"原子结构与元素的性质"部分相关知识的生成一定是学生完成了以下问题链的思考后得到的：

① 金属钠和钾的核外电子排布各是什么样的？

② 随着原子核外电子层的增加，原子核对最外层电子的"束缚"力有何变化？

③ 猜测钾的金属性比钠强还是弱？

④ 如何设计实验进行验证？

⑤ 推测铷、铯和锂的化学活性如何？

⑥ 如何推测和研究卤素的化学性质？

人们可以利用原子结构和元素周期表研究物质的结构以及结构变化规律和化学性质之间的关系。作为研究化学的基本工具，元素周期表对不常见物质性质的猜测具有一定的启示作用。

利用熟悉的碱金属和卤素两族元素核外电子排布和化学性质变化关系很容易发现其规律，这部分知识的学习为下一节元素周期律的学习奠定了基础。

二、元素周期律

 课标要求

根据课标中"学业质量标准"部分的化学学科核心素养水平划分的相关规定，通过该部分的学习，学生应该获得的化学学科核心素养主要表现在：

素养 1　宏观辨识与微观探析

水平 1：能运用化学符号描述常见简单物质及其变化，能联系物质的组成和结构解释宏观现象。

水平 2：能运用微粒结构图示描述物质及其变化的过程，能从物质的微观结构说明同类物质的共性和不同类物质性质差异及其原因，解释同类的不同物质性质变化的规律。

素养 3　证据推理与模型认知

水平 1：能从物质及其变化中提取证据，能将化学事实和理论模型进行关联和合理匹配。

水平 2：能从宏观和微观结合上收集证据，能依据证据从不同视角分析问题，推出合理的结论；能理解、描述和表示化学中常见的认知模型，指出模型的具体含义，并运用理论模型解释或推测物质的组成、结构、性质与变化。

当然该部分的学习也为化学学科核心素养其他部分的培养奠定了基础，例如：

素养2　变化观念与平衡思想

水平2：能从原子、分子水平分析化学变化的内因和变化的本质。

素养3　证据推理与模型认知

水平2：能从宏观和微观结合上收集证据，能依据证据从不同视角分析问题，推出合理的结论。

素养5　科学态度与社会责任

水平1：能列举事实说明化学对人类文明的伟大贡献。

知识体系梳理

从教材内容体系中看，"元素周期律"部分包含"元素性质的周期性变化规律""元素周期表和元素周期律的应用"两部分，如图2-21。

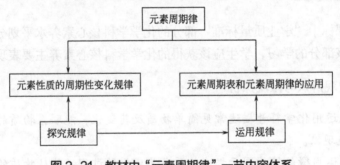

图2-21　教材中"元素周期律"一节内容体系

观察元素周期表，结合原子核外电子排布和之前对个别元素化学性质的认识，了解和建构元素周期律的知识并不困难。

对元素周期律最简单的描述就是元素的性质随着原子序数的增加呈周期性的变化，这种变化本质上是由原子核外电子排布规律引起的。以第二周期为例，从锂到氖，原子的最外层电子数从1逐渐增加到8。当电子个数比较少时，原子较容易失去电子，将次外层转变为填满电子的最外层从而形成稳定结构；当电子数较多时，原子较容易得到电子，将最外层填满8个电子以后而形成稳定结构，因此，锂原子在该周期中表现出了最强的还原性（给出电子的能力），氟原子表现出了最强的氧化性（得到电子的能力），稀有气体氖气因其原子最外层为全充满 8 电子的稳定结构而表现出了一定的惰性。

从锂到氟，随着原子序数增加，新增加的电子填充在同一最外层轨道上，随着核电荷数逐渐增加，原子核的正电荷对同一最外层电子的吸引力逐渐增加，因此，原子的半径呈现逐渐减小的趋势。原子半径逐渐减小导致最外层轨道接纳新的电子逐渐变得容易，相应地失去电子逐渐变得困难，即氧化性逐渐升高，还原性逐渐降低。

每种原子的最高正价和最低负价直接对应的是原子核外电子数（即达到 8 电子稳定态多余或所缺的电子数）。最外层电子数在 3 个以下时（锂、铍、硼），元素正常只表现出正价态；最外层电子数在 6 个以上时（氧、氟），元素正常只表现出负价态；碳、氮两种元素的价态可以是正也可以是负，充分说明了其失去或者得到电子都不容易。因此，化合价也直接和核外电子排布的结构相关。

运用同样方法也可以推导出第三周期元素随着原子序数增加表现出了和第二周期相同的递变规律。

比较第二周期和第三周期同族元素，核外电子排布唯一的区别就是电子层数增加了 1 层，原子半径随之增大，相应地原子核对核外最外层电子的吸引力变小，所以第三周期原子比同族第二周期原子的还原性强、氧化性弱。

金属元素的最外层电子越容易失去，其成为离子后越稳定，其氢氧化物在水中电离后，氢氧根的"自由度"就越大，相应地表现出更强的碱性。因此，可以简单地通过金属氢氧化物的碱性判断金属单质的还原性，即"金属性"。

非金属元素的最外层电子数越接近 8，其接受电子的能力就越强，在其最高（正）价含氧酸中，因氧元素和中心非金属原子"集体"吸引电子的能力较强，导致分子容易电离出自由的氢离子（可以简单地看成氢原子把电子留下来）。因此，非金属元素最外层电子数越接近 8，其吸电子能力越强，其最高价态含氧酸的酸性就越强。总之，可以简单通过最高价态含氧酸的酸性判断非金属单质的氧化性，即"非金属性"。

认识元素周期律的最终目的就是应用其规律为生产和生活服务。历史上，门捷列夫曾根据元素周期律准确预测了"类铝"（镓）和锗的存在及其性质。在化学学习过程中，掌握了某种元素的化学性质之后，其同族和附近元素的性质就容易掌握和理解。例如，掌握了钠的性质之后，金属钾的性质就变成了增强了金属性的钠的性质，因此，钾和水反应的剧烈程度应该比钠和水反应强。

在知识层面，"元素周期律"一节内容为"元素周期律"和"元素周期律的应用"两部分；在方法论层面，通过掌握元素周期律可预测未知元素和陌生元素的性质；在价值论层面，本节内容促进学生理解化学模型在化学科学中的价值。教材中"元素周期率"一节知识的逻辑体系见图 2-22。

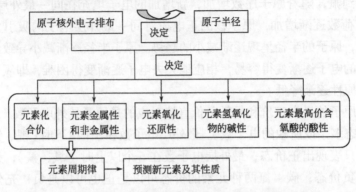

图 2-22　教材中"元素周期率"一节知识的逻辑体系

 **教学思考**

　　元素周期律是人们通过归纳法所发现的一种科学规律，目前对该规律的解释已经深入到微观原子结构的层面。因此，单纯地通过宏观的元素性质归纳总结元素周期律必然会导致知识的无根（缺乏逻辑原点）。元素周期律的教学一定是从微观的原子结构到宏观性质，进而归纳总结规律的过程。

　　（1）"元素周期律"部分相关知识的生成一定是学生完成了以下问题链的思考后得到的：

　　① 观察元素周期表第二周期元素，从左到右，核外电子排布有什么规律性变化。

　　② 观察第二周期元素的原子半径从左到右有何变化。

　　③ 什么因素导致了原子半径的变化？

　　④ 根据原子半径的变化，预测第二周期元素从左到右的得电子能力有什么变化，失电子能力有什么变化？

　　⑤ 第三周期元素的相关变化规律和第二周期类似吗？

　　⑥ 同族元素从上到下的变化规律和核外电子排布的关系是什么？

　　⑦ 金属氢氧化物的碱性和什么因素有关？

　　⑧ 同周期和同族金属氢氧化物的碱性递变规律是什么？

　　⑨ 非金属最高价含氧酸的酸性和什么因素有关？

　　⑩ 同周期和同族非金属最高价含氧酸的酸性递变规律是什么？

通过观察元素周期表，发现其中的变化规律并不是一件难事，如果发现了规律不思考该规律产生的原因，那这种观察结果就成了需要记忆的逻辑原点型知识。因为观察是一种方法，得到的结论必须经过合理的解释才容易被内化为自身的知识。导致元素周期律的原因是原子的结构。原子结构决定了元素的性质，原子结构的变化导致了元素性质的变化。因为核外电子有规律地排布，随着原子序数增加，原子结构最外层电子有规律地变化，必然导致元素化学性质有规律地变化。因此，帮助学生建构元素周期律必须从微观原子结构的变化开始，仅仅让学生观察元素周期表得到元素周期律的教学方法无法发展学生的学科核心素养。学生建构该部分知识的逻辑体系见图 2-23。

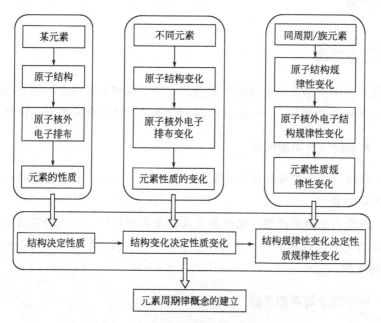

图 2-23　学生建构该部分知识的逻辑体系

（2）"元素周期表和元素周期律的应用"部分相关知识的生成一定是学生完成了以下问题链的思考：

①从元素在周期表中的左右位置关系能推测出元素间的什么性质差异？为什么？

②从元素在周期表中的上下位置关系能推测出元素间的什么性质差异？为什么？

③元素的化合价和周期表中的位置有什么关系？为什么？

④门捷列夫当年为什么能够预测出"类铝"的存在和性质？

⑤ 元素周期律能解决哪些化学问题？

该部分内容的学习能促进学生的元素周期律知识的迁移从而培养解决化学问题的能力。因此，教会学生运用元素周期律解决化学问题是本节内容的关键。例如，通过熟悉的钠元素在周期表中的位置，能够猜测出镁元素的大概性质以及与钠元素的性质差异；通过熟悉的氯元素在周期表中的位置，能够猜测出溴元素的大概性质以及与氯元素的性质差异；通过还原历史上门捷列夫猜测"类铝"存在的过程，帮助学生掌握运用元素周期律解决化学问题的方法。

三、化学键

 **课标要求**

根据课标中"学业质量标准"部分的化学学科核心素养水平划分的相关规定，通过该部分的学习，学生应该获得的化学学科核心素养主要表现在：

素养1　宏观辨识与微观探析

水平1： 能运用化学符号描述常见简单物质及其变化，能联系物质的组成和结构解释宏观现象。

水平2： 能运用微粒结构图示描述物质及其变化的过程，能从物质的微观结构说明同类物质的共性和不同类物质性质差异及其原因，解释同类的不同物质性质变化的规律。

素养2　变化观念与平衡思想

水平2： 能从原子、分子水平分析化学变化的内因和变化的本质。

当然该部分的学习也为化学学科核心素养其他内容的培养奠定了基础，例如：

素养3　证据推理与模型认知

水平1： 能从物质及其变化中提取证据，能将化学事实和理论模型进行关联和合理匹配。

水平2： 能从宏观和微观结合上收集证据，能依据证据从不同视角分析问题，推出合理的结论；能理解、描述和表示化学中常见的认知模型，指出模型的具体含义，并运用理论模型解释或推测物质的组成、结构、性质与变化。

素养 4 科学探究与创新意识

水平 2：能对简单化学问题的解决提出可能的假设。

素养 5 科学态度与社会责任

水平 1：能列举事实说明化学对人类文明的伟大贡献。

 **知识体系梳理**

从教材内容体系中看，"化学键"部分包含"离子键"和"共价键"两部分，见图 2-24。

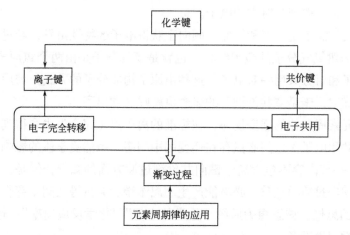

图 2-24 教材中"化学键"一节内容体系

在学习元素周期律时，经常会用到"钠原子失去电子形成钠离子，氯原子得到电子形成氯离子"的学科情境，因此讨论和思考氯化钠固体的微观结构就水到渠成了。

如果将钠离子和氯离子看成质点，根据钠离子带一个正电荷和氯离子带一个负电荷的事实，可以猜测出：①一个钠离子和一个氯离子结合，整体上电荷为零，稳定性增加。②不存在两个钠离子或者两个氯离子直接相邻的情况。③钠离子和氯离子在固态氯化钠中不能自由移动。④一个钠离子和一个氯离子组成的"集体"在氯化钠固体中也无法自由移动。⑤不同"集体"之间，相邻的钠离子和氯离子一定有相互作用。⑥在氯化钠固体中，一个钠离子周围应该存在不止一个氯离子，一个氯离子周围应该存在不止一个钠离子。

由氯化钠常温下是固体以及钠离子和氯离子的结构出发，经过简单的思考很容易建构氯化钠固体的微观结构，也就是钠离子和氯离子在微观结构中存在微粒间的强相互作用，这个作用不仅仅局限在单个的钠离子和氯离子之间。这种相互作用必须用一个简单的概念进行描述，于是"离子键"的概念就呼之欲出了。

在诸如氯气、氢气、甲烷等常温下是气态的物质中，组成物质的最小微粒必然可以任意自由移动。以氯气分子为例，单个的氯原子有获取一个电子成为稳定氯离子的倾向，基于之前学习的知识，可以猜出：①氯原子在面对周围只有同类氯原子的情况下，很难获得对方的电子形成稳定的离子。②在都缺一个电子的情况下，两个氯原子互相妥协共用一对电子（每个原子拿出一个电子）形成分子成为可能。③氯气分子中包含两个氯原子。④氯气分子中的每一个氯原子都未真正"得到"对方的电子。

由氯气常温下是气态和氯原子倾向于获得电子的特性出发，经过简单的思考很容易构建氯气分子的微观结构，也就是氯气分子是由两个氯原子构成的，每个氯原子和对方共用一对电子。这种由原子构成分子的方式必需用一个简单概念进行描述，于是"共价键"的概念也就呼之欲出了。

根据元素周期律的递变规律，在标准的离子键（完全失去和得到电子）和共价键（共用电子）之间必然存在递变的中间态，虽然受学段的影响，教材中"化学键"一节内容不包含离子键向共价键过渡方面的知识，但是，由元素周期律的知识经过简单迁移，必然能产生"离子键和共价键之间不存在严格的排他界限"的思想。该思想为后续"盐类的水解""化学反应速率""化学平衡"等知识的学习做准备。

在知识层面，"化学键"一节内容包括"离子键"和"共价键"两个概念；在方法论层面，学生通过掌握元素周期律，结合原子的微粒结构，可推测"离子键"和"共价键"的模型；在价值论层面，本节内容可促进学生理解建构模型对研究化学的巨大作用。教材中"化学键"一节知识的逻辑体系见图2-25。

 教学思考

离子键和共价键是长久以来人们研究物质微观结构所得到的概念模型，因此，"离子键"绝对不是简单的"阴、阳离子间的强相互作用"的字面描述。因为，简单的相互作用就是"力"的概念，而"离子键"所蕴含的意思远远超越"力"的范畴。同样地，"共价键"也绝对不是简单的"原子间通过共用电子对所形成的相互作用"的字面描述。

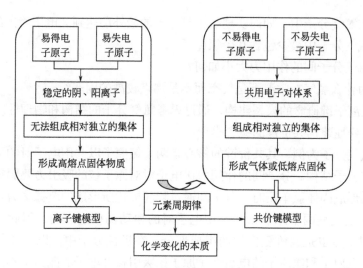

图2-25 教材中"化学键"一节知识逻辑体系

（1）"离子键"部分相关知识的生成一定是学生完成了以下问题链的思考后得到的：

① 金属钠在氯气中燃烧，钠原子和氯分子各自经历了什么过程？

② 根据氯化钠熔点较高的事实，推测微观结构中钠离子和氯离子自由移动的难易程度是怎样的。

③ 氯离子和氯离子、钠离子和钠离子能否直接相邻？

④ 一个氯离子和一个钠离子能否组成一个单独的"集体"？

⑤ 简单描述氯化钠固体的微观结构特征。

⑥ 能否简单描述出"离子键"概念的准确含义？

如果简单地围绕"阴、阳离子间的强相互作用"展开"离子键"概念的教学，势必将带领学生把离子键看成阴、阳离子之间的吸引力。化学家之所以没有用"力"的概念描述"键"的本质，原因是"键"是一个模型，其包含的意思远远超越"力"的概念范畴。因此，"离子键"概念的教学一定是教师带领学生充分思考和认识该模型的过程，通过离子键构成的物质的微观结构，理解阳离子周围必然存在并且存在不止一个阴离子，阴离子周围同样必然存在并且不止存在一个阳离子的特征。理解了该特征之后，由离子键构成的物质的熔点、沸点等物理性质就比较容易理解了。

（2）"共价键"部分相关知识的生成一定是学生完成了以下问题链的思考后得到的：

① 氯原子稳定性如何？

② 在氯气分子中，如何实现每个氯原子的最外层达到 8 电子稳定结构？

③ 氯气分子中最少包含几个氯原子？

④ 氯气分子间的作用力大小如何？

⑤ 为什么氯气在常温下是气态而不是沸点较高的固态？

结合离子键概念的模型建构，通过思考氯气分子的结构和物理性质，学生能够较轻松地建构共价键的概念模型。

以氯气分子为例，其共价键的核心是两个氯原子以共用电子对的形式结合成稳定的分子结构。分子间的作用力比电子对对原子核的吸引力要弱很多，当温度降低形成固体氯单质时，分子间通过瞬间极化所形成的范德华力聚集，范德华力的生成是两个原子核和共用电子对的振动偏移造成的，因此，严格来说，范德华力也是共价键模型的组成部分。在极性分子中，以气体氯化氢为例，因为氢原子和氯原子的电负性（原子核吸引核外电子的能力）不同，两个原子共用的电子对并不处于原子核间的中间位置，因此，氯化氢分子具有一定的极性，相应地分子间具有和非极性分子间范德华力不同的作用力，这种分子间作用力也是共价键模型的组成部分。

和共用电子对对原子核的吸引力相比，非极性分子间的范德华力和极性分子间的分子间作用力都比较小，共价键模型常常被简化为"原子核—共用电子—原子核"系统，因此，就有了 σ 键（共价键的一种）或者 π 键（共价键的一种）的说法，也有了分子中存在多少根共价键的说法。但是很少有在某固体中存多少"根"离子键的说法。

第五节
化工生产中的重要非金属元素

本节包含"硫及其化合物""氮及其化合物"和"无机非金属材料"三部分内容。

一、硫及其化合物

 课标要求

根据课标中"学业质量标准"部分的化学学科核心素养水平划分的相关规

定，通过该部分的学习，学生应该获得的化学学科核心素养主要表现在：

素养1 宏观辨识与微观探析

水平1：能根据实验现象辨识物质及其反应，能联系物质的组成和结构解释宏观现象。

水平2：能从物质的微观结构说明同类物质的共性和不同类物质性质差异及其原因，解释同类的不同物质性质变化的规律。

素养2 变化观念与平衡思想

水平1：能认识物质运动和变化是永恒的，能根据观察和实验获得的现象和数据概括化学变化发生的条件、特征与规律。

水平2：能运用动态平衡的观点看待和分析化学变化。

素养4 科学探究与创新意识

水平1：能根据教材中给出的问题设计简单的实验方案，完成实验操作。

水平2：能对简单化学问题的解决提出可能的假设，依据假设设计实验方案。

素养5 科学态度与社会责任

水平1：能列举事实说明化学对人类文明的伟大贡献，主动关心与环境保护、资源开发等有关的社会热点问题，形成与环境和谐共处、合理利用自然资源的观念。

水平2：具有"绿色化学"观念，能运用所学知识分析和探讨某些化学过程给人类健康、社会可持续发展可能带来的双重影响，并对这些影响从多个方面进行评估。

当然该部分的学习也为化学学科核心素养其他内容的培养奠定了基础，例如：

素养3 证据推理与模型认知

水平1：能从物质及其变化的事实中提取证据，对有关化学问题提出假设，能依据证据证明或证伪假设；能识别化学中常见的物质模型和化学反应的理论模型，能将化学事实和理论模型进行关联和合理匹配。

水平2：能从宏观和微观结合上收集证据，能依据证据从不同视角分析问题，推出合理的结论；能理解、描述和表示化学中常见的认知模型，指出模型表示的具体含义，并运用理论模型解释或推测物质的组成、结构、性质与变化。

知识体系梳理

从教材内容体系中看，"硫及其化合物"部分包含"硫和二氧化硫""硫酸""硫酸根离子的检验"和"不同价态含硫物质的转化"四部分，如图2-26。

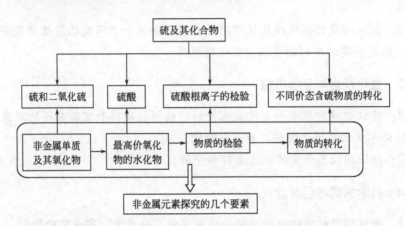

图2-26　教材中"硫及其化合物"一节内容体系

人类对硫单质的研究是从硫黄的燃烧开始的。相应地，对硫黄燃烧产物二氧化硫的探究就不可避免。如果从硫原子核外电子排布入手，硫原子最外层电子全部失去（偏移）形成的 S^{6+} 和最外层获得两个电子形成8电子稳定结构的 S^{2-} 就很容易理解。但是 S^{4+} 的存在就无法合理地解释。因此硫黄在空气中燃烧生成 SO_2 只能通过简单的知识呈现让学生记忆。硫黄在加热条件下分别和铁单质与铜单质反应生成亚铁盐与亚铜盐，也属于类似的逻辑原点型知识。

SO_2 和水的反应是学生接触的第一个可逆反应，通过该反应的学习，学生逐渐建立在同一条件下既能向正反应方向进行又能向逆反应方向进行的可逆反应模型，为后续学习化学反应限度和通过控制条件改变化学反应方向的相关知识做准备。

硫单质和 SO_2 既有氧化性也有还原性的性质，可以通过氧化还原反应模型和硫元素的化合价推出。"硫及其化合物"一节内容主要集中在不同价态含硫物质的互相转化上，通过转化条件的比对，呈现化学反应发生需要一定条件的学科思想。不同价态含硫物质之间的转化条件见图2-27。

在不同价态含硫物质互相转化的学习过程中，反应条件以及是否是可逆反应均无法通过合理的逻辑推导得出，因此，这节内容对学生来说，显得杂乱而无明显的规律。

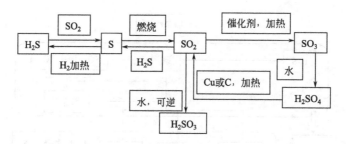

图 2-27　不同价态含硫物质之间的转化条件

　　对任何物质的性质研究必然包含如何对其进行方便检验的问题，由于 SO_2 能和包括品红在内的很多有色物质反应生成无色物质，因此，能否使品红褪色的"漂白"特性成了 SO_2 的简单检验方法。"漂白"是一个很宽泛的概念，从理论上来说，根据能够和有色物质反应生成无色产物的性质都可以断定该物质具有"漂白性"。例如，溴水能和胡萝卜素发生加成反应生成无色的加成产物，因此，溴水对胡萝卜素具有漂白性；紫外线能使有色布条缓慢氧化逐渐失去颜色，因此，紫外线对某些有色染料具有漂白性。学习 SO_2 对品红的漂白性是为了了解 SO_2 的性质、工业上 SO_2 的应用以及检验 SO_2 的方法。

　　诸如双氧水和氢氧化钠溶液等在一定条件下都可以使品红溶液褪色，因此，检验 SO_2 时需要排除其他也能够导致品红溶液褪色的物质。不能简单地根据某物质能使品红溶液褪色这一描述就直接推理出该物质一定是 SO_2 的结论。

　　含有 +6 价硫元素的硫酸必然具有氧化性，+6 价硫被还原后一般情况下生成 +4 价态硫，因此，和 Cu 或者 C 在一定条件下反应后，浓硫酸能被还原成 SO_2。这个推论经过简单的品红溶液褪色实验即可得到证实。

　　浓硫酸的脱水性主要是浓硫酸同时具备的两个特性造成的：①强酸性。浓硫酸极易电离出的氢离子对有机物质中的羟基等含氧官能团具有很强的催化特性，羟基和羧基等官能团在质子化后很容易脱除水分子。②极性。水分子被脱除后，极性的浓硫酸分子快速结合水分子形成水合质子和水合硫酸（氢）根离子，从而促进了有机分子脱水。

　　理论上，同时具备强酸性和极性的物质都具备一定的脱水性，例如 P_2O_5（首先需要少量的水与之反应生成能电离出质子的磷酸分子）也具有一定的脱水性。因此，脱水性不是浓硫酸独有的特性。

　　在知识层面，"硫及其化合物"一节内容包含了不同价态含硫物质的性质；在方法论层面，本节包括研究非金属元素及其氧化物性质的方法；在价值论层面，本节内容可促进学生理解掌握不同价态硫元素转化方法的价值。教材中"硫及其化合物"一节知识的逻辑体系见图 2-28。

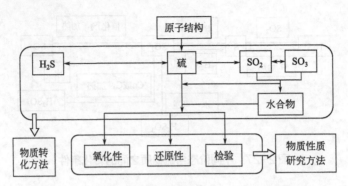

图 2-28　教材中"硫及其化合物"一节知识逻辑体系

"硫及其化合物"一节除了学习硫及其化合物性质之外，学生还需要掌握研究非金属元素及其化合物的方法，需要了解人类研究物质转化知识对生产和生活的促进作用等价值。因此，课堂的教学逻辑也一定是从知识到方法最终到价值的教学过程。

（1）"硫和二氧化硫"部分相关知识的生成一定是学生完成了以下问题链的思考后得到的：

① 根据硫原子的核外电子排布可以得出硫单质可能具有哪些化学性质？

② 通过哪些反应可以体现硫单质的氧化性？

③ 通过哪些反应可以体现硫单质的还原性？

④ 根据硫元素的化合价可以推测 SO_2 具有哪些可能的化学性质？如何通过实验验证？

对于硫单质的探究，从原子核外电子排布能够推测出硫单质同时具备氧化性和还原性，但是其氧化性的强弱无法通过合理的推理得到，即使通过实验探究出硫黄和铁粉反应生成硫化亚铁的事实，教师也无法通过合理的分析得到硫的氧化性相对较弱的原因。通过元素周期律，学生只能知道硫的氧化性弱于氧和氯，因此，硫化亚铁的生成是硫黄氧化性较弱的逻辑原点。

在二氧化硫的性质探究中，其水合反应的可逆性和漂白性都是无法预先推理得到的逻辑原点型知识。根据化合价，可以推导出二氧化硫既有氧化性也有还原性。

需要说明的是，二氧化硫的漂白性实验无需过多解读，该性质主要服务于二氧化硫的检验、鉴别。在经过一定的推理得到某个反应可能生成二氧化硫时，能够使品红溶液褪色就可以证明该气体是二氧化硫。如果没有任何情境条件，孤立的某气体能使品红褪色并不足以证明该气体就一定是二氧化硫。"漂白"是一个宏观的过程，只要能使有色物质转化为无色的物质就具有"漂白性"。因此，脱离宏观颜色转化，单纯地谈某个物质有没有"漂白性"是没有任何意义的。在特殊的情境下，灰尘（吸附）、空气（氧化）、紫外线（催化氧化）、水（加成双键）等都可能具有"漂白性"。

（2）"硫酸"和"硫酸根离子的检验"部分相关知识的生成一定是学生完成了以下问题链的思考后得到的：

① 根据酸的通性和化合价知识，可以推测出浓硫酸的哪些性质？如何通过实验探究其性质？

② 归纳总结硫酸和浓硫酸的哪些性质是其特有的而无法用之前的知识经过逻辑推理得到？

③ 硫酸钡不溶于水的性质可以在哪些方面应用？

作为硫元素最高价氧化物的水合物，硫酸的氧化性可以被合理地推导得到，因此，探究浓硫酸氧化单质铜、单质碳、棉花、纸张等化学反应就水到渠成。由于无法经过合理的推导或者实验探究获得证实，浓硫酸的脱水性只能通过简单的讲授呈现。

硫酸钡的难溶性可以应用于硫酸根的检验和去除。虽然硫酸钡难溶的原因不是高中阶段探讨的问题，但是，从该知识点出发，引导学生讨论和思考，可以促进学生对物质检验和除杂等问题的深度理解，提高学生的深度思维能力。

（3）"不同价态含硫物质的转化"部分相关知识的生成一定是学生完成了以下问题链的思考后得到的：

① 自然界中硫元素主要存在于哪些物质中？

② 如何将自然界中的硫元素转化为工业产品硫酸？

③ 如何将化学问题转化为化学实验方案？

硫元素四个不同化合价态之间的转化问题是氧化还原反应相关知识在解决情境问题中应用的良好案例。引导学生思考不同价态硫元素转化的问题，能培养学生的知识迁移能力、实验设计能力和深度思维能力。

二、氮及其化合物

 课标要求

根据课标中"学业质量标准"部分的化学学科核心素养水平划分的相关规

定，通过该部分的学习，学生应该获得的化学学科核心素养主要表现在：

素养1 宏观辨识与微观探析

水平1：能根据实验现象辨识物质及其反应，能联系物质的组成和结构解释宏观现象。

水平2：能从物质的微观结构说明同类物质的共性和不同类物质性质差异及其原因，解释同类的不同物质性质变化的规律。

素养2 变化观念与平衡思想

水平1：能认识物质运动和变化是永恒的，能根据观察和实验获得的现象和数据概括化学变化发生的条件、特征与规律。

水平2：能运用动态平衡的观点看待和分析化学变化。

素养4 科学探究与创新意识

水平1：能根据教材中给出的问题设计简单的实验方案，完成实验操作。

水平2：能对简单化学问题的解决提出可能的假设，依据假设设计实验方案。

素养5 科学态度与社会责任

水平1：能列举事实说明化学对人类文明的伟大贡献，主动关心与环境保护、资源开发等有关的社会热点问题，形成与环境和谐共处、合理利用自然资源的观念。

水平2：具有"绿色化学"观念，能运用所学知识分析和探讨某些化学过程给人类健康、社会可持续发展可能带来的双重影响，并对这些影响从多个方面进行评估。

当然该部分的学习也为化学学科核心素养其他内容的培养奠定了基础，例如：

素养3 证据推理与模型认知

水平1：能从物质及其变化的事实中提取证据，对有关化学问题提出假设，能依据证据证明或证伪假设；能识别化学中常见的物质模型和化学反应的理论模型，能将化学事实和理论模型进行关联和合理匹配。

水平2：能从宏观和微观结合上收集证据，能依据证据从不同视角分析问题，推出合理的结论；能理解、描述和表示化学中常见的认知模型，指出模型表示的具体含义，并运用理论模型解释或推测物质的组成、结构、性质与变化。

知识体系梳理

从教材内容体系中看，"氮及其化合物"部分包含"氮气与氮的固定""一氧化氮和二氧化氮""氨和铵盐""硝酸"和"酸雨及其防治"五部分，如图 2-29。

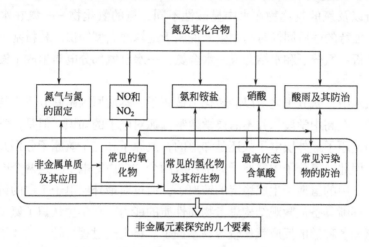

图 2-29　教材中"氮及其化合物"一节内容体系

氮原子最外层 5 个电子的特点决定了无论是获得 3 个电子还是失去 5 个电子都相对困难。两个氮原子结合形成氮气分子时，共用三对电子才能使两个氮原子都满足最外层 8 电子的稳定态，且这三对电子构成的三键在化学反应时因总键能较高而较难断裂。这两个因素共同决定了氮气的相对惰性。

在生产生活中，硝酸盐和铵盐等含氮物质是植物生长所需的化肥；硝酸是需求量很大的工业原料；氨气除了可以直接用作植物化肥外，也是工业上制备各种材料和医药品的原料。因此，如何将零价氮气转化为不同价态的含氮物质是化学家们长久以来努力要解决的化学难题之一。

在初中阶段，学生已经掌握了镁条在氮气中燃烧生成氮化镁的反应，该反应理所当然地成为学生已知的固氮方法。同时，学生会从已经学过的非金属硫的相关知识开始，思考氮单质可能发生的化学反应。从同族元素的周期律思考，硫的非金属性弱于氧；从同周期的周期律思考，氮的非金属性弱于氧。因此，氮和硫的非金属性无法准确推理。从氮气分子中三键的总键能比较大出发，学生应该能猜测出氮气分别和氧气以及氢气的反应均比较困难的结论。氮气和氢气反应生成氨的条件较为苛刻，理解起来就比较容易。

氮气在放电或者高温情况下和氧气反应的产物无法经过简单的推理或者知识迁移得到。从电子得失或者转移的角度看，无论是 NO 还是 NO_2，其分子中的氮和氧都无法通过简单的化学键结合形成 8 电子稳定态。因此，对于高中生来说，氮气和氧气反应生成 NO 以及 NO 和氧气继续反应生成 NO_2 的条件和结论都属于逻辑原点型知识。另外，NO 不溶于水以及 NO_2 遇到水发生歧化生成硝酸和 NO 的反应也属于高中阶段的逻辑原点型知识。

和硫以及氯的氢化物在水中显酸性不同，氮的氢化物——氨在水中显碱性，这个独特的性质同样对高中生来说属于逻辑原点型知识。教材基于此事实进行了解析：氨分子和水结合成一水合氨，一水合氨部分电离生成了铵离子和氢氧根。

在氨水中，氨分子之所以能转化为铵离子，本质原因是其分子中的孤对电子造成的，在高中学段，并不需要学生掌握孤对电子的知识，但是，学生对氨分子中的氮原子最外层电子数还是知道的，氮原子和三个氢原子分别共用了三对电子，因此，氨分子中氮原子周围还有两个"自由"电子，这两个电子能够吸引水分子中的氢离子生成稳定的铵离子。通过对最外层电子个数的讨论，能够让学生逐渐具备从微观结构思考物质性质的能力。在学生认识了氨水的性质之后，氨和各种酸的反应就比较容易掌握了。将上述过程反转，铵离子遇到氢氧根时，氢氧根吸引氢离子进而生成水，促进了氨分子的生成，在加热条件下，氨分子脱离体系生成氨气，这种鉴别铵盐的反应对于学生来说也较容易理解和掌握。

根据硫酸的性质，学生可以经过简单的知识迁移得到硝酸具有氧化性的结论。

学习完了硫和氮的氧化物相关知识后，对酸雨的危害和控制，学生就很容易理解和掌握。在这个过程中，学生需要从酸雨的防控需求出发，研究各个价态的氧化物性质和转化条件，最终目的是合理地控制空气中氮氧化物和硫氧化物的浓度，从而理解为人类服务的化学学科的价值。

在知识层面，"氮及其化合物"一节内容包含了不同价态含氮物质的性质；在方法论层面，本节内容包括研究非金属元素及其氧化物性质的方法；在价值论层面，本节内容可培养学生理解运用不同价态氮元素转化方法以降低酸雨危害的化学学科价值。教材中"氮及其化合物"一节知识的逻辑体系见图 2-30。

教学思考

在学习了硫及其化合物后，借助氮及其化合物的学习，进一步掌握研究非金属元素及其化合物的方法，在掌握不同价态含氮物质转化的知识基础上，理解运用知识解决酸雨防治问题的化学学科价值。因此，课堂的教学逻辑也一定是从知识到方法最终到价值的教学过程。

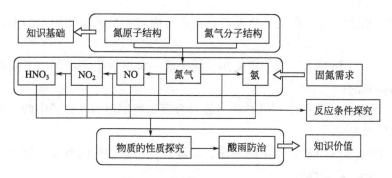

图 2-30　教材中"氮及其化合物"一节知识逻辑体系

（1）"氮气与氮的固定"部分相关知识的生成一定是学生完成了以下问题链的思考后得到的：

① 根据氮原子核外电子排布和氮气分子的结构，推测氮气的化学活性。

② 如何理解化学固氮的意义？

③ 之前学过哪些化学固氮的方法？

④ 根据元素周期律，结合氮气的化学活性，猜测并证实氮气分别和氧气以及氢气反应的产物和反应条件。

简便易行的化学固氮方法一直以来是人们追求的目标。这个需求受到两方面的制约：一方面根据氮原子的核外电子排布，很容易推导出氮原子比较难以失去最外层 5 个电子，也比较难以得到 3 个电子达到最外层 8 电子稳定结构的结论。同时氮气分子的氮氮三键结构也导致氮气分子断裂形成原子结构比较困难。这两个因素共同决定了氮气较为惰性的化学性质。另一方面，因为植物生长需要氮元素，而空气中的氮元素很难被大部分植物直接利用（少量的具有固氮性能的植物除外），因此，寻求合理的人工合成含氮物质的方法，从而满足植物生长的需要就显得非常重要。这个逻辑在课堂中的呈现能够帮助学生深度理解化学固氮的重要性。

关于氮气和氧气的反应，首先根据氮原子核外电子排布"猜测"出生成的含氮氧化物可能是 N_2O_5，事实上在放电或者高温情况下，氧化产物首先是 NO。在初中阶段学生就知道了碳和磷在空气中燃烧生成其最高价氧化物，根据元素周期律，非金属性比碳和磷强的氮单质被氧气氧化变得困难。结合前面学过的硫单质在空气中燃烧生成 SO_2 而不是 SO_3 的反应，应该能简单归纳出一个规律：随着非金属性增强，氧气氧化非金属单质越困难，氧化产物的化合价越低。这个规律可以为今后学习以下知识做准备或者可以解释之前学习过的知识：氯气在空气中不能燃烧；氯气和氧气在特殊条件下反应生成 Cl_2O_7 非常困难。总之，氮气和空气放电产物在本节内容中只能以知识点的形式简单呈现。

（2）"NO 和 NO₂"部分相关知识的生成一定是学生完成了以下问题链的思考后得到的：

① 根据氮气分子中三键结构，能否合理地推测出 NO 分子中两个原子之间的成键情况？

② 根据 NO 中不是常见的单键、双键或者三键结构的事实，能否推测出该物质的化学稳定性？

③ NO₂ 的分子结构能否用简单的单键、双键或者三键结构解释？

④ NO₂ 的稳定性如何？如何设计实验证实该猜想？

在该部分中主要包含 3 个知识点：① NO 不溶于水；②常温下，NO 在空气中能直接被氧化为 NO₂；③ NO₂ 能直接溶于水并发生化学反应。

本学段无法直接回答为什么 NO 不溶于水而 NO₂ 能直接溶于水并发生化学反应的性质差异，也无法回答为什么常温下 NO 在空气中能直接被氧化为 NO₂ 而 NO₂ 在空气中不能被继续氧化的性质差异。因此，这些知识点都只能通过简单的呈现让学生记忆。

高中学段，在 NO₂ 能和水反应生成酸的背景下，也无法合理地推导出产物是硝酸和 NO 的结论，因为无法排除生成 NO₂ 中 +4 价态 N 所对应的 H_2NO_3（高中学段无法判断其存在与否以及稳定与否）的结论。因此，如果在从实验探究中发现 NO₂ 能和水反应生成酸性溶液同时释放出 NO 的前提下，根据氧化还原反应中化合价的变化，能够推导出酸性物质是硝酸的结论。

（3）"氨和铵盐"部分相关知识的生成一定是学生完成了以下问题链的思考后得到的：

① 氨气和氯化氢反应实验说明氨气分子变成铵离子经历了什么过程？

② 氨气分子能接受质子说明氨气分子的结构有哪些特点？

③ 结合氨气分子的特点和水分子的特点，解释喷泉实验所体现的化学过程。

④ 如何从微观角度理解氨气溶于水后显碱性的性质？

⑤ 如何理解铵盐受热分解的过程？

⑥ 如何理解铵离子在加热条件下遇到氢氧根后的化学变化过程？

氨分子的结构特征决定了氨气的化学性质，根据氮原子最外层 5 个电子的事实，可以引导学生推测出氨分子中氮原子周围还有两个电子（孤对电子）的结论，这两个电子刚好可以和氢离子结合生成铵根离子，这样推导的结论可以被氨气和氯化氢反应证实。

水中也存在一定量的氢离子，因此，氨分子遇到水时，氨分子的孤对电子和水分子中氢原子互相吸引，形成一水合氨的结构，这个过程可以看成氨分子用孤对电子吸引水分子中"即将"电离的氢离子的过程，这个过程的终点就是生成氢氧化铵。整个推导的逻辑可以被喷泉实验和氨水的碱性证实。

以氯化铵为例，铵盐的热分解完全可以用氨分子和氯化氢化合过程的逆过程进行推导或解释，铵根离子的生成过程是氨分子"拿出"电子和氢离子共用的过程，共用的结果是中心的氮原子带正电荷。当然，加热后这种共用结构也容易被破坏。在氯离子的吸引下，氮氢键被破坏后生成氨分子和氯化氢分子，这两种气体离开体系后导致反应继续发生。这部分知识的准确认识，可以为后续勒夏特列原理的学习做准备。如果将该过程中的氯离子换成氢氧根离子，反应便变成了铵离子遇到氢氧根释放氨气的过程。

（4）"硝酸"部分相关知识的生成一定是学生完成了以下问题链的思考后得到的：

① 根据氮气和氧气反应最终生成 +4 价而不是 +5 价含氮物质的事实，推测含 +5 价氮的硝酸的性质可能有哪些？如何设计实验验证？

② 氧化性是得电子能力的体现，如何从电离的角度分析浓硝酸和稀硝酸氧化性能的差异？如何设计实验证实？

③ 假如某个物质因其氧化产物不稳定而难以被氧化，有什么办法可以解决这个问题使氧化反应得以顺利发生？

"越难通过氧化反应得到的含高价态元素的物质其氧化性越强"这个结论很容易通过元素周期律解释和理解，因此，氮气和氧气反应最终生成的是 +4 价 NO_2 而不是 +5 价 N_2O_5，相应地，含有 +5 价氮的 HNO_3 的氧化性必然较强。如果告诉学生，浓硝酸在加热情况下自身就可以发生氧化还原反应，那化合价降低的是氮元素，化合价升高的只能是 −2 价的氧元素，相应地必然会生成氧气。在氧气存在情况下，氮元素的还原产物不可能是 NO，但是，无法经过逻辑推理得到还原产物是 N_2 还是 NO_2 的结论。当然，要生成氮气分子必须经历两个零价氮原子"相遇"结合的过程，这个概率明显小于硝酸分子转化为含有单个氮原子的 NO_2 过程。

关于浓硝酸氧化性大于稀硝酸的结论，完全可以建立在电离和氧化还原反应模型的基础上。浓硝酸和稀硝酸最大的区别就是溶液中硝酸分子的电离度，因为氧化其他物质就是将电子"捕获"的过程。稀硝酸中硝酸分子电离为硝酸根和氢离子，带一个负电荷的硝酸根离子由于电荷的排斥作用，继续获得其他物质电子的能力一定没有相同情况下浓硝酸中未电离的不带电荷的硝酸分子强，因此，通过这个简单的分析过程便可以得出硝酸浓度越大其氧化性越强的结论。

某个物质的氧化产物非常不稳定，那它被氧化就比较困难，解决的方法往往很简单，那就是通过加入其他物质"稳定"该氧化产物，此时，每生成一个氧化产物微粒，则快速被其他物质"捕获"，氧化的过程就变得容易。王水溶解单纯的硝酸不能溶解的金、铂等贵金属的模型，完全可以通过这个方法进行建构。

（5）对于"酸雨及其防治"部分，因为煤炭和石油中含有硫元素和氮元素，燃烧后的烟尘中含有硫和氮的氧化物就很容易理解，相应地氧化物溶解在雨水中形成酸雨的过程也容易理解。因此，这部分的教学功能一定是酸雨的防治。让学生基于元素守恒的观念，分析、理解在源头上和燃烧结束后两种酸雨处理问题的教学目标比较容易达成。

三、无机非金属材料

 课标要求

根据课标中"学业质量标准"部分的化学学科核心素养水平划分的相关规定，通过该部分的学习，学生应该获得的化学学科核心素养主要表现在：

素养3　证据推理与模型认知

水平1： 能从物质及其变化的事实中提取证据，能识别化学中常见的物质模型和化学反应的理论模型，能将化学事实和理论模型进行关联和合理匹配。

水平2： 能从宏观和微观结合上收集证据，能依据证据从不同视角分析问题，推出合理的结论；能理解、描述和表示化学中常见的认知模型，指出模型表示的具体含义，并运用理论模型解释或推测物质的组成、结构、性质与变化。

素养5　科学态度与社会责任

水平1： 能列举事实说明化学对人类文明的伟大贡献，主动关心与环境保护、资源开发等有关的社会热点问题，形成与环境和谐共处、合理利用自然资源的观念。

水平2： 具有"绿色化学"观念，能运用所学知识分析和探讨某些化学过程给人类健康、社会可持续发展可能带来的双重影响，并对这些影响从多个方面进行评估。

当然该部分的学习也为化学学科核心素养其他内容的培养奠定了基础。

知识体系梳理

从教材内容体系中看,"无机非金属材料"部分包含"硅酸盐材料"和"新型无机非金属材料"两部分,如图 2-31。

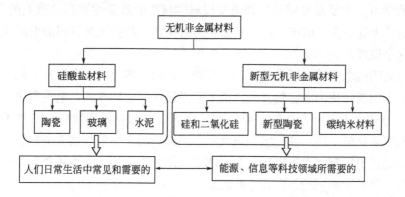

图 2-31 教材中"无机非金属材料"一节内容体系

原始人对运输和储存水的需求决定了他们用身边的泥巴制作各种储水器皿的结果;为了加快泥巴干燥,在火上烤器皿的操作最终导致了陶器的发明;随着对火驾驭能力的提高,高温导致陶器向瓷器的转化也成为历史必然。因此,人们创造新物质和新工具的动力一定是建立在需求和一定的技术革新基础上的。需求是创造新物质的动力,技术是创造新物质的催化剂。需求和技术对陶瓷发明的作用见图 2-32。

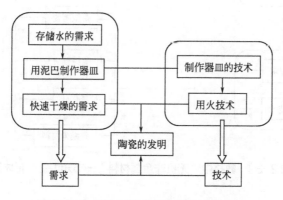

图 2-32 需求和技术对陶瓷发明的作用

自然界中,常见的黏土和沙石等主要是由各类硅酸盐组成的,在利用黏土、沙石烧制陶瓷时,如果混入了天然纯碱,人们获得玻璃的制备方法就成为可能。因此，玻璃的发明是人们利用制备陶瓷的方法，在原料改变的情况下的结果。玻璃透明的特性决定了其在生活中的应用。如果原料中混入石灰石和石膏，水泥的发明也成了必然。

综合来看，需求和技术对新物质的发明都起到了决定性作用。对于这部分内容的学习，主要是希望学生知道发展科学技术的重要性和自己肩上的责任，因为需求无处不在，而技术的发展需要努力探索。新型无机材料的发展充分说明了这个道理。

以太阳能电池的发展为例，长久以来，人们对能源的需求导致人们一直在探究将太阳能转化为电能的方法。当人们发现高纯硅特殊的光电性质之后，解决太阳能转化为电能方法的主要问题转化成了如何获得高纯硅，经过不断研究，利用氧化硅、碳、氯化氢和氢气制备高纯硅的方法最终被人类掌握，从而成功地制造出能够将太阳能转化为电能的太阳能电池板。新型陶瓷和碳纳米材料技术也是基于相同的原因在不断发展。

"无机非金属材料"一节在知识层面和方法论层面的内容并不多；在价值论层面，本节内容的学习可使学生充分认识学习化学的目的之一是发展和掌握化学技术，创造人类需求的物质。教材中"无机非金属材料"一节知识的逻辑体系见图 2-33。

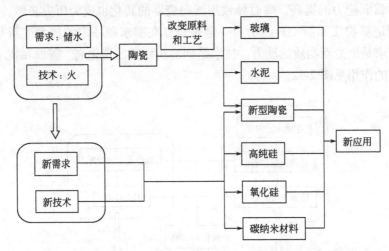

图 2-33　教材中"无机非金属材料"一节知识的逻辑体系

　教学思考

本节内容让学生在了解和认识传统无机非金属材料的基础上认识现代新型

的无机非金属材料。通过学习，了解了新材料的发展取决于需求和技术的进步两个因素之后，学生能够充分思考学习化学的价值。

（1）"硅酸盐材料"部分相关知识的生成一定是学生完成了以下问题链的思考后得到的：

①基于什么目的和技术，人类发明了陶瓷的制备技术？

②根据陶瓷的主要成分，思考陶瓷还可能具备哪些用途？

③玻璃和陶瓷制备原料的区别是什么？

④玻璃的哪些性质决定了其应用？

⑤水泥和陶瓷制备原料的区别是什么？

⑥水泥的哪些性质决定了其应用？

虽然历史上陶瓷和玻璃的制备技术是在生活实践中"偶然"发现的，但是，随着科学技术的发展，人们面对不同的需求（问题），通过已有的科学知识，能够主动探寻新的方法为人类所用，这个意识一定能在解决以上 6 个问题过程中得到培养。

（2）"新型无机非金属材料"部分相关知识的生成一定是学生完成了以下思考后得到的：

① 在了解太阳能电池板和光导纤维材料的基础上，思考为什么人们要寻找获得高纯硅和氧化硅的技术。

②在了解新型陶瓷的应用基础上，思考探寻具有新性能的陶瓷的动力。

③ 在了解碳纳米材料的应用基础上，思考探寻具有新性能的碳纳米材料的动力。

本部分内容的学习充分提升了学生对"化学为人类服务"的认识，学生了解了无机材料前沿科学的发展现状后，增强了学好化学的动力。

第六节
化学反应与能量

本节包含"化学反应与能量变化"和"化学反应的速率与限度"两部分内容。

一、化学反应与能量变化

 课标要求

根据课标中"学业质量标准"部分的化学学科核心素养水平划分的相关规定，通过该部分的学习，学生应该获得的化学学科核心素养主要表现在：

素养1 宏观辨识与微观探析

水平1： 能根据实验现象辨识物质及其反应，能从物质的宏观特征入手对物质及其反应进行分类和表征，能联系物质的组成和结构解释宏观现象。

水平2： 能从物质的微观结构说明同类物质的共性和不同类物质性质差异及其原因。

素养2 变化观念与平衡思想

水平1： 能归纳物质及其变化的共性和特征，能认识化学变化伴随着能量变化。

素养3 证据推理与模型认知

水平1： 能从物质及其变化的事实中提取证据，能将化学事实与理论模型进行关联和匹配。

水平2： 能从宏观和微观结合上收集证据，能依据证据从不同视角分析问题，推出合理的结论。

素养4 科学探究与创新意识

水平1： 能根据教材中给出的问题设计简单的实验方案，完成实验操作，观察物质及其变化的现象，客观地进行记录，对实验现象做出解释，发现和提出需要进一步研究的问题。

水平2： 能对简单化学问题的解决提出可能的假设，依据假设设计实验方案。

素养5 科学态度与社会责任

水平1： 能列举事实说明化学对人类文明的伟大贡献，主动关心与环境保护、资源开发等有关的社会热点问题，形成与环境和谐共处，合理利用自然资源的观念。

水平2： 具有"绿色化学"观念，能运用所学知识分析和探讨某些化学过程给

人类健康、社会可持续发展可能带来的双重影响，并对这些影响从多个方面进行评估。

当然该部分的学习也为化学学科核心素养其他内容的培养奠定了基础，例如：

素养2　变化观念与平衡思想

水平1：能根据观察和实验获得的现象和数据概括化学变化发生的条件、特征与规律。

水平2：能从原子、分子水平分析化学变化的内因和变化的本质，能运用化学计量单位定量分析化学变化及伴随其发生的能量变化。

素养3　证据推理与模型认知

水平2：能理解、描述和表示化学中常见的认知模型，指出模型表示的具体含义，并运用理论模型解释或推测物质的组成、结构、性质与变化。

知识体系梳理

从教材内容体系中看，"化学反应与能量变化"部分包含"化学反应与热能"和"化学反应与电能"两部分，如图2-34。

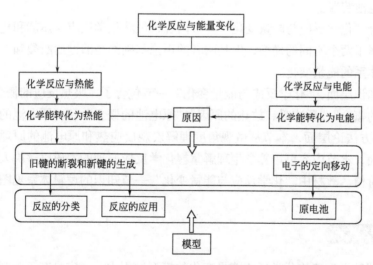

图2-34　教材中"化学反应与能量变化"一节内容体系

初中已经学过化学变化是"生成其他物质的变化"，在旧物质的解构和新物质的生成过程中必然伴随着旧化学键的断裂和新化学键的生成，通过物理学势能概念的迁移，破坏化学键的过程一定是外界对物质做功的过程，生成新化学键的过程一定是物质对外界做功的过程，这两个过程都以热量的形式表现出来就是旧键断裂的吸热过程和新键生成的放热过程，两种热量之差自然就是整个化学变化过程中的热量变化。

人教版教材中首先通过实验探究让学生了解化学反应过程通常都会呈现吸热或者放热现象，然后从微观角度解释产生吸热和放热现象的本质原因。这个呈现过程利于微粒观建构不完全和化学键模型认知存在偏差的同学学习。无论从宏观到微观还是从微观到宏观，根据建构主义理论，反应热的概念一定是建立在微观化学反应模型的基础上的。

人类学会利用火为生产和生活服务时就进入了利用燃料的历史时期。直到今天，燃烧热能在人类所利用的所有化学能中仍是主要组成部分。随着化石燃料的逐渐枯竭和所带来的环境问题日益显现，人类寻求非燃烧方式的新能源就迫在眉睫。这个意义的理解也是学生学习这部分内容的主要目标之一。

为了合理地利用燃烧热能，人们利用蒸汽轮机和发电机将燃烧热能转化为电能为人类所用。因为燃烧是一种氧化还原过程，氧化还原的本质就是电子的定向转移（从还原剂到氧化剂），如果将氧化剂和还原剂分开，同时将两者通过特殊的导电物质连接，则电子的定向移动就成为可能，这便是原电池的基本原理。从理论上讲，任何氧化还原过程都可以通过一定的装置，形成可以输出电能的电池装置。

综合"化学反应与能量变化"一节内容，虽然化学反应与热能和化学反应与电能属于两个不同的模型，但是两者的理论基础都是旧键的断裂和新键的生成导致体系的能量变化。

在知识层面，"化学反应与能量变化"一节包含了"吸热反应的概念""放热反应的概念""反应吸、放热的原因""原电池的概念"和"原电池的电极反应"；在方法论层面，本节从微观角度理解宏观反应热和原电池的原理；在价值论层面，本节内容可培养学生理解掌握化学反应原理的本质以解决人类能源问题的价值。教材中"化学反应与能量变化"一节知识的逻辑体系见图 2-35。

教学思考

在帮助学生建构化学反应能量变化的模型过程中，一定是基于微观思考得到宏观结果的过程。离开了微观结构的分析和梳理就无法建构化学模型。

（1）"化学反应与热能"部分相关知识的生成一定是学生完成了以下问题链的思考后得到的：

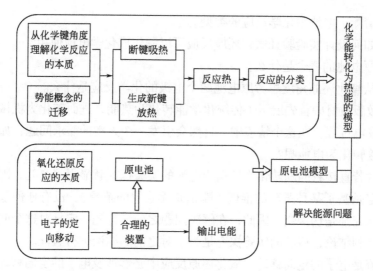

图 2-35 教材中"化学反应与能量变化"一节知识的逻辑体系

① 初中学过的化学变化的概念是什么？

② 如何从化学键角度理解化学变化过程中新物质的生成和旧物质的破坏？

③ 如何从势能角度理解旧化学键的断裂过程？

④ 如何从势能角度理解新化学键的生成过程？

⑤ 同一个反应的两个过程中能量变化一样吗？

⑥ 如何理解化学反应过程中的放热现象？

⑦ 如何理解化学反应过程中的吸热现象？

⑧ 人类是如何利用化学反应中的热能变化的？

⑨ 燃料的大量利用造成了什么不好的结果？

⑩ 如何合理解决化石燃料所带来的不利影响？

从初中化学键的概念入手，结合物理学势能的概念，理解旧化学键断裂的吸热过程和新化学键形成的放热过程，这样学生就能从微观角度建构反应热概念的模型。

反应热模型建立后，引导学生思考人类利用燃烧热所带来的环境危害，让学生树立寻找新能源解决化石燃料枯竭以及认识燃烧带来的危害问题的观念。在引发学生深度思维过程中培养学生的化学价值观念。

（2）"化学反应与电能"部分相关知识的生成一定是学生完成了以下问题链的思考后得到的：

① 氧化还原反应的本质是什么？

② 物理学科中学过的家用电池的工作原理是什么？

③ 猜测干电池中化学反应的类型。

④ 如何设计实验验证氧化还原反应可以制作成化学电池使用？

⑤ 原电池的概念是什么？

⑥ 从氧化还原角度思考原电池两个电极的化学反应是什么。

人教版教材中首先展示了传统化学能转化为热能，进而转化为机械能和电能的热发电过程。在这个情境中，自然会引发一个人类的需求问题：如何将化学能直接转化为电能呢？

此时若直接将问题转化为锌铜原电池的实验探究就显得很突兀，因为任何实验一定是基于某种逻辑的推理（哪怕是无逻辑的猜想），没有任何基本假设的实验探究都是伪探究。因此，在解决问题之前，首先一定是对这个问题进行思考以得到结论，后续的实验探究是为了对之前的结论进行验证。

电流是电子的定向移动。氧化还原反应中必然涉及电子的定向移动，这个是氧化还原反应可以作为电能输出来源的理论基础。例如常见的锌和稀硫酸的反应，锌原子（将金属锌看成聚集在一起的锌原子简单模型）将易失去的电子转移给硫酸溶液中的氢离子（将水合氢离子看成简单的氢离子模型）生成 Zn^{2+} 和氢原子，而两个氢原子结合生成氢气脱离体系。在这个简单的反应模型中，脱离金属锌表面的 Zn^{2+} 和向金属表面转移的 H^+ 逆向而行，因为同种电荷相互排斥，这种排斥力必然是该反应的"阻力"之一。

虽然金属锌和 H^+ 的反应是金属表面电子向溶液转移的定向运动，但是这种电子的定向运动明显无法被人类合理利用，如果将金属锌和惰性的金属铜棒接触一起放入硫酸溶液中，H^+ 完全可以在铜棒表面获得电子，相应地，失去电子的 Zn^{2+} 向溶液中扩散时也没有了太大的同种带电微粒逆向运动的"阻力"。这种猜测给接下来的实验探究指明了方向，因此，教材中的铜锌原电池实验就变成了之前猜测的验证性实验而显得合情合理。

因为铜锌原电池实验是建立在微观结构加理论模型基础上的，无论是两极上的电极反应还是后续材料中铅酸电池以及氢燃料电池的理解就变得相对轻松。用这种方式所学习到的原电池知识就比较容易迁移进而内化为学生的能力，从而发展为学生的核心素养。

二、化学反应的速率与限度

 课标要求

根据课标中"学业质量标准"部分的化学学科核心素养水平划分的相关规

定，通过该部分的学习，学生应该获得的化学学科核心素养主要表现在：

素养1　宏观辨识与微观探析

水平1：能根据实验现象辨识物质及其反应，能从物质的宏观特征入手对物质及其反应进行分类和表征，能联系物质的组成和结构解释宏观现象。

水平2：能从物质的微观结构说明同类物质的共性和不同类物质性质差异及其原因。

素养3　证据推理与模型认知

水平1：能从物质及其变化的事实中提取证据，能将化学事实与理论模型进行关联和匹配。

水平2：能从宏观和微观结合上收集证据，能依据证据从不同视角分析问题，推出合理的结论。

素养4　科学探究与创新意识

水平1：能根据教材中给出的问题设计简单的实验方案，完成实验操作，观察物质及其变化的现象，客观地进行记录，对实验现象做出解释，发现和提出需要进一步研究的问题。

水平2：能对简单化学问题的解决提出可能的假设，依据假设设计实验方案。

素养5　科学态度与社会责任

水平1：能列举事实说明化学对人类文明的伟大贡献，主动关心与环境保护、资源开发等有关的社会热点问题，形成与环境和谐共处，合理利用自然资源的观念。

水平2：具有"绿色化学"观念，能运用所学知识分析和探讨某些化学过程给人类健康、社会可持续发展可能带来的双重影响，并对这些影响从多个方面进行评估。

　　当然该部分的学习也为化学学科核心素养其他内容的培养奠定了基础，例如：

素养2　变化观念与平衡思想

水平1：能根据观察和实验获得的现象和数据概括化学变化发生的条件、特征与规律，能归纳物质及其变化的共性和特征，能认识化学变化伴随着能量变化。

水平2：能从原子、分子水平分析化学变化的内因和变化的本质，能运用化学计量单位定量分析化学变化及伴随其发生的能量变化。

素养3　证据推理与模型认知

水平2：能理解、描述和表示化学中常见的认知模型，指出模型表示的具体含义，并运用理论模型解释或推测物质的组成、结构、性质与变化。

知识体系梳理

从教材内容体系中看，"化学反应的速率与限度"部分包含"化学反应的速率""化学反应的限度"和"化学反应条件的控制"三部分，如图2-36。

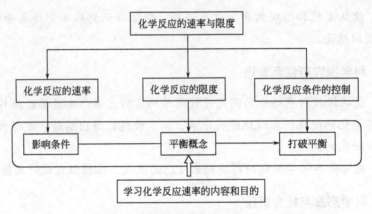

图2-36　教材中"化学反应的速率与限度"一节内容体系

理论上，任何随着时间推移有变化的"量"都应该有一个变化的快慢程度。为了描述这种快慢程度，自然就产生了速率（速度）的概念。例如，汽车的速率（单位时间的位移值）、气温升高的速率（单位时间的温度升高值）、生产速率（单位时间的产量）等。当然，生活中也存在一些为了方便描述的无量纲速率（速度）概念，这样的概念往往用"速度"来表达，例如，生物进化的速度、吃饭的速度、入睡的速度等，这些速度表达的往往是快慢的比较结果。在化学反应过程中，随着时间的推移，反应原料逐渐减少，生成物逐渐增多，自然就存在一个化学反应速率的概念（单位时间内原料的减少值或产物的增加值）。因为大部分化学反应都在溶液中进行，因此，常用的描述化学反应速率的单位是mol/（L·s）。

研究化学反应速率不仅仅是为了准确表示反应的快慢。在生活和生产中，大量的研究集中于如何加快（爆破、合成氨等）或减慢（钢铁腐蚀、食品防腐等）化学反应速率。为了改变化学反应速率，人们必须要科学认识影响化学反应速率的因素。研究影响化学反应速率的因素和改变化学反应速率的关系见图 2-37。

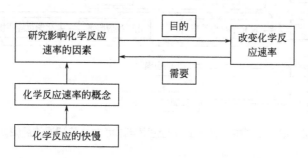

图 2-37 研究影响化学反应速率的因素和改变化学反应速率的关系

在一些特殊反应中，存在反应原料并不能"完全"反应的化学平衡状态，因此，自然就产生了"化学反应限度"的概念，特别是在可逆反应中。在诸如常温常压下金属钠和水的反应等比较"彻底"的反应中，很少涉及化学反应限度的概念。

思考和研究可逆反应必须从微观视角理解化学反应的过程，在反应初期，反应原料逐渐减少，生成物逐渐增多，此时，正反应的反应速率大于逆反应速率，宏观上表现出反应朝正反应方向进行。随着反应物的减少和产物的逐渐增多，逆反应速率不断增大，正反应速率不断减小，直到两者相等，达到平衡状态，宏观上反应"停止"，但是，微观上，正、逆反应都在持续发生。

研究化学反应的限度是为了打破化学平衡为人类所用。例如，为了尽可能增加产物的量，在合成氨时，不仅需要加入催化剂并在高温高压的条件下进行，而且在反应过程中，通过使产物氨脱离体系促进平衡向生成物方向移动。这些都是人类研究化学反应平衡并改变化学反应限度所采取的科学方法。

由此可见，研究化学反应的速率、影响化学反应速率的因素、化学反应的限度以及化学平衡概念的最终目的是控制化学反应的条件为人类所用。

在知识层面，"化学反应的速率与限度"一节包含了"化学反应速率的概念""影响化学反应速率的因素""化学反应的限度"和"化学平衡"等内容；在方法论层面，本节内容使学生从微观角度理解宏观反应速率和限度的原理；在价值论层面，本节内容可培养学生理解掌握化学反应原理的本质以帮助控制化学反应为人类所用的科学价值。教材中"化学反应的速率与限度"一节知识的逻辑关系见图 2-38。

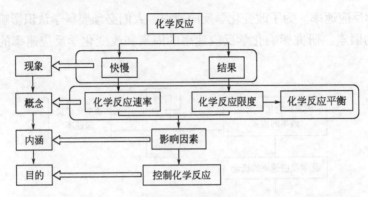

图 2-38　教材中"化学反应的速率与限度"一节知识的逻辑体系

本节涉及的大部分知识都属于化学概念范畴，因此，本节的教学设计一定要聚焦有效的概念教学这一目标，对学生来说，无论是化学反应的速率还是限度，都必须从微观视角才能科学理解。

（1）"化学反应的速率"部分相关知识的生成一定是学生完成了以下问题链的思考后得到的：

①生活中哪些地方会用到速率的概念？

②不同的速率概念中，相同的因素是什么？

③化学反应过程中随着时间推移哪些量在发生变化？化学反应速率的单位是什么？

④从微观角度思考，浓度对化学反应速率影响的本质是什么？

⑤从微观角度思考，温度对化学反应速率影响的本质是什么？

⑥从微观角度思考，在气相反应中，温度对化学反应速率影响的本质是什么？

⑦在生活和生产中，有哪些控制反应速率的案例？

从加快反应速率的视角看，一切增大微粒间碰撞概率的因素都能促进化学反应速率提高。反应物浓度增加、温度升高、压强增加（气相反应）均可以增大微粒间的碰撞概率，因此，这些因素都能加快反应速率。催化剂也能够改变化学反应速率，这个知识已经在初中化学课上讲述。

（2）"化学反应的限度"和"化学反应条件的控制"部分相关知识的生成一定是学生完成了以下问题链的思考后得到的：

① 任何化学反应都能"完全、彻底"地反应结束吗？

② 从微观视角思考可逆反应"可逆"的本质。

③ 当可逆反应进行到宏观浓度不再变化时，从微观视角思考，此时反应停止了吗？

④ 如何通过控制反应条件改变可逆反应的限度？

从微观角度思考和认识化学反应限度是帮助学生建构化学平衡模型的有效手段，可逆反应达到化学平衡时，正反应的速率等于逆反应的速率，此时宏观上表现出反应停止的状态，但是在微观角度，反应物微粒之间的碰撞导致反应不可能停止，与此同时，产物的分解或者产物微粒间的碰撞导致反应向生成原料方向进行也不可能停止。学生只有从微观角度理解了平衡的概念，才能科学地认识化学反应的限度以及化学反应条件的控制。

第七节

有机化合物

本节包含"认识有机化合物""乙烯与有机高分子材料""乙醇与乙酸"和"基本营养物质"四部分内容。

一、认识有机化合物

 课标要求

根据课标中"学业质量标准"部分的化学学科核心素养水平划分的相关规定，通过该部分的学习，学生应该获得的化学学科核心素养主要表现在：

素养1 宏观辨识与微观探析

水平1：能运用化学符号描述常见简单物质及其变化，能从物质的宏观特征入手对物质及其反应进行分类和表征，能联系物质的组成和结构解释宏观现象。

水平2：能运用微粒结构图示描述物质及其变化的过程，能从物质的微观结构说明同类物质的共性和不同类物质性质差异及其原因，解释同类不同物质性质变化的规律。

素养2 变化观念与平衡思想

水平1：能归纳物质及其变化的共性和特征。

素养3 证据推理与模型认知

水平1：能从物质及其变化的事实中提取证据，能识别化学中常见的物质模型和化学反应的理论模型，能将化学事实与理论模型进行关联和匹配。

水平2：能从宏观和微观结合上收集证据，能依据证据从不同视角分析问题，推出合理的结论。

素养5 科学态度与社会责任

水平1：能列举事实说明化学对人类文明的伟大贡献，主动关心与环境保护、资源开发等有关的社会热点问题，形成与环境和谐共处，合理利用自然资源的观念。

水平2：具有"绿色化学"观念，能运用所学知识分析和探讨某些化学过程给人类健康、社会可持续发展可能带来的双重影响，并对这些影响从多个方面进行评估。

当然该部分的学习也为化学学科核心素养其他内容的培养奠定了基础，例如：

素养2 变化观念与平衡思想

水平1：能根据观察和实验获得的现象和数据概括化学变化发生的条件、特征与规律。

水平2：能从原子、分子水平分析化学变化的内因和变化的本质。

素养3 证据推理与模型认知

水平2：能理解、描述和表示化学中常见的认知模型，指出模型表示的具体含义，并运用理论模型解释或推测物质的组成、结构、性质与变化。

知识体系梳理

从教材内容体系中看，"认识有机化合物"部分包含"有机化合物中碳原子的成键特点"和"烷烃"两部分，如图2-39。

虽然不是所有的含碳化合物都是有机物，但是从组成来看，有机化合物都含有碳元素，因此，讨论有机化合物的特点不可避免要讨论碳元素本身的特点。

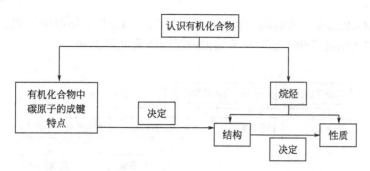

图 2-39　教材中"认识有机化合物"一节内容体系

　　碳单质是由碳原子组成的，碳原子的最外层电子数是 4，从稳定性角度考虑，碳原子很难失去 4 个电子形成最外层稳定的阳离子结构，同样也很难得到 4 个电子形成最外层稳定的阴离子结构。这种特殊的结构决定了碳原子在一般情况下都是以共价键的形式和其他原子成键，而且最多能形成 4 根单键。当然，通过共用两对电子的双键或者共用三对电子的三键相连也是常见的成键方式。这种成键方式形成的最常见分子之一就是甲烷分子。将甲烷分子中的氢原子换成碳原子后，在保证每个碳都形成四个共价单键的情况下，可以形成一系列的烷烃分子。

　　由于烷烃中每一个碳原子可以生成 4 根共价键，因此，在相同个数碳的烷烃分子中，同分异构现象就不可避免。

　　理论上，烷烃分子可以断裂碳氢键（或者碳碳键）发生化学反应生成新的物质，但是分子中性质相似的碳氢键（或者碳碳键）往往不止一根。以甲烷为例，分子中有四根无法区分的"完全相同"的共价键，在化学反应中，分子很难做到只断裂一根键而其他化学键不断裂。在较复杂烷烃分子中，例如丙烷，分子中具有 8 根性质相似的碳氢键和 2 根碳碳键，发生化学反应时，很难保证定量（只断裂某个碳上的一根碳氢键）反应。这便是利用烷烃作原料制备其他有机物质比较少见的原因。同样，甲烷在光照下和氯气反应生成混合物的事实也说明了这点。

　　由于烷烃燃烧时可以产生大量的热量，因此，烷烃的化学性质及其应用主要集中在作为燃料这个方面。

　　综合本节内容，认识有机化合物一定是从认识碳原子的结构开始，其结构特点决定了成键特点，进而决定了其化学性质。

　　在知识层面，"认识有机化合物"一节包含了"烷烃的概念""同系物和同分异构的概念""烷烃的燃烧反应"和"取代反应"等内容；在方法论层面，本节内容使学生从微观角度理解宏观性质；在价值论层面，本节内容促进学生理解"从微观角度思考和理解宏观性质并将其应用于自主学习中"的巨大作用。教材中"认识有机化合物"一节知识的逻辑体系见图2-40。

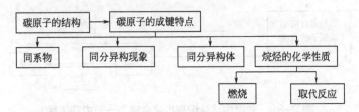

图2-40 教材中"认识有机化合物"一节知识的逻辑体系

 **教学思考**

烷烃的宏观性质都是由碳原子的核外电子排布特点决定的，因此，从微观视角思考本节知识内容是一条可行的教学方式。

（1）"有机化合物中碳原子的成键特点"部分相关知识的生成一定是学生完成了以下问题链的思考后得到的：

① 碳原子的核外电子排布是怎样的？该结构决定了碳原子的成键方式如何？

② 碳原子核外电子排布决定一个碳原子最多能和几个其他原子形成共价键？

③ 在多个碳原子组成的有机物中，碳原子的骨架有哪些可能性？

总之，碳原子在有机化合物中的成键特点主要集中在三个方面：每个碳原子最多可以形成四根共价键；和碳原子成键的原子可以是氢原子、碳原子等不同种类的原子；碳原子通过共价键形成的碳链可以是直链，也可以具有支链，还可能成环。这三个结果都是碳原子的核外电子排布和成键特点导致的。因此，若离开了对碳原子核外电子排布的微观分析，就不可能获得这部分知识内容。

（2）"烷烃"部分相关知识的生成一定是学生完成了以下问题链的思考后得到的：

① 根据甲烷分子式推测甲烷分子的结构。

② 从甲烷开始，碳链上每增加一个碳原子，分子中氢原子的变化规律如何？烷烃的通式如何表示？

③ 根据丁烷的分子式推测丁烷有几种分子结构。（同分异构概念的建立）

④ 烷烃中碳氢键可以断裂生成新的化学键，思考这个化学变化过程的选择性。（取代反应概念的建立）

⑤烷烃的主要用途是什么？

教材中直接描述了甲烷分子的结构，这种处理方式显然是将该部分知识作为逻辑原点型知识进行呈现的。对高中生来说，经过适当的引导，学生是能够理解甲烷正四面体结构形成的原因的。在甲烷分子中，核心碳原子最外层电子数为4，当碳原子和氢原子成键时，碳原子和氢原子各自拿出一个电子形成σ键，当4个σ键形成后，碳原子最外层不存在任何其他"剩余"的电子。因此，甲烷分子中的4个σ键是等价的，在以碳原子为中心的四个相同的化学键相连的四个氢原子核互相排斥远离的结果就是分子最终呈现正四面体结构。很多教师采用四个扎在一起的圆形气球的空间结构类比甲烷分子中4个氢原子的排列，此时气球的拥挤模拟了氢原子的互相排斥，这个方法是有利于学生对甲烷结构的理解的。

甲烷分子中的4个σ键是等价的，因此在化学反应中，仅仅只断裂一根键的反应是很难控制的，这就导致取代反应产物控制较难。因此，氯气和甲烷在光照情况下一般生成多种取代产物的混合物，这个结果对于学生来说也不难理解。需要说明的是，当甲烷经过一次共价键重组生成一氯甲烷后，氯原子对其他碳氢共价键的活化作用也是导致产物复杂的原因，受学段的限制，这个反应本身不需要对高中生进行深入分析。

二、乙烯与有机高分子材料

 课标要求

根据课标中"学业质量标准"部分的化学学科核心素养水平划分的相关规定，通过该部分的学习，学生应该获得的化学学科核心素养主要表现在：

素养1　宏观辨识与微观探析

水平1：能运用化学符号描述常见简单物质及其变化，能从物质的宏观特征入手对物质及其反应进行分类和表征，能联系物质的组成和结构解释宏观现象。

水平2：能运用微粒结构图示描述物质及其变化的过程，能从物质的微观结构说明同类物质的共性和不同类物质性质差异及其原因，解释同类不同物质性质变化的规律。

素养2　变化观念与平衡思想

水平1：能归纳物质及其变化的共性和特征。

素养3　证据推理与模型认知

水平1：能从物质及其变化的事实中提取证据，能识别化学中常见的物质模型和化学反应的理论模型，能将化学事实与理论模型进行关联和匹配。

水平2：能从宏观和微观结合上收集证据，能依据证据从不同视角分析问题，推出合理的结论。

素养5　科学态度与社会责任

水平1：能列举事实说明化学对人类文明的伟大贡献，主动关心与环境保护、资源开发等有关的社会热点问题，形成与环境和谐共处，合理利用自然资源的观念。

水平2：具有"绿色化学"观念，能运用所学知识分析和探讨某些化学过程给人类健康、社会可持续发展可能带来的双重影响，并对这些影响从多个方面进行评估。

当然该部分的学习也为化学学科核心素养其他内容的培养奠定了基础，例如：

素养2　变化观念与平衡思想

水平1：能根据观察和实验获得的现象和数据概括化学变化发生的条件、特征与规律。

水平2：能从原子、分子水平分析化学变化的内因和变化的本质。

素养3　证据推理与模型认知

水平2：能理解、描述和表示化学中常见的认知模型，指出模型表示的具体含义，并运用理论模型解释或推测物质的组成、结构、性质与变化。

知识体系梳理

从教材内容体系中看，"乙烯与有机高分子材料"部分包含"乙烯""烃"和"有机高分子材料"三部分，如图 2-41。

在学习完只含有 σ 单键的甲烷之后，对于最简单的含双键化合物乙烯的学习则水到渠成。从理论上来说，乙烯比甲烷化学活性高，这是其双键结构决定的。在乙烯分子中，碳碳之间共用两对电子，成对电子之间的互相排斥导致两对电子不可能像 σ 键一样都稳定处于碳原子核连线的中间位置，在碳碳 σ 键位置填满了一对电子后，另一对电子只能处于 σ 键的"外侧"，这一对外露的 π 电子决定了乙烯的平面结构及其绝大部分的化学活性。

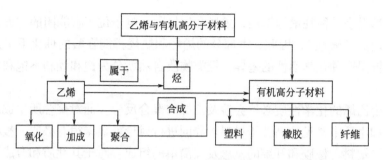

图2-41 教材中"乙烯与有机高分子材料"一节内容体系

受高中学段的限制，有机反应在不涉及机理的情况下，物质的性质和结构之间的关系就比较难以建立直接的关系，因此，教材中简单地呈现了乙烯的分子结构模型，而乙烯的性质只能以实验探究的结果进行呈现，至于为什么乙烯具有这些化学性质及其化学反应的过程，不在高中学段内讨论。

乙烯能够燃烧的性质可以直接从甲烷燃烧的知识迁移过来。乙烯能够使酸性高锰酸钾褪色的性质，在高中阶段直接以逻辑原点型知识呈现出来，一般不解释原因。对于乙烯的加成和聚合反应，因为有烷烃取代反应的知识基础，教材中就简单呈现了乙烯断裂双键中的一根键形成加成/聚合反应产物的方程式，在反应方程式的基础上展示了加成反应、聚合反应和加聚反应的概念。

在展示了甲烷和乙烯的相关性质之后，对结构复杂、种类繁多的有机化合物进行分类就显得很有必要了。因为碳原子和氢原子的电负性比较接近，两种原子所形成的共价键极化度很小，从广义酸碱理论来看，只含碳氢两种元素的有机物质的酸碱性都很"弱"，除了通过加热等供给能量的手段破坏碳氢键之外，通过加入酸碱等方式引发的反应较少，所以宏观上只含碳氢两种元素的化合物较为"惰性"。当有机分子中引入氧、氮、卤素、硫或磷原子（统称为杂原子）之后，这些非金属原子的电负性均大于碳原子和氢原子，因此通常情况下杂原子和碳、氢原子所形成的化学键极化度比较大，从广义酸碱理论来看，含有杂原子的有机分子都具有一定的酸碱性，除了通过加热等供给能量的方式可以破坏其化学键引发化学反应之外，通常情况下遇到酸或者碱都能引发化学反应，因此，含有杂原子的有机化合物的化学活性都较高。这种含有或者没有杂原子自然就成了有机物的分类标准之一，这就是烃类和烃的衍生物两个概念产生的原因之一。

氢原子最多只能和其他一个原子形成共价键，对于只含有碳氢两种元素的烃类物质，其结构变化只取决于碳元素，碳碳之间化学键的种类仅有单键、双键和三键三种类型。在三种结构中，只含有碳碳单键的烃类物质，其化学键的极化度都很小，往往最为惰性，烯烃和炔烃因 π 电子位于官能团的"表面"而具有一定的"碱性"，因此，大部分的烯烃和炔烃都能在酸的催化下引发化学反应。根据这种化学活性的差异，烃类物质自然就分为饱和烃和不饱和烃两大类了。

讨论乙烯的化学性质必然会涉及乙烯的聚合反应，而对聚合所生成的高分子材料和生活中常见的高分子材料的异同进行讨论就显得很有必要。教材中简单呈现了塑料、橡胶和纤维的概念及其简单的组成，对于其性质和合成方法等并未呈现。

在知识层面，"乙烯与有机高分子材料"一节包含"乙烯的性质""烃的概念及分类"和"有机高分子材料"等内容；在方法论层面，本节内容可使学生掌握从官能团视角对有机物进行分类和性质研究的方法；在价值论层面，本节内容可让学生了解有机化学相关知识对人类社会生活的巨大作用。教材中"乙烯与有机高分子材料"一节知识的逻辑体系见图 2-42。

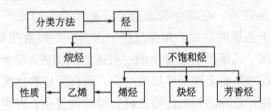

图 2-42　教材中"乙烯与有机高分子材料"一节知识的逻辑体系

　教学思考

受学段的限制，本节内容的绝大部分知识都是呈现性的概念知识。单纯的实验探究成了广泛应用的教学方式，而对探究的原因均很少涉及，因此本节内容的教学创新难度较大。但是"结构决定性质，性质决定应用"的理念在本节知识的教学中可以充分挖掘。

（1）"乙烯"部分相关知识的生成一定是学生完成了以下问题链的思考后得到的：

①　和乙烷相比，乙烯的结构有哪些特点？

②　乙烯的双键结构决定其可能有哪些化学性质？如何设计实验进行验证？

③　乙烯分子中两个碳原子共用 2 对电子的事实说明乙烯具有缺电子性（氧

化性），哪些反应可以体现乙烯的这种缺电子氧化性？

④ 乙烯可以燃烧说明乙烯具有还原性，哪些反应能体现乙烯的还原性？

⑤ 如何从微观视角理解乙烯的聚合以及聚合产物的性质？

和乙烷相比，乙烯特有的双键结构决定了其所表现出的不同化学性质，因此，探究乙烯的性质一定是从其分子结构出发的。帮助学生建立简单的双键模型之后，乙烯的加成反应和聚合反应就比较容易理解。根据乙烯分子中两个碳原子共用 2 对电子的事实，学生能够理解缺电子的"烯（稀）"的特性。缺电子则必然容易接受电子，因而具有氧化性，乙烯和氢气的加成反应就是其氧化性的体现。乙烯能够燃烧说明可以被氧气氧化，这个是乙烯具有还原性的体现。因此，教师根据这个背景，可以很自然地带领学生探究乙烯和氧化剂（高锰酸钾）的反应。乙烯性质的逻辑关系见图 2-43。

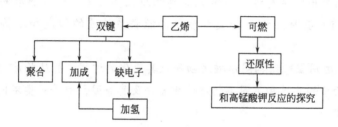

图 2-43 乙烯性质的逻辑关系图

（2）"烃"部分相关知识的生成一定是学生完成了以下问题链的思考后得到的：

① 由碳氢两种元素构成的有机物被称为"烃"，根据碳氢两种原子成键的特点可以推测得到烃类物质的哪些特点？

② 根据饱和烃和不饱和烃的结构特点，推测两种烃类物质的化学性质有哪些差异？

③ 根据饱和烃和不饱和烃的化学性质差异，如何理解烃类物质的分类方法？

"烃类物质的分类"部分知识的学习就是让学生理解分类是为了方便研究物质的共性和特性，尤其是同类物质的共性可以帮助人们运用知识迁移的方法解决相关的问题，因此，在化学学科中，物质的分类往往按照性质不同展开。如果首先呈现的是"烃类可以分为饱和烃和不饱和烃"，那一定需要进一步说明这两种物质之间的性质差异，以方便学生理解该分类的目的。倒过来，如果首先呈现了烃类物质中不同化合物之间的共性和个性差异，则根据性质差异所得到的分类方法就容易理解了。

对于"有机高分子材料"部分，鉴于其中的绝大部分知识都是呈现性的逻辑原点型知识，在这里不做讨论。

三、乙醇与乙酸

 **课标要求**

根据课标中"学业质量标准"部分的化学学科核心素养水平划分的相关规定，通过该部分的学习，学生应该获得的化学学科核心素养主要表现在：

素养1　宏观辨识与微观探析

水平1：能运用化学符号描述常见简单物质及其变化，能从物质的宏观特征入手对物质及其反应进行分类和表征，能联系物质的组成和结构解释宏观现象。

水平2：能运用微粒结构图示描述物质及其变化的过程，能从物质的微观结构说明同类物质的共性和不同类物质性质差异及其原因，解释同类不同物质性质变化的规律。

素养2　变化观念与平衡思想

水平1：能归纳物质及其变化的共性和特征。

素养3　证据推理与模型认知

水平1：能从物质及其变化的事实中提取证据，能识别化学中常见的物质模型和化学反应的理论模型，能将化学事实与理论模型进行关联和匹配。

水平2：能从宏观和微观结合上收集证据，能依据证据从不同视角分析问题，推出合理的结论。

素养5　科学态度与社会责任

水平1：能列举事实说明化学对人类文明的伟大贡献，主动关心与环境保护、资源开发等有关的社会热点问题，形成与环境和谐共处，合理利用自然资源的观念。

水平2：具有"绿色化学"观念，能运用所学知识分析和探讨某些化学过程给人类健康、社会可持续发展可能带来的双重影响，并对这些影响从多个方面进行评估。

当然该部分的学习也为化学学科核心素养其他内容的培养奠定了基础，例如：

素养2　变化观念与平衡思想

水平1：能根据观察和实验获得的现象和数据概括化学变化发生的条件、特征与规律。

水平2：能从原子、分子水平分析化学变化的内因和变化的本质。

素养3　证据推理与模型认知

水平2：能理解、描述和表示化学中常见的认知模型，指出模型表示的具体含义，并运用理论模型解释或推测物质的组成、结构、性质与变化。

知识体系梳理

从教材内容体系中看，"乙醇与乙酸"部分包含"乙醇""乙酸"和"官能团和有机化合物的分类"三部分，如图2-44。

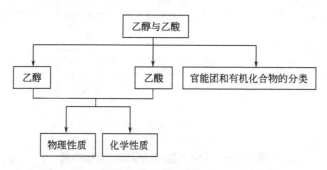

图2-44　教材中"乙醇与乙酸"一节内容体系

从官能团的角度认识和研究有机物质，是长期以来人类科学研究所得到的宝贵经验。研究生活中常见的乙醇和乙酸，帮助学生建构烃的衍生物概念的同时有助于学生掌握从官能团角度研究有机物质的方法。

官能团概念需要通过对一个具体物质的进行研究而建立概念模型。因此，乙醇的学习目的之一是基于"羟基"的视角建构"醇"的概念；乙酸的学习目的之一是在"羧基"的视角建构"酸"的概念。在初步建立了"羟基"和"羧基"的概念之后，学习官能团的概念就有了一定基础。因此，教材中的知识顺序是从乙醇→乙酸→官能团和有机化合物的分类。

生活中人们已经很熟悉乙醇具有"特殊香味""密度比水小""易挥发"等

物理性质，乙醇的可燃性等化学性质也被人们熟知。受文本呈现方式的限制，教材在介绍烃的衍生物概念后首先探究了乙醇和钠的反应实验。由此可能带来几个认识困惑：①为什么要探究乙醇和钠的反应？在诸如乙酸的化学性质探究时为什么不探究其和钠的反应？②为什么乙醇能和钠反应？仅仅是"偶然"发现而需要记忆的"死"知识？

乙醇分子可以简单地看成在乙烷分子中碳氢键之间"插入"一个氧原子所形成的新分子，因此，和乙烷化学性质不同的乙醇所具有的特性一定是这个氧原子所导致的。根据元素周期律，比较氧原子和碳原子分别与氢原子所形成的共价键的区别时，能够得到"氧氢键中的共用电子对比碳氢键中更远离氢原子"的结论。在水分子中，相同氧氢键的结构导致水中有部分分子可以电离生成（水合）氢离子，水分子的这种弱酸性表现在能和金属钠反应生成氢气，因此，乙醇的酸性应该可以直接根据水的酸性推测得到。经过这个思考过程后，探究乙醇和金属钠的反应也就水到渠成了。探究乙醇和钠反应的逻辑体系见图 2-45。

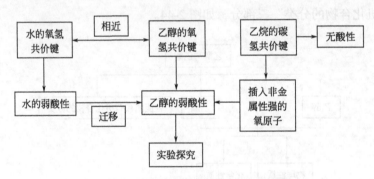

图 2-45 探究乙醇和钠反应的逻辑体系

最外层电子排布决定了碳原子在有机分子中可以生成四个单独的单键，也可以生成一个双键和两个单键或者一个三键和一个单键的结构。根据这个模型，最外层电子排布决定了氧原子在和其他原子结合形成分子时可以形成两个单独的单键，也可以形成一个双键结构。乙烷分子结合一个氧原子形成其他分子时，除形成乙醇分子之外，还可能形成乙醛分子。乙醛可以看成乙醇脱除一个氢气分子（两个氢原子）。从逻辑上讲，乙醇分子在特定条件下可以被氧化为乙醛。乙醛分子中在和碳氧双键相连的碳氢键之间继续"插入"一个氧原子就形成了乙酸分子，这个过程是一个"加氧"的氧化过程。受制于相关实验探究的难度，乙醇氧化为乙醛和继续氧化为乙酸的反应条件在教材中只是简单的呈现。

　　生活中人们已经很熟悉乙酸具有"特殊刺激性气味""易溶于水""易挥发"等物理性质，乙酸的酸性等化学性质也被人们熟知。从分子结构上讲，乙酸和乙醇在一定条件下脱水制备乙酸乙酯的反应比较容易理解，结合之前学过的浓硫酸的脱水性质，简单呈现的酯化反应条件也容易理解了。

　　从官能团的视角学习乙醇和乙酸的性质以及乙酸乙酯的制备方法后，再讨论"官能团和有机化合物的分类"则水到渠成。

　　在知识层面，"乙醇与乙酸"一节包含"乙醇的性质""乙酸的性质"与"官能团的概念和有机化合物的分类方法"等内容；在方法论层面，本节内容可培养学生掌握从官能团视角理解和研究有机化合物的方法；在价值论层面，本节内容可让学生了解从官能团角度对有机化合物进行分类对有机化合物研究的有效作用。教材中"乙醇与乙酸"一节知识的逻辑体系见图2-46。

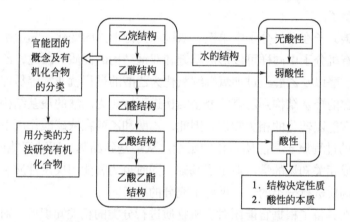

图2-46　教材中"乙醇与乙酸"一节知识的逻辑体系

教学思考

　　本节内容的学习目的之一是让学生进一步形成分类的观念，同时掌握根据官能团对烃的衍生物进行分类的方法及代表物质。

　　"乙醇"部分相关知识的生成一定是学生完成了以下问题链的思考后得到的：

　　①乙烷不显示酸性表明其分子中碳氢键有什么特点？

　　②水显示出一定的酸性表明其分子中氧氢键有什么特点？

　　③结合元素周期律，分析乙醇分子中氧氢键的特点及其可能的化学性质。

　　④从水和金属钠反应出发，猜想乙醇和金属钠反应的现象和结果。

⑤ 根据生活情境，归纳乙醇的物化性质。

⑥ 根据核外电子排布情况，推测有机分子中氧原子与其他原子的成键形式。

⑦ 从结构上分析，乙醇继续氧化能得到哪些物质？

⑧ 如何根据结构设计实验探究乙酸的化学性质？

⑨ 基于之前的学习，如何将有机物进行系统的分类？

乙醇的酸性及还原性都是建立在一定的知识基础上经过逻辑推导得到的结果，高中生在之前掌握的知识基础上，能够经过合理的引导"推测"出乙醇具有酸性和可以继续被氧化的还原性。乙醇的酸性可以从水的酸性进行知识迁移获得，也可以经过乙烷没有酸性以及乙烷和乙醇的结构差异，结合元素周期律进行推理得到，经过这种"猜测"的过程后，探究乙醇和金属钠的反应就成了验证性实验了。

根据碳原子在有机分子中单键、双键和三键形式的变化，学生很容易理解氧原子在有机分子中同样可以形成单键和双键结构的性质。因此，乙醇经过脱氢转化为乙醛以及乙醛经过加氧继续氧化为乙酸的过程就非常容易理解。

从乙醇的羟基结构到乙醛的醛基结构进而转化为乙酸的羧基结构，这个过程蕴含了官能团转化的相关知识，因此，乙酸和乙醇在浓硫酸作用下脱水生成乙酸乙酯的过程属于官能团转化的延续。从羟基到酯基，四种官能团的转化，为有机合成相关知识的学习奠定了基础，同时也为官能团决定性质和根据官能团对有机物质进行分类的学习做好了充分的准备。

学生在具备了根据官能团对有机物质进行分类的相关知识后，对按照该方法进行分类的结果以及代表性物质的认识等相关知识就能快速掌握。

四、基本营养物质

 课标要求

根据课标中"学业质量标准"部分的化学学科核心素养水平划分的相关规定，通过该部分的学习，学生应该获得的化学学科核心素养主要表现在：

素养1　宏观辨识与微观探析

水平1：能运用化学符号描述常见简单物质及其变化，能从物质的宏观特征入手对物质及其反应进行分类和表征，能联系物质的组成和结构解释宏观现象。

水平2：能根据实验现象归纳物质及其反应的类型，能运用微粒结构图示描述物质及其变化的过程，能从物质的微观结构说明同类物质的共性和不同类物质性质差异及其原因，解释同类不同物质性质变化的规律。

素养2 变化观念与平衡思想

水平1：能归纳物质及其变化的共性和特征。

水平2：能从原子、分子水平分析化学变化的内因和变化的本质；能从质量守恒，并运用动态平衡的观点看待和分析化学变化。

素养3 证据推理与模型认知

水平1：能从物质及其变化的事实中提取证据，对有关的化学问题提出假设，能依据证据证明或证伪假设；能识别化学中常见的物质模型和化学反应的理论模型，能将化学事实与理论模型进行关联和匹配。

水平2：能从宏观和微观结合上收集证据，能依据证据从不同视角分析问题，推出合理的结论；能理解、描述和表示化学中常见的认知模型，指出模型表示的具体含义，并运用理论模型解释或推测物质的组成、结构、性质与变化。

素养4 科学探究与创新意识

水平1：能根据教材中给出的问题设计简单的实验方案，完成实验操作，观察物质及其变化的现象，客观地进行记录，对实验现象做出解释，发现和提出进一步需要研究的问题。

素养5 科学态度与社会责任

水平1：具有安全意识，逐步养成严谨求实的科学态度，不迷信，能自觉抵制伪科学；能列举事实说明化学对人类文明的伟大贡献，主动关心与环境保护、资源开发等有关的社会热点问题，形成与环境和谐共处，合理利用自然资源的观念。

水平2：崇尚科学真理，不迷信书本和权威；具有"绿色化学"观念，能运用所学知识分析和探讨某些化学过程给人类健康、社会可持续发展可能带来的双重影响，并对这些影响从多个方面进行评估。

当然该部分的学习也为化学学科核心素养水平3和水平4的达成做了准备。

知识体系梳理

从教材内容体系中看，"基本营养物质"部分包含"糖类""蛋白质"和"油脂"三部分，如图2-47。

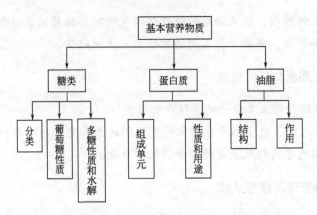

图 2-47　教材中"基本营养物质"一节内容体系

　　"糖类""蛋白质"和"油脂"都分别是一大类物质的统称，因此在呈现这部分知识时必然涉及它们的分类问题。

　　绝大多数糖类物质的分子式都符合通式 $C_n(H_2O)_m$，这便是糖类被称为碳水化合物的原因。很多糖类都可以水解为基本的单糖单元，因此，对于糖类知识的呈现必须从糖的分类及其通性开始，通过展示代表性的单糖、二糖和多糖的性质就可以构建糖的知识体系。

　　对单糖来说，通过其结构简式中的羟基和醛基官能团，便能推理得到其化学性质。但是，学生之前对醛类化合物性质的学习内容较少，葡萄糖与新制氢氧化铜反应以及银镜反应只能通过实验探究的形式呈现，这部分内容可以看成教材对醛基性质的进一步呈现。另外，淀粉与碘的显色反应以及葡萄糖转化为酒精的反应都属于呈现性的逻辑原点型知识。

　　和糖类物质一样，构成绝大多数蛋白质的基本单元不完全相同，但是，受学段的制约，蛋白质的基本单元——氨基酸分子中氨基的性质不需要学生掌握，因此，教材中简单地呈现了蛋白质的组成之后，主要讨论了蛋白质的变性以及蛋白质的应用。

　　和多糖以及蛋白质不同，油脂分子中并不含有重复的结构单元，油脂分子的共性就是不同种类的高级脂肪酸和甘油形成的三羧酸酯结构。因此，教材中呈现了油脂的结构共性之后，主要讨论了油脂的性质以及对人类的简单作用。

　　在知识层面，"基本营养物质"一节包含了"糖的分类和代表性性质""蛋白质的组成和性质"与"油脂的结构、性质和作用"等内容，在方法论层面，通过本节内容的学习进一步帮助学生掌握从官能团视角理解和研究有机化合物的方法；在价值论层面，本节内容可让学生了解掌握人体必需基本营养物质的相关性质是为了获得更好生活的学科价值。教材中"基本营养物质"一节知识的逻辑体系见图 2-48。

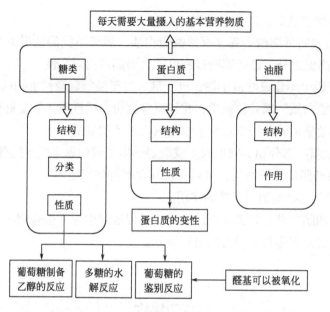

图 2-48　教材中"基本营养物质"一节知识的逻辑体系

教学思考

　　本节内容中绝大部分知识都属于简单呈现的逻辑原点型知识，该类知识只需要学生通过"记忆"进行了解，包括葡萄糖和新制氢氧化铜反应以及银镜反应所需要的知识基础都不强，因此，本节内容没有太大的空间思考其教法的逻辑体系。

　　（1）"糖类"部分相关知识的生成需要学生了解和思考以下问题：

　　① 为什么要对种类繁多的糖类物质进行分类？

　　② 糖类物质的分类方法是什么？为什么要按照这种方式进行分类？

　　③ 观察葡萄糖分子结构简式，猜想葡萄糖具有哪些化学性质？

　　④ 葡萄糖可以被氢氧化铜和银氨溶液氧化，说明葡萄糖具有哪些化学性质？

　　⑤ 从淀粉在人体内的变化过程理解淀粉对人类的营养价值。

　　需要说明的是，葡萄糖可以被新制氢氧化铜氧化、葡萄糖的银镜反应以及淀粉遇到碘单质变蓝色等知识无法通过之前的化学知识经过简单的逻辑推理得到。

　　（2）"蛋白质"部分相关知识的生成需要学生了解和思考以下问题：

① 生鸡蛋煮熟后，鸡蛋白发生了哪些变化？

② 细菌和病毒结构中都含有活性蛋白质，思考不同的消毒方式可以归纳得到，除了高温之外，还有哪些过程可能会引起蛋白质变性。

③ 思考医生不建议吃过于烫、过于辣、过于酸等刺激性食物的原因。

对于"蛋白质"部分的教学，建议以掌握蛋白质性质为了更好地生活为目标设计课堂教学形式，以聚焦学生学科核心素养的发展。

（3）"油脂"部分相关知识的生成需要学生了解和思考以下问题：

① 观察油脂的分子结构，可以发现其含有哪些官能团？

② 归纳、总结油脂对人类的作用。

对于"油脂"部分相关知识的学习，可以通过引导学生查阅相关资料，归纳、总结相关知识等自主学习的过程展开。

第八节

化学与可持续发展

本节包含"自然资源的开发利用""化学品的合理使用"和"环境保护与绿色化学"三部分内容。

一、自然资源的开发利用

 课标要求

根据课标中"学业质量标准"部分的化学学科核心素养水平划分的相关规定，通过该部分的学习，学生应该获得的化学学科核心素养主要表现在：

素养1 宏观辨识与微观探析

水平1：能运用化学符号描述常见简单物质及其变化，能从物质的宏观特征入手对物质及其反应进行分类和表征，能联系物质的组成和结构解释宏观现象。

水平2：能根据实验现象归纳物质及其反应的类型，能运用微粒结构图示描述物质及其变化的过程，能从物质的微观结构说明同类物质的共性和不同类物质性质差异及其原因，解释同类不同物质性质变化的规律。

素养2　变化观念与平衡思想

水平1：能归纳物质及其变化的共性和特征。

水平2：能从原子、分子水平分析化学变化的内因和变化的本质，能从质量守恒，并运用动态平衡的观点看待和分析化学变化。

素养3　证据推理与模型认知

水平1：能从物质及其变化的事实中提取证据，对有关的化学问题提出假设，能依据证据证明或证伪假设；能识别化学中常见的物质模型和化学反应的理论模型，能将化学事实与理论模型进行关联和匹配。

水平2：能从宏观和微观结合上收集证据，能依据证据从不同视角分析问题，推出合理的结论；能理解、描述和表示化学中常见的认知模型，指出模型表示的具体含义，并运用理论模型解释或推测物质的组成、结构、性质与变化。

素养4　科学探究与创新意识

水平1：能根据教材中给出的问题设计简单的实验方案，完成实验操作，观察物质及其变化的现象，客观地进行记录，对实验现象做出解释，发现和提出进一步需要研究的问题。

素养5　科学态度与社会责任

水平1：具有安全意识，逐步养成严谨求实的科学态度，不迷信，能自觉抵制伪科学；能列举事实说明化学对人类文明的伟大贡献，主动关心与环境保护、资源开发等有关的社会热点问题，形成与环境和谐共处，合理利用自然资源的观念。

水平2：崇尚科学真理，不迷信书本和权威；具有"绿色化学"观念，能运用所学知识分析和探讨某些化学过程给人类健康、社会可持续发展可能带来的双重影响，并对这些影响从多个方面进行评估。

　　当然该部分的学习也为化学学科核心素养水平3和水平4的达成做准备。

知识体系梳理

　　从教材内容体系中看，"自然资源的开发利用"部分包含"金属矿物的开发利用""海水资源的开发利用"与"煤、石油和天然气的综合利用"三部分，见图2-49。

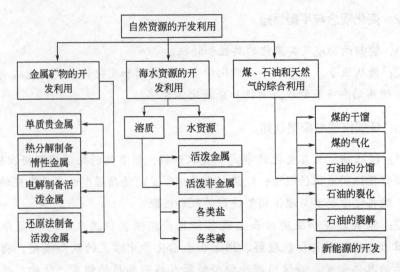

图2-49 教材中"自然资源的开发利用"一节内容体系

恩格斯曾经说过"人能够用他的手把第一块岩石做成石刀,终于完成了从猿到人转变的决定性一步",这说明对自然资源的利用伴随着人类诞生一直延续到今天,在可预见的未来,如何科学合理地利用自然资源将是人类必须思考的问题。

自人类早期掌握了将石头制作成各种工具后,在寻找合适的石块过程中不可避免地会遇到金属陨石和自然界中存在的原生金属单质,因此,人类最早发现的金属是铂、金、原生铜以及铁(陨石中)等。陨石以及铂、金和原生铜等金属在自然界中的稀有性决定了人类早期不可能大量使用。

在早期人类掌握了利用火的方法后,用火烘干泥巴制作各种器物的技术发展就成为历史的必然。当泥巴中含有较多的具有热分解性质的金属氧化物如氧化银和氧化汞时,人类就获取到了汞、银等惰性金属。人类在利用孔雀石等天然颜料制作具有各种精美图案的陶器过程中,木炭不完全燃烧生成的一氧化碳等还原物质将孔雀石还原为单质铜的方法也被人类发现和掌握。原始金属冶炼方法的掌握促进人类从石器时代迈向青铜时代。

随着烧制陶器的炉窑不断改进,以及窑内温度的不断升高和燃料使用方法的优化,人类掌握了获得铁单质的还原方法,从此人类社会进入了铁器时代。

在人类掌握了利用电能的方法之后,通过电解熔融氯化镁、氧化铝和氯化钠,获得了镁、铝和钠等活泼金属。

历史的发展表明:金属性越惰性,越容易获得其金属单质,该金属也将越早被人类利用;金属性越活泼,金属单质越难制备,被人类发现和利用的时间就越晚。以目前人类大量使用的、地壳中含量最多的金属元素铝为例，只有在人类发明了熔融电解添加了冰晶石的氧化铝的方法之后，铝单质的大量使用才成为可能。由于制备铝的过程能耗（电能消耗）很高，从节能减排的视角看，对以铝为代表的活泼金属的合理回收、利用是人类必须要关注的课题。虽然大部分惰性金属在获取过程中能耗相对较低，但是绝大部分惰性金属在地壳中的含量都较低，且很多金属资源面临着枯竭，这也需要我们加强废金属的回收再利用。

教材中"金属矿物的开发利用"部分就是沿着"惰性金属、不活泼金属、活泼金属以及金属的回收和利用"逻辑体系展开的。"金属矿物的开发利用"部分知识逻辑体系见图 2-50。

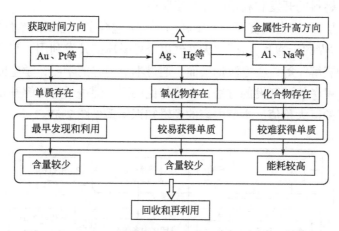

图 2-50 教材中"金属矿物的开发利用"部分知识逻辑体系

地球上约 71% 的面积被海洋覆盖，海洋中的水是地球水循环重要的组成部分，海水经过加热变成水蒸气，扩散到陆地上空的水蒸气经过凝结后形成雨降落到地面上，接触了地面岩石和土壤的雨水溶解了可溶性的盐类物质之后最终经过河流汇入大海，经历了亿万年循环之后，海水中溶解了大量的可溶性盐类，这些资源是人类巨大的物质财富。

海洋中水的量约是地球总水量的 97%，除可以为火电厂和核电厂提供源源不断的冷却水之外，也可以经过淡化为人类提供可饮用的生活用水。目前海水淡化因能耗或者技术工艺的限制，成本较高。

由于可溶性的盐类绝大多数都是活泼金属的盐，因此海洋是地球上最大的活泼金属矿藏。与活泼金属阳离子相对应的常见阴离子有卤素负离子和硫酸根离子等，因此海洋中也蕴含了大量的卤素和硫元素。教材中以液溴的提取工艺为案例，展示了从海水中提取非金属单质的过程。

煤、石油和天然气是目前人类使用的主要能源。很早以前人类就发现了煤炭并利用煤炭的燃烧获取能源，但是煤炭中除了主要的碳元素之外，还含有氢、氧、氮和硫等元素。在燃烧过程中，煤炭中的氮和硫元素形成了相应的氧化物，这些氧化物对环境造成了一定的污染。煤的干馏和气化是综合利用的两个有效途径。

石油是一种由多种烃类物质组成的混合物。石油的综合利用主要是靠分馏、裂化和裂解等过程，得到各种小分子烷烃和烯烃等化工原料。

天然气属于一种清洁的化石燃料，同时也是一种化工原料。目前，天然气主要作为燃料使用。如何将化学性质较为惰性的天然气有效转化为含两个及两个以上碳原子的有机化合物的课题尚在研究之中。另外，包括可燃冰在内的新型天然清洁燃料的开发和利用尚在起步阶段。

在知识层面，"自然资源的开发利用"一节包含了"金属的冶炼""海水的综合利用""煤的干馏和气化""天然气以及可燃冰的开发利用"与"石油的分馏、裂化和裂解"等；在方法论层面，通过本节内容的学习，学生能够掌握从生活的角度思考能源开发的方法；在价值论层面，促进学生理解开发化石能源为人类利用的巨大价值。本节内容的逻辑知识体系见图2-51。

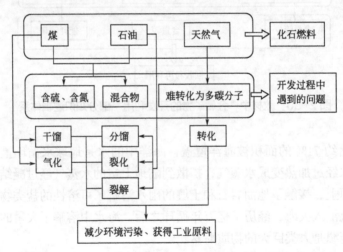

图 2-51　教材中"煤、石油和天然气的综合利用"部分知识逻辑体系

教学思考

金属单质的获取是从易到难的过程，这个过程取决于金属的活泼性顺序，因此，"金属矿物的开发利用"部分内容的学习是建立在元素周期律基础上的。

（1）"金属矿物的开发利用"部分相关知识的生成一定是学生完成了以下问题链的思考后得到的：

① 思考人类最早发现的金属单质有哪些。

② 为什么人类很早就获得了银和汞单质？

③ 人类具备哪些知识之后才能大量制备铝、钠和镁等活泼金属？

④ 人类发现和利用金属单质的次序蕴含了什么科学道理？

⑤ 通过氧化铝和氯化钠的熔点可以看出，冶炼铝和钠的能耗如何？

⑥ 哪些方法可以帮助我们更合理、科学地利用金属单质？

"金属矿物的开发利用"部分知识的学习可以帮助学生进一步认识和掌握元素周期律和金属的活泼性顺序。

（2）"海水资源的开发、利用"部分相关知识的生成一定是学生完成了以下问题链的思考后得到的：

① 思考地球上的水循环是如何展开的。

② 思考随着时间的推移，海水中溶质量的变化规律。

③ 从溶解度角度思考，海水中不同溶质含量差异的原因。

④ 如何在海水中提取卤素单质？

⑤ 如何合理地开发海水资源？

该部分问题的解决能让学生进一步明白"学习生活中的化学"和"在生活中学习化学"的道理。

（3）"煤、石油和天然气的综合利用"部分相关知识的生成一定是学生完成了以下问题链的思考后得到的：

① 煤炭和石油制品的大量燃烧给环境带来哪些危害？

② 如何认识煤的干馏以及气化的作用和价值？

③ 如何认识石油的分馏、裂化和裂解的作用和价值？

④ 如何理解新型清洁能源的开发对人类的作用和价值？

综合来看整个"自然资源的开发利用"部分，学生的知识目标很容易通过阅读和讨论等方式达成，引导学生通过知识的学习理解和内化化学学科价值是该部分教学的主要目标。

二、化学品的合理使用

 **课标要求**

根据课标中"学业质量标准"部分的化学学科核心素养水平划分的相关规

定，通过该部分的学习，学生应该获得的化学学科核心素养主要表现在：

素养1　宏观辨识与微观探析

水平1：能运用化学符号描述常见简单物质及其变化，能从物质的宏观特征入手对物质及其反应进行分类和表征，能联系物质的组成和结构解释宏观现象。

水平2：能根据实验现象归纳物质及其反应的类型，能运用微粒结构图示描述物质及其变化的过程，能从物质的微观结构说明同类物质的共性和不同类物质性质差异及其原因，解释同类不同物质性质变化的规律。

素养2　变化观念与平衡思想

水平1：能归纳物质及其变化的共性和特征。

水平2：能从原子、分子水平分析化学变化的内因和变化的本质，能从质量守恒，并运用动态平衡的观点看待和分析化学变化。

素养3　证据推理与模型认知

水平1：能从物质及其变化的事实中提取证据，对有关的化学问题提出假设，能依据证据证明或证伪假设；能识别化学中常见的物质模型和化学反应的理论模型，能将化学事实与理论模型进行关联和匹配。

水平2：能从宏观和微观结合上收集证据，能依据证据从不同视角分析问题，推出合理的结论；能理解、描述和表示化学中常见的认知模型，指出模型表示的具体含义，并运用理论模型解释或推测物质的组成、结构、性质与变化。

素养4　科学探究与创新意识

水平1：能根据教材中给出的问题设计简单的实验方案，完成实验操作，观察物质及其变化的现象，客观地进行记录，对实验现象做出解释，发现和提出进一步需要研究的问题。

素养5　科学态度与社会责任

水平1：具有安全意识，逐步养成严谨求实的科学态度，不迷信，能自觉抵制伪科学；能列举事实说明化学对人类文明的伟大贡献，主动关心与环境保护、资源开发等有关的社会热点问题，形成与环境和谐共处，合理利用自然资源的观念。

水平2：崇尚科学真理，不迷信书本和权威；具有"绿色化学"观念，能运用所学知识分析和探讨某些化学过程给人类健康、社会可持续发展可能带来的双重影响，并对这些影响从多个方面进行评估。

当然该部分的学习也为化学学科核心素养水平3和水平4的培养奠定了基础。

 知识体系梳理

从教材内容体系中看，"化学品的合理使用"部分包含"化肥、农药的合理使用""合理用药"和"安全使用食品添加剂"三部分，见图2-52。

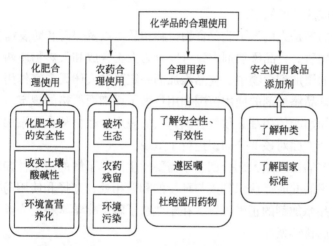

图2-52 教材中"化学品的合理利用"一节内容体系

化肥和农药是化学学科对人类生产和生活的主要贡献之一，在正确了解了植物生长过程中所需要的物质条件后，有意识地为植物提供生长必需的化学物质，从而为人类提供尽可能多的粮食和蔬菜。这就是化学肥料的理论基础。但是，一般人很难准确把握一片农田所需要化肥的量。因此，易溶于水的化肥通过雨水流入江河湖泊所造成的水体富营养化是过量使用化肥的危害之一。著名的太湖蓝藻事件，就是水体富营养化导致的结果。

除了尿素等有机化肥之外，绝大多数的化肥都是无机铵盐、钾盐或者磷酸盐类化合物，这些盐类化肥进入土壤之后会破坏其胶体结构，导致土壤结块从而降低了土壤的疏松通透性。另外，盐类物质加入土壤中所引起的酸碱度改变，以及盐类物质在使用过程中本身的危险性，也是不可忽视的。

农药是人们运用化学方法杀死或驱除植物害虫的化学物质的总称。这些化学物质接触自然环境之后，不可避免地引起环境污染和生态失衡。一些难降解农药的残留最终将通过食物链传递给人类。教材中呈现了农药和化肥合理施用的六个方面。

药物是人类治愈各种疾病所使用的化学物质的总称。除了能够治疗与诊断疾病这一共同的功能之外，每种药物对人体的作用不可能完全相同，因此，对一些可能因使用不当对人体造成伤害的药物，一定要遵医嘱并依照药品说明书上的要求使用。药物大致可以分为处方药和非处方药，其中非处方药的药品包装上有"OTC"标识。而处方药是由医生开处方才能购买和使用。包括获得了医生同意后的处方药在内的所有药物的使用都需要认真阅读、了解药物的说明书。教材从了解药物的安全性和有效性、遵医嘱用药以及杜绝滥用药物三个方面呈现了该部分的知识。

食品添加剂是人们为了改善食物口感和品质以及保鲜和防腐需要而加入食品中的化学物质。食品添加剂大致可以分为人工合成和天然物质两大类。无论出于什么目的添加到食物中，食品添加剂一定要对人体无毒害作用，因此，世界各国都对食品添加剂的使用范围和用量做了详细而严格的规定。任何食品企业对食品添加剂的使用都必须符合国家相关规定。教材从食品添加剂的种类和国家标准两个方面对该部分知识进行了呈现。

本节内容的知识绝大部分都属于需要学生简单了解的概念性知识，学生在学习这些知识的同时，认识到人与环境的和谐相处、选择和使用药物的科学方法以及对食品添加剂的正确理解。在学生在了解了化学学科对人类的价值后有望形成一定的科学素养。

 **教学思考**

本节内容从知识层面上来看逻辑性较差，但是概念性的知识之间还是存在一定的逻辑性关系。

（1）"化肥、农药的合理使用"部分相关知识的生成一定是学生完成了以下问题链的思考后得到的：

①植物是如何获取生长过程中所需要的各种元素的？

②接触和使用常见的化肥可能有哪些危险？

③化肥进入土壤中后，可能对土壤造成哪些危害？

④化肥经过雨水溶解之后，会对水体造成哪些危害？

⑤使用农药的最终目的是什么？

⑥在极限情况下，"害虫"被全部去除后对生态环境可能有哪些影响？

⑦农药对非"害虫"会造成伤害吗?

⑧农药在植物中的残留最终会集中到食物链中的哪个环节?

⑨思考使用农药的副作用有哪些。

掌握了"化肥、农药的合理使用"方面的知识后,学生会认识到事物的两面性,从而发展学生的深度思维能力。

(2)"合理用药"部分相关知识的生成一定是学生完成了以下问题链的思考后得到的:

①药物对人类只有益处没有害处吗?

②除了遵医嘱之外,如何合理用药?

③非处方药可以随意大量、长久使用吗?

④合理用药应注意哪些方面?

(3)"安全使用食品添加剂"部分相关知识的生成一定是学生完成了以下问题链的思考后得到的:

①为什么要在食物中添加一定量的添加剂?

②添加剂的种类和功能有哪些?

③食品中可以随意添加食品添加剂吗?

三、环境保护与绿色化学

 课标要求

根据课标中"学业质量标准"部分的化学学科核心素养水平划分的相关规定,通过该部分的学习,学生应该获得的化学学科核心素养主要表现在:

素养5　科学态度与社会责任

水平1:具有安全意识,逐步养成严谨求实的科学态度,不迷信,能自觉抵制伪科学;能列举事实说明化学对人类文明的伟大贡献,主动关心与环境保护、资源开发等有关的社会热点问题,形成与环境和谐共处,合理利用自然资源的观念。

水平2:崇尚科学真理,不迷信书本和权威;具有"绿色化学"观念,能运用所学知识分析和探讨某些化学过程给人类健康、社会可持续发展可能带来的双重影响,并对这些影响从多个方面进行评估。

当然该部分的学习也为化学学科核心素养水平3和水平4的培养奠定了基础。

 **知识体系梳理**

从教材内容体系中看，"环境保护与绿色化学"部分包含"化学与环境保护"和"绿色化学"两部分，见图 2-53。

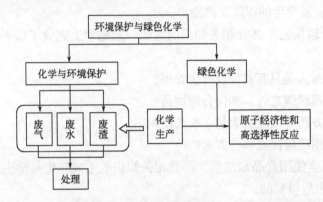

图 2-53　教材中"环境保护与绿色化学"一节内容体系

化学科学的发展为人类提供了大量物质转化的方法，这些方法都是合成生产和生活中有用物质的基础。根据物质守恒的基本原理，除非反应原料中的每一个原子都成功转化到产物中去（事实证明这种情况非常少），否则绝大多数化学反应都会产生一定量的"无用"物质，这些物质便是"三废"（废水、废气和废渣）的主要来源。

为了减轻"三废"对环境的影响，对"三废"的无害化处理是化学科学发展过程中人类必须要解决的主要问题之一。

如果原料的原子利用率达到了 100%，那就不可能产生任何"三废"物质，因此寻找原子经济性反应和高选择性反应是人类解决三废问题的有效手段。

教材便是在"化学发展产生的三废导致环境污染，需要对三废进行处理"的基础上提出了绿色化学的概念。教材中"环境保护与绿色化学"一节知识的逻辑体系见图 2-54。

教学思考

本节内容是培养学生环境保护意识和绿色化学理念最重要的载体。虽然历史上很长一段时间内化学生产过程中产生了大量的"三废"，但是，解决"三废"问题主要还需要化学科学技术的发展。寻找绿色化学技术和减少废弃物排放是未来化学发展的两个主要方向。

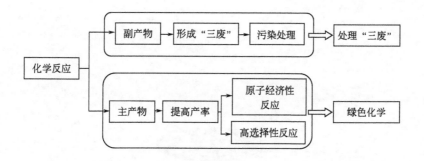

图 2-54　教材中"环境保护与绿色化学"一节内容的知识逻辑体系

"化学与环境保护"和"绿色化学"部分相关知识的生成一定是学生完成了以下问题链的思考后得到的：

①人们合成有用的化学物质时，副产物一般怎么处理呢？

②化学反应中产生的"无用"物质对环境有什么危害？

③如何减少合成有用物质时产生的"无用"物质？

第三章

高中化学选择性必修部分逻辑体系和教学思考

2019 年人民教育出版社出版的高中化学教材中选择性必修部分一共有三部分内容，分别是：选择性必修 1——化学反应原理；选择性必修 2——物质结构与性质；选择性必修 3——有机化学基础。本书将按照次序对三个模块进行分析，教材中的每一章在下面以每一节的形式呈现。

第一节
化学反应的热效应

本节包含"反应热"和"反应热的计算"两部分。

一、反应热

 课标要求

根据课标中"学业质量标准"部分的化学学科核心素养水平划分的相关规定，通过该部分的学习，学生应该获得的化学学科核心素养主要表现在：

素养 1　宏观辨识与微观探析

水平 3：能从原子、分子水平分析常见物质及其反应的微观特征，能运用化学符号和定量计算等手段说明物质的组成及其变化，能分析物质化学变化和伴随发生的能量转化与物质微观结构之间的关系。

水平 4：能依据物质的微观结构，描述或预测物质的性质和在一定条件下可能发生的化学变化，能评估某种解释或预测的合理性；能从宏观与微观结合的视角对物质及其变化进行分类和表征。

素养 2　变化观念与平衡思想

水平 3：形成化学变化是有条件的观念，能运用化学反应原理分析影响化学变化的因素，初步学会运用变量控制的方法研究化学反应。

水平 4：能从不同视角认识化学变化的多样性，能运用对立统一思想和定性定量结合的方式揭示化学变化的本质特征；能对具体物质的性质和化学变化做出解释或预测，能运用化学变化的规律分析说明生产、生活实际中的化学变化。

素养 3　证据推理与模型认知

水平 3：能从定性与定量结合上收集证据，能通过定性分析和定量计算推出合理的结论；能认识物质及其变化的理论模型和研究对象之间的异同，能对模型和原型的关系进行评价以改进模型使用的条件和适用范围。

水平4：能依据各类物质及其反应的不同特征寻找充分的证据，能解释证据与结论之间的关系；能对复杂的化学问题情境中的关键要素进行分析以建构相应的模型，能选择不同模型综合解释或解决复杂的化学问题；能指出所建模型的局限性，探寻模型优化需要的证据。

素养5 科学态度与社会责任

水平3：具有理论联系实际的观念，有将化学成果应用于生产、生活的意识，能依据实际条件并运用所学的化学知识和方法解决生产、生活中简单的化学问题；在实践中逐步形成节约成本、循环利用、保护环境等观念。

水平4：尊重科学伦理道德，能依据"绿色化学"思想和科学伦理对某一个化学过程进行分析，权衡利弊，做出合理的决策；能针对某些化学工艺设计存在的各种问题，提出处理或解决问题的具体方案。

知识体系梳理

从教材内容体系中看，"反应热"部分包含"反应热和焓变""热化学反应方程式"和"燃烧热"三部分，如图3-1。

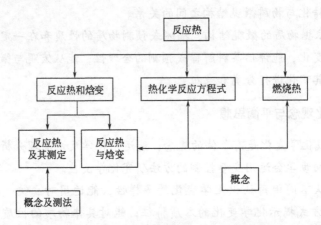

图3-1 教材中"反应热"一节内容体系

从图3-1可以看出，除了反应热的测定之外，其他内容基本上都是需要学生掌握的化学概念。

从人类利用火开始，就已开启了利用化学变化过程中释放的能量为人类所用的历程。随着近现代科学的发展，人们意识到化学变化过程中往往会伴随着能量的变化。反应热的概念就应运而生。

为了准确描述和测量化学变化过程中的能量，和化学反应速率概念的产生原因相似，结合科学研究和生产实践，人们提出了焓和焓变的概念。化学反应过程中的焓变取决于反应前后的温度、压强以及物质的形态等因素，所以热化学反应方程式的书写就有了区别于其他反应方程式的特殊模型。燃烧是所有热化学反应中与生产、生活相关度较高的一类反应，因此，根据可燃物的热化学反应方程式，人们提出了方便比较和计算的燃烧热的概念。

基于学生在必修部分已经了解的化学反应与能量的知识，为了方便学习，教材首先从反应热的概念入手，通过中和反应反应热的测定，帮助学生建构反应热的概念。

化学反应过程就是旧化学键断裂和新化学键生成的过程，断裂旧化学键时必然需要吸收能量，新化学键生成时必然会释放能量，由于新、旧化学键不可能完全相同，因此理论上所有的化学变化过程必然都会伴随着能量的变化，如果这种能量变化以热量的形式表现，那就是反应热。由于反应热涉及原料化学键和产物化学键两个能量状态，为了方便科学研究和准确描述，人们引入了"焓"的概念。反应前后两个状态的能量差就是焓变。由于反应前后的能量变化不一定完全以热量的形式（还可能以做功的形式）表现，在反应前后等压和等温情况下，反应热才和焓变相等。

化学反应的焓变一定和反应原料的量有关。当然，相同的化学反应，原料和产物的状态不同，焓变也不同。在化学反应方程式中，准确表示焓变就必须要涉及温度、压强、聚集状态和反应的量等相关因素，这就是热化学反应方程式的书写不同于普通化学反应方程式的原因。

因此，在知识层面，本节内容为"反应热、焓变、热化学反应方程式以及燃烧热的概念"和"反应热的测定"两大部分；在方法论层面，本节内容包括反应热的测定方法；在价值论层面，本节内容可让学生进一步理解从微观视角认识化学反应的本质，进而建构"宏观辨识与微观探析""变化观念""模型认知"等学科核心素养的价值。教材中"反应热"一节知识的逻辑体系见图3-2。

教学思考

为了更好地帮助学生掌握化学概念，聚焦理解概念产生的原因和概念的应用两个方面的教学策略是有效的课堂教学手段。

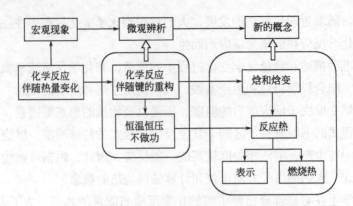

图 3-2　教材中"反应热"一节知识的逻辑体系

"反应热"部分知识的生成一定是学生完成了以下问题链的思考后得到的：

① 为什么化学反应前后会有热量的变化？

② 从微观角度思考，化学反应前后必然会伴随热量变化吗？

③ 化学反应前后的能量变化和热量变化是一回事吗？

④ 如何准确描述化学反应过程中的热量变化和能量变化呢？

⑤ 如何设计实验测量反应热呢？

⑥ 如何在化学反应方程式中准确表示焓变呢？

⑦ 为什么会提出燃烧热的概念？

"反应热"是一个根据字面意思就很容易理解的概念，因此，在简单呈现反应热及其实验测定的基础上，从微观角度思考反应热产生的原因就水到渠成。能量的变化一定是两个"态"的能量差异，因此焓和焓变的概念就呼之欲出了。受制于学段，焓变和反应热的深层次区别在高中课堂上不作讨论，但是，以高中物理学能量的概念为基础，高中生理解两个态的差值（焓变）和宏观测量得到的值（反应热）的区别并不困难。在恒温恒压且不做功的前提下，焓变与反应热相等。

讨论焓变的影响因素一定是建立在物理学相关知识基础上的，比热容、汽化热、凝固热和化学计量的概念学生都已经掌握，因此，教材中总结的书写热化学反应方程式所需要注意的三点一定不是教师简单呈现需要学生记忆的"死"知识。在常规的化学反应方程式的基础上，要得到准确的焓变值，需要准确注明哪些因素，若这个问题经过简单引导，学生一定能归纳、总结出来。

二、反应热的计算

 课标要求

根据课标中"学业质量标准"部分的化学学科核心素养水平划分的相关规定，通过该部分的学习，学生应该获得的化学学科核心素养主要表现在：

素养 1　宏观辨识与微观探析

水平 3：能从原子、分子水平分析常见物质及其反应的微观特征，能运用化学符号和定量计算等手段说明物质的组成及其变化，能分析物质化学变化和伴随发生的能量转化与物质微观结构之间的关系。

水平 4：能依据物质的微观结构，描述或预测物质的性质和在一定条件下可能发生的化学变化，能评估某种解释或预测的合理性；能从宏观与微观结合的视角对物质及其变化进行分类和表征。

素养 2　变化观念与平衡思想

水平 3：形成化学变化是有条件的观念，能运用化学反应原理分析影响化学变化的因素，初步学会运用变量控制的方法研究化学反应。

水平 4：能从不同视角认识化学变化的多样性，能运用对立统一思想和定性定量结合的方式揭示化学变化的本质特征。

素养 3　证据推理与模型认知

水平 3：能从定性与定量结合上收集证据，能通过定性分析和定量计算推出合理的结论；能认识物质及其变化的理论模型和研究对象之间的异同，能对模型和原型的关系进行评价以改进模型使用的条件和适用范围。

水平 4：能依据各类物质及其反应的不同特征寻找充分的证据，能解释证据与结论之间的关系；能对复杂的化学问题情境中的关键要素进行分析以建构相应的模型，能选择不同模型综合解释或解决复杂的化学问题；能指出所建模型的局限性，探寻模型优化需要的证据。

素养 5　科学态度与社会责任

水平 3：具有理论联系实际的观念，有将化学成果应用于生产、生活的意识，能依据实际条件并运用所学的化学知识和方法解决生产、生活中简单的化学问题。

知识体系梳理

从教材内容体系中看，"反应热的计算"部分包含"盖斯定律"和"反应热的计算"两部分，如图3-3。

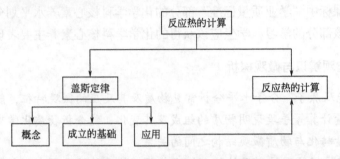

图3-3　教材中"反应热的计算"一节内容体系

热化学反应方程式明确呈现了反应前后的热量变化，根据热化学反应方程式，通过简单的计算就能得到有用的结果，为生产和生活服务。

在控制等压等温且不做功的条件下，反应的焓变等于反应热，焓变可以理解为"焓的变化"，和物理上势能的变化类似。焓作为一个描述物质内能的物理量，当固定了反应前后物质的状态后，焓变就确定了，反应的历程无法影响焓变。这就是盖斯定律的理论基础。

利用盖斯定律，人们可以不经过实验测量就能计算得到很多化学反应的焓变，例如教材中碳燃烧生成一氧化碳反应热的计算问题，因为无法控制碳燃烧过程中只生成一氧化碳而不生成二氧化碳，因此，通过实验测定碳燃烧生成一氧化碳的燃烧热是很难实现的，但是，通过碳燃烧生成二氧化碳的燃烧热和一氧化碳燃烧生成二氧化碳的燃烧热，经过简单的计算就能获得碳燃烧生成一氧化碳的燃烧热。

在知识层面，本节内容包括"盖斯定律"和"反应热的计算"；在方法论层面，本节内容主要讲述利用热化学反应方程式和盖斯定律计算反应热的方法；在价值论层面，通过学习，学生可掌握计算在化学研究和社会生活中的价值。教材中"反应热的计算"一节知识的逻辑体系见图3-4。

教学思考

经过简单的训练，学生掌握反应热的计算方法并不困难。在本节课的教学过程中，引导学生对盖斯定律进行思考，可以帮助学生从微观角度理解盖斯定律的本质，同时物理学概念的迁移也有助于学生知识水平的全面提升。

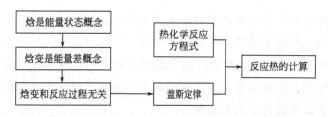

图 3-4 教材中"反应热的计算"一节知识的逻辑体系

"反应热的计算"部分知识的生成一定是学生完成了以下问题链的思考后得到的:

① 很多化学反应的反应热可以通过实验测量得到,无法通过实验测量的反应热如何得到呢?

② 在什么条件下,化学反应的反应热等于焓变?

③ 焓变的本质是什么?和物理学中的能量变化有何异同?

④ 物理学上势能变化的知识能否帮助我们理解焓变的特征?

⑤ 如何理解盖斯定律?

⑥ 如何运用热化学反应方程式和盖斯定律解决生活中的问题?

第二节
化学反应速率与化学平衡

本节包含"化学反应速率""化学平衡""化学反应的方向"和"化学反应的调控"四部分内容。

一、化学反应速率

 课标要求

根据课标中"学业质量标准"部分的化学学科核心素养水平划分的相关规定,通过该部分的学习,学生应该获得的化学学科核心素养主要表现在:

素养 1 宏观辨识与微观探析

水平 3:能从原子、分子水平分析常见物质及其反应的微观特征,能运用化学

符号和定量计算等手段说明物质的组成及其变化，能分析物质化学变化和伴随发生的能量转化与物质微观结构之间的关系。

水平4：能依据物质的微观结构，描述或预测物质的性质和在一定条件下可能发生的化学变化，能评估某种解释或预测的合理性；能从宏观与微观结合的视角对物质及其变化进行分类和表征。

素养2　变化观念与平衡思想

水平3：形成化学变化是有条件的观念，认识反应条件对化学反应速率和化学平衡的影响，能运用化学反应原理分析影响化学变化的因素，初步学会运用变量控制的方法研究化学反应。

水平4：能从不同视角认识化学变化的多样性，能运用对立统一思想和定性定量结合的方式揭示化学变化的本质特征；能对具体物质的性质和化学变化做出解释或预测，能运用化学变化的规律分析说明生产、生活实际中的化学变化。

素养3　证据推理与模型认知

水平3：能从定性与定量结合上收集证据，能通过定性分析和定量计算推出合理的结论；能认识物质及其变化的理论模型和研究对象之间的异同，能对模型和原型的关系进行评价以改进模型使用的条件和适用范围。

水平4：能依据各类物质及其反应的不同特征寻找充分的证据，能解释证据与结论之间的关系；能对复杂的化学问题情境中的关键要素进行分析以建构相应的模型，能选择不同模型综合解释或解决复杂的化学问题；能指出所建模型的局限性，探寻模型优化需要的证据。

素养5　科学态度与社会责任

水平3：具有理论联系实际的观念，有将化学成果应用于生产、生活的意识，能依据实际条件并运用所学的化学知识和方法解决生产、生活中简单的化学问题；在实践中逐步形成节约成本、循环利用、保护环境等观念。

水平4：尊重科学伦理道德，能依据"绿色化学"思想和科学伦理对某一个化学过程进行分析，权衡利弊，做出合理的决策；能针对某些化学工艺设计存在的各种问题，提出处理或解决问题的具体方案。

知识体系梳理

从教材内容体系中看，"化学反应速率"部分包含"化学反应速率的概念""影响化学反应速率的因素"和"活化能"三部分，如图 3-5。

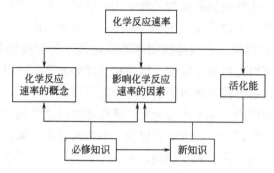

图 3-5　教材中"化学反应速率"一节内容体系

　　高中化学必修部分已经讨论了化学反应速率的概念和影响因素。虽然催化剂的概念在初中化学中就有涉及，但是催化剂影响化学反应速率的原因从未涉及。本节内容主要呈现活化能的相关知识进而解释催化剂降低活化能导致反应速率发生变化的逻辑关系。因此，本节内容可以理解为从理论上呈现了催化剂影响化学反应速率的原因。

　　活化能的概念是建立在基元反应和碰撞理论基础上的。在微观世界里，组成物质的微粒是不断运动的，即使在固体物质中，原子和分子也会在相对固定的位置上"振动"。在气体和液体物质中，微粒之间相对移动导致碰撞不可避免。如果微粒之间发生了有效碰撞，则化学反应就不可避免。

　　当微粒相向碰撞时，无论是电中性的原子还是分子，两个微粒会因碰撞造成扭曲变形，从而使势能不断增加，这个过程可以看成动能部分转化为势能的过程。当势能增加到一定程度时，扭曲变形越过临界点，就造成了旧化学键的断裂。这个势能逐渐升高进而达到化学键断裂瞬间的能量变化就是活化能。

　　对于可以自由移动的带电离子，正、负电荷的吸引导致其碰撞引发化学反应的概率往往比相同电荷离子间的有效碰撞概率高。虽然正、负电荷在相向碰撞初期是势能转化为动能的过程，但是若发生有效碰撞，一定要经历碰撞后期动能转化为分子内能进而引发化学键断裂的过程。对于同种电荷离子之间的有效碰撞，只要动能（温度）足够高，相向碰撞时也能引发化学键的断裂。

　　在固体物质中，由于微粒相对固定，小幅度的转动和振动不足以引发有效碰撞，因此，一般情况下固体参与的反应的化学反应速率都比较慢。

　　在很多化学反应中，因为首次碰撞引起化学键断裂生成的物质稳定性均较差，造成新的微粒之间继续碰撞生成新的产物就成为可能，从宏观上观察化学反应的最终产物可能是微粒间多次连续碰撞的结果，因此，在整个过程中就可能存在多个活化能。这就是基元反应和非基元反应的理论基础。

学习化学反应速率的目的是为了改变化学反应速率。若要改变化学反应速率，我们需要研究影响化学反应速率的因素。从微观角度看，有效碰撞概率越大，化学反应速率越快。有效碰撞概率的决定因素是碰撞的概率以及能量大小。碰撞的概率可以通过改变浓度、压强和温度等改变；能量包括温度、催化剂以及诸如电弧、超声波和放射辐射等各种能量形式。

因此，在知识层面，本书内容包括"活化能的概念"和"催化剂影响化学反应速率的原因"两部分；在方法论层面，本节内容包括掌握从微观角度分析影响化学反应速率的方法；在价值论层面，本节内容可促进学生进一步理解研究影响化学反应速率的因素最终是为了改变化学反应速率以服务人类社会生活的价值。教材中"化学反应速率"一节知识的逻辑体系见图3-6。

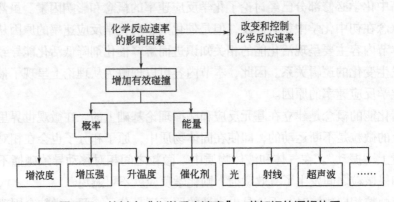

图3-6　教材中"化学反应速率"一节知识的逻辑体系

 **教学思考**

化学反应速率的概念以及改变温度、压强、浓度等影响化学反应速率的因素在必修部分已经学习了，本节内容的核心是帮助学生理解和掌握分析影响化学反应速率因素的方法以及催化剂改变活化能进而改变化学反应速率的原因。

"化学反应速率"一节知识的生成一定是学生完成了以下问题链的思考后得到的：

① 什么因素导致了化学反应过程中旧键的断裂？

② 是不是所有的碰撞都会导致化学键的断裂？

③ 如何增加有效碰撞？

④ 在不额外"输入"能量前提下，如何提高化学反应速率？

⑤ 催化剂通过改变什么因素从而改变化学反应的速率？

⑥ 是不是所有的化学反应都只经历了一次微粒间的碰撞？

⑦ 如何从微观视角理解活化能的概念？

可以通过迁移"反应热"部分的相关内容帮助学生理解和掌握本节知识。既然化学反应前后有能量变化，化学反应前后伴随着旧化学键的断裂和新化学键的生成，那么整个过程可以描述为微粒获得能量，最终微粒破坏重组，生成稳定的微粒并释放能量的过程，这样的描述类似于运用物理学知识理解两个磁铁块的拆分与组合过程。

二、化学平衡

 课标要求

根据课标中"学业质量标准"部分的化学学科核心素养水平划分的相关规定，通过该部分的学习，学生应该获得的化学学科核心素养主要表现在：

素养 1　宏观辨识与微观探析

水平 3：能从原子、分子水平分析常见物质及其反应的微观特征，能运用化学符号和定量计算等手段说明物质的组成及其变化，能分析物质化学变化和伴随发生的能量转化与物质微观结构之间的关系。

水平 4：能依据物质的微观结构，描述或预测物质的性质和在一定条件下可能发生的化学变化，能评估某种解释或预测的合理性；能从宏观与微观结合的视角对物质及其变化进行分类和表征。

素养 2　变化观念与平衡思想

水平 3：形成化学变化是有条件的观念，认识反应条件对化学反应速率和化学平衡的影响，能运用化学反应原理分析影响化学变化的因素，初步学会运用变量控制的方法研究化学反应。

水平 4：能从不同视角认识化学变化的多样性，能运用对立统一思想和定性定量结合的方式揭示化学变化的本质特征；能对具体物质的性质和化学变化做出解释或预测，能运用化学变化的规律分析说明生产、生活实际中的化学变化。

素养 3　证据推理与模型认知

水平 3：能从定性与定量结合上收集证据，能通过定性分析和定量计算推出合理的结论；能认识物质及其变化的理论模型和研究对象之间的异同，能对模型和原型的关系进行评价以改进模型使用的条件和适用范围。

水平4：能依据各类物质及其反应的不同特征寻找充分的证据，能解释证据与结论之间的关系；能对复杂的化学问题情境中的关键要素进行分析以建构相应的模型，能选择不同模型综合解释或解决复杂的化学问题；能指出所建模型的局限性，探寻模型优化需要的证据。

素养5 科学态度与社会责任

水平3：具有理论联系实际的观念，有将化学成果应用于生产、生活的意识，能依据实际条件并运用所学的化学知识和方法解决生产、生活中简单的化学问题；在实践中逐步形成节约成本、循环利用、保护环境等观念。

水平4：尊重科学伦理道德，能依据"绿色化学"思想和科学伦理对某一个化学过程进行分析，权衡利弊，做出合理的决策；能针对某些化学工艺设计存在的各种问题，提出处理或解决问题的具体方案。

知识体系梳理

从教材内容体系中看，"化学平衡"部分包含"化学平衡状态""化学平衡常数"和"影响化学平衡的因素"三部分内容，如图3-7。

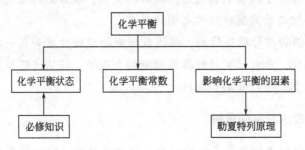

图3-7 教材中"化学平衡"一节内容体系

高中化学必修部分已经呈现了化学平衡的概念以及平衡时反应原料和产物的状态，选修部分对化学平衡的研究最终是为了呈现打破化学平衡的方法——勒夏特列原理。

人们很早就发现了在同样条件下原料反应生成产物的同时产物也发生反应生成原料的可逆反应，在条件不改变时，可逆反应最终都会达到原料和产物的量在宏观上不变的稳定状态。在这个状态下，原料和产物同时存在，这就给人类的物质生产活动带来了一定的困难。因为反应原料无法完全转化也会造成一定的浪费，这就是人们研究可逆反应的原因。研究影响化学平衡的因素旨在希望通过优化这些因素打破反应的平衡状态为人类生产活动所用。

不同的可逆反应，在平衡态时产物和原料的比例关系不同是可以理解的。人们经过大量的实验研究发现，温度不变时，可逆反应平衡态的浓度商是一个常数（平衡常数），该常数可以帮助人们根据开始添加的反应原料的量计算平衡时产物的量。受学段的限制，平衡常数的推导公式在高中学段不作讨论。

根据公式，平衡常数的值取决于反应原料和产物的浓度。对于同一反应，不同温度时，反应的平衡常数不同。因此，改变浓度和温度可以改变化学反应平衡。对于气相反应，物质的浓度和压强有关，因此教材中分别从浓度（液相）、压强（气相）和温度三个角度讨论了影响化学平衡的因素。

在液相平衡体系中，当增加原料的浓度时，原料微粒之间的碰撞概率自然变大，因此正反应速率相应也会变大，此时平衡朝生成产物的方向移动。

在气相反应中，增加压强时，反应物和产物的浓度同时增加相同的倍数，但平衡常数是浓度指数幂次方的商，而这个指数分别对应化学反应方程式中的配平系数，因此，方程式量变系数和较大的一方的浓度指数幂次方就较大，相应的化学反应速率增加就相对较大，因此，反应朝着系数较小的方向移动，也就是朝着压强减小的方向移动。

对于温度对平衡的影响方面，例如放热反应，升高温度后，环境的能量抑制了反应继续放热，因此，平衡会朝向吸热的方向也就是逆反应方向移动。

总之，经过简单的分析，结合实验，可以得到勒夏特列原理。

综合本节内容，在知识层面，本书内容主要包括"化学平衡常数""影响化学平衡的因素"和"勒夏特列原理"三个方面；在方法论层面，本节内容展示给学生掌握研究化学平衡以及打破化学平衡的方法；在价值论层面，本节内容可让学生认识到化学研究的最终目的是利用化学为人类服务的价值。教材中"化学平衡"一节知识的逻辑体系见图3-8。

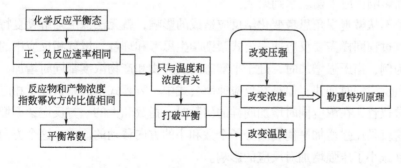

图3-8　教材中"化学平衡"一节知识的逻辑体系

教学思考

本节内容的核心就是通过学习勒夏特列原理掌握化学平衡以及打破化学平衡的方法。"化学平衡"相关知识的生成一定是学生完成了以下问题链的思考后得到的：

① 从微观视角看，化学平衡的特点是什么？

② 如何从化学平衡态正、负反应速率相等的视角认识平衡常数？

③ 从影响化学反应速率的视角，认识化学平衡常数的影响因素。

④ 化学反应达到平衡态后，改变浓度和温度分别会使反应朝哪个方向进行？

⑤ 在气相可逆反应中，压强改变如何改变反应物的浓度进而影响反应平衡的移动？

之前已经学习了化学反应速率的影响因素，学生已经知道温度和浓度的改变会改变化学反应速率。但是对固定温度下化学反应速率和浓度关系的公式并不清楚，如果不从化学反应速率和反应物浓度的系数幂次方乘积的公式出发，就无法得到反应平衡常数的公式。

教材中平衡常数的公式是通过实验数据归纳总结得到的。这样处理使得该公式成了简单呈现的逻辑原点型知识，学生不可能不疑惑和思考为什么。即使不从反应速率公式推导平衡常数公式，在得到平衡常数公式后，带领学生讨论和理解分子和分母的表示意义，也将有助于学生深度思考化学反应的本质。

对于基元反应 aA+bB 来说，a 个 A 和 b 个 B 同时碰撞，每个 A 和 B 都用其浓度表示时，自然就是 a 个 A 的浓度和 b 个 B 的浓度的乘积。基于这样的乘积关系，非基元反应可以看成若干基元反应的加和，从这个视角思考反应平衡常数的分子和分母就理解了该公式的本质意义。

在理解了温度和浓度对平衡常数的影响之后，思考和讨论通过改变什么条件进而影响反应平衡就水到渠成。

若不从微观视角思考变化给反应造成的影响，就无法深度理解勒夏特列原理。该过程同样需要反应速率公式帮助学生思考和理解。以气相反应中的压强增加为例，当压强增加时，处于平衡态的反应物和产物浓度都同时增加，此时正、负反应同时加快，但是在反应速率公式中，方程式中的系数处于相应浓度的指数位置，在浓度同时增加同样的倍数时，指数和大的一方反应速率增加得快，这就是压强增加平衡朝向分子个数和小的方向移动的原因，这个方向的平衡移动减小了压强增加对反应的影响。

勒夏特列原理一定不是在实验中归纳总结的经验原理。如果仅在课堂上通

过简单呈现勒夏特列原理进而在解决问题中帮助学生"记忆"该知识，必然会造成知识迁移的障碍，相应地，也无法发展学生的核心素养。

三、化学反应的方向

 **课标要求**

　　根据课标中"学业质量标准"部分的化学学科核心素养水平划分的相关规定，通过该部分的学习，学生应该获得的化学学科核心素养主要表现在：

素养1　宏观辨识与微观探析

水平3：能从原子、分子水平分析常见物质及其反应的微观特征，能运用化学符号和定量计算等手段说明物质的组成及其变化，能分析物质化学变化和伴随发生的能量转化与物质微观结构之间的关系。

水平4：能依据物质的微观结构，描述或预测物质的性质和在一定条件下可能发生的化学变化，能评估某种解释或预测的合理性；能从宏观与微观结合的视角对物质及其变化进行分类和表征。

素养2　变化观念与平衡思想

水平3：形成化学变化是有条件的观念，认识反应条件对化学反应速率和化学平衡的影响，能运用化学反应原理分析影响化学变化的因素，初步学会运用变量控制的方法研究化学反应。

水平4：能从不同视角认识化学变化的多样性，能运用对立统一思想和定性定量结合的方式揭示化学变化的本质特征；能对具体物质的性质和化学变化做出解释或预测，能运用化学变化的规律分析说明生产、生活实际中的化学变化。

素养3　证据推理与模型认知

水平3：能从定性与定量结合上收集证据，能通过定性分析和定量计算推出合理的结论；能认识物质及其变化的理论模型和研究对象之间的异同，能对模型和原型的关系进行评价以改进模型使用的条件和适用范围。

水平4：能依据各类物质及其反应的不同特征寻找充分的证据，能解释证据与结论之间的关系；能对复杂的化学问题情境中的关键要素进行分析以建构相应的模型，能选择不同模型综合解释或解决复杂的化学问题；能指出所建模型的局限性，探寻模型优化需要的证据。

素养5 科学态度与社会责任

水平3：具有理论联系实际的观念，有将化学成果应用于生产、生活的意识，能依据实际条件并运用所学的化学知识和方法解决生产、生活中简单的化学问题；在实践中逐步形成节约成本、循环利用、保护环境等观念。

水平4：尊重科学伦理道德，能依据"绿色化学"思想和科学伦理对某一个化学过程进行分析，权衡利弊，做出合理的决策；能针对某些化学工艺设计存在的各种问题，提出处理或解决问题的具体方案。

知识体系梳理

从教材内容体系中看，"化学反应的方向"部分仅仅给出了熵和熵变的概念，如何判断化学反应是否自发进行并未呈现，如图3-9。

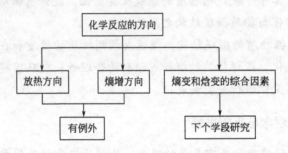

图3-9 教材中"化学反应的方向"一节内容体系

在学习了化学平衡的相关知识后，继续讨论化学反应的方向问题就自然而然了。结合熵变、焓变、吉布斯自由能判断化学反应方向的方法不在高中阶段涉及，因此，本节内容仅仅简单地讨论了焓变和熵变对反应方向的影响。

受到物理学相关知识的迁移影响，根据水自发从高处流向低处的现象，人们自然觉得化学反应自发朝着放热的方向进行。在实验中遇到大量吸热自发的反应后，从微观角度思考其原因，人们提出了熵（混乱度）的概念。该概念严格来说也是物理学相关知识的迁移结果，教材中呈现的气体自发扩散导致混乱度增加的熵增过程就是简单的物理混合的过程。

但是，人们也发现了大量的也能自发进行的熵减反应。例如人体从小长到大的过程就是一个典型的熵减过程。因为人体在熵减的过程中和外界体系有物质交换和能量交换。在研究中发现，孤立体系和绝热体系中的自发反应朝着熵增方向进行，但是这并不说明只要是熵增方向的反应就能自发进行。

综合本节内容，仅仅呈现了熵和熵增的概念，通过简单推导熵增和化学反应之间的关系，给学生留下了继续探究化学的兴趣和空间。

综合本节内容，在知识层面，本节内容主要是"熵和熵增的概念"；在方法论层面，本节内容将继续引导学生掌握从微观角度思考和解决化学问题的方法；在价值论层面，本节内容可让学生认识到化学是一门不断发展的科学，帮助学生理解研究化学为人类社会生活服务的学科价值。教材中"化学反应的方向"一节知识的逻辑体系见图3-10。

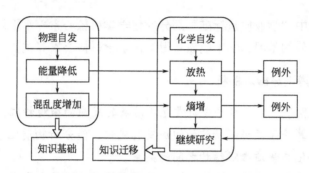

图3-10　教材中"化学反应的方向"一节知识的逻辑体系

 教学思考

本节内容主要是熵和熵增概念的呈现，物理学知识的合理迁移有助于帮助学生理解该概念。

"化学反应的方向"相关知识的生成一定是学生完成了以下问题链的思考后得到的：

① 水从高处自发向低处流的原因是什么？

② 从物理自发的视角，是否能得到化学反应自发进行的方向是内能减小（放热）的方向？

③ 大量的特例说明判断反应是否自发不能单纯从放热角度思考，在物理学中你还学过哪些自发的过程？

④ 不同气体物质混合后自发朝着混乱度增加的方向进行，化学反应是否也如此呢？

在学生掌握了熵和熵增的概念之后，本节内容的知识目标基本达成，资料卡片中自由能部分的知识是帮助学生树立探究化学问题的理想和信念的，因此，高中阶段不能简单地将该部分内容处理为"你到大学就会了"的"未来才学习"的知识。对化学感兴趣的学生，在这里通过简单的引导和自主学习，就能掌握自由能部分的相关知识。整个过程中获得的成就感会进一步促进学生化学观念的养成和增强追求科学的信念。

四、化学反应的调控

 课标要求

根据课标中"学业质量标准"部分的化学学科核心素养水平划分的相关规定，通过该部分的学习，学生应该获得的化学学科核心素养主要表现在：

素养1　宏观辨识与微观探析

水平3：能从原子、分子水平分析常见物质及其反应的微观特征，能运用化学符号和定量计算等手段说明物质的组成及其变化，能分析物质化学变化和伴随发生的能量转化与物质微观结构之间的关系。

水平4：能依据物质的微观结构，描述或预测物质的性质和在一定条件下可能发生的化学变化，能评估某种解释或预测的合理性；能从宏观与微观结合的视角对物质及其变化进行分类和表征。

素养2　变化观念与平衡思想

水平3：形成化学变化是有条件的观念，认识反应条件对化学反应速率和化学平衡的影响，能运用化学反应原理分析影响化学变化的因素，初步学会运用变量控制的方法研究化学反应。

水平4：能从不同视角认识化学变化的多样性，能运用对立统一思想和定性定量结合的方式揭示化学变化的本质特征；能对具体物质的性质和化学变化做出解释或预测，能运用化学变化的规律分析说明生产、生活实际中的化学变化。

素养3　证据推理与模型认知

水平3：能从定性与定量结合上收集证据，能通过定性分析和定量计算推出合理的结论；能认识物质及其变化的理论模型和研究对象之间的异同，能对模型和原型的关系进行评价以改进模型使用的条件和适用范围。

水平4：能依据各类物质及其反应的不同特征寻找充分的证据，能解释证据与结论之间的关系；能对复杂的化学问题情境中的关键要素进行分析以建构相应的模型，能选择不同模型综合解释或解决复杂的化学问题；能指出所建模型的局限性，探寻模型优化需要的证据。

素养5　科学态度与社会责任

水平3：具有理论联系实际的观念，有将化学成果应用于生产、生活的意识，能依据实际条件并运用所学的化学知识和方法解决生产、生活中简单的化学问题；在实践中逐步形成节约成本、循环利用、保护环境等观念。

水平4：尊重科学伦理道德，能依据"绿色化学"思想和科学伦理对某一个化学过程进行分析，权衡利弊，做出合理的决策；能针对某些化学工艺设计存在的各种问题，提出处理或解决问题的具体方案。

知识体系梳理

从教材内容体系中看，"化学反应的调控"部分对"压强""温度"和"催化剂"对化学反应调控进行讨论，如图3-11。

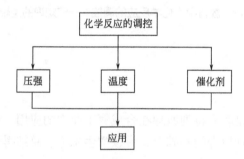

图3-11　教材中"化学反应的调控"一节内容体系

本节内容是前面知识的总结和应用，在深入研究了压强、温度和催化剂对反应的影响基础上，这些研究成果自然会在生产和生活中为人类所用。

合成氨工艺是人类掌握了压强、温度和催化剂三者对化学反应影响的相关知识并成功运用的真实案例之一。根据勒夏特列原理，压强增加有利于产物氨的生成，受制于材料设备的要求，目前工业上选择了一个较为合理的高压条件合成氨。氮气和氢气反应生成氨的过程是放热过程，因此，温度越高越不利于氨气的生成，但是降低温度会导致反应速率降低，目前工业上一般采用$400 \sim 500℃$的高温条件合成氨。在固定温度和压强情况下，催化剂虽然无法改变平衡时产物的浓度，但是可以降低反应活化能从而促进反应快速达到平衡态，因此，在合成氨工业上，会涉及催化剂的使用。

综合本节内容，在知识层面，让学生掌握"合成氨工艺中温度、压强和催化剂的选择"等相关知识；在方法论层面，本节内容旨在在具体生产案例中让学生充分理解并掌握研究化学反应原理的方法；在价值论层面，本节内容可让学生认识到化学科学在人类社会生活中的学科价值。教材中"化学反应的调控"一节知识的逻辑体系见图 3-12。

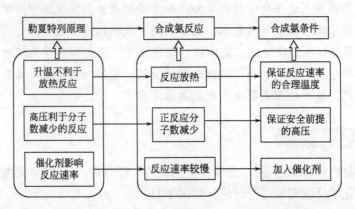

图 3-12　教材中"化学反应的调控"一节知识的逻辑体系

 教学思考

本节内容主要是勒夏特列原理在合成氨工业中的应用。该教学过程一定是在深入掌握勒夏特列原理的基础上，带领学生思考、总结得到合成氨工业所选择的反应条件。

该知识的生成一定是学生完成了以下问题链的思考后得到的：

① 合成氨反应是分子数减少的反应，根据勒夏特列原理，选择什么样的压强进行反应比较合理？

② 追求更高的压强对反应容器和能源有哪些特殊的要求？

③ 如何理解工业上合成氨的压强条件？

④ 合成氨反应是放热反应，根据勒夏特列原理，在什么样的温度下进行反应比较合理？

⑤ 温度降低可以促进反应平衡朝正向移动，是不是反应温度越低该反应的产率越高？

⑥ 如何理解工业上合成氨的温度条件？

⑦ 为什么工业上合成氨会选择使用催化剂？

学生掌握知识并能够进行合理运用一定是建立在适当的训练基础上的，因此，合理的练习和在情境问题解决过程中掌握知识是学习过程中的必要环节。该节内容是通过工业合成氨具体案例的研究让学生掌握运用勒夏特列原理的方法，工业上合成氨中任何一个反应条件的确定一定是基于勒夏特列原理和化学反应方程式的思考分析基础并结合实际工业生产得出的合理结论。如果将逻辑倒过来，首先呈现工业条件，进而研究其原因，那就无法充分发挥生产情境对学生核心素养的发展功能。

第三节

水溶液中的离子反应与平衡

本节包含"电离平衡""水的电离和溶液的 pH 值""盐类的水解"和"沉淀溶解平衡"四部分内容。

一、电离平衡

 课标要求

根据课标中"学业质量标准"部分的化学学科核心素养水平划分的相关规定，通过该部分的学习，学生应该获得的化学学科核心素养主要表现在：

素养 1　宏观辨识与微观探析

水平 3： 能从原子、分子水平分析常见物质及其反应的微观特征，能运用化学符号和定量计算等手段说明物质的组成及其变化，能分析物质化学变化和伴随发生的能量转化与物质微观结构之间的关系。

水平 4： 能依据物质的微观结构，描述或预测物质的性质和在一定条件下可能发生的化学变化，能评估某种解释或预测的合理性；能从宏观与微观结合的视角对物质及其变化进行分类和表征。

素养 2　变化观念与平衡思想

水平 3： 形成化学变化是有条件的观念，认识反应条件对化学反应速率和化学平衡的影响，能运用化学反应原理分析影响化学变化的因素，初步学会运用变量控制的方法研究化学反应。

水平 4： 能从不同视角认识化学变化的多样性，能运用对立统一思想和定性定

量结合的方式揭示化学变化的本质特征；能对具体物质的性质和化学变化做出解释或预测，能运用化学变化的规律分析说明生产、生活实际中的化学变化。

素养3　证据推理与模型认知

水平3：能从定性与定量结合上收集证据，能通过定性分析和定量计算推出合理的结论；能认识物质及其变化的理论模型和研究对象之间的异同，能对模型和原型的关系进行评价以改进模型使用的条件和适用范围。

水平4：能依据各类物质及其反应的不同特征寻找充分的证据，能解释证据与结论之间的关系；能对复杂的化学问题情境中的关键要素进行分析以建构相应的模型，能选择不同模型综合解释或解决复杂的化学问题；能指出所建模型的局限性，探寻模型优化需要的证据。

素养5　科学态度与社会责任

水平3：具有理论联系实际的观念，有将化学成果应用于生产、生活的意识，能依据实际条件并运用所学的化学知识和方法解决生产、生活中简单的化学问题；在实践中逐步形成节约成本、循环利用、保护环境等观念。

水平4：尊重科学伦理道德，能依据"绿色化学"思想和科学伦理对某一个化学过程进行分析，权衡利弊，做出合理的决策；能针对某些化学工艺设计存在的各种问题，提出处理或解决问题的具体方案。

知识体系梳理

　　从教材内容体系中看，"电离平衡"部分包含"强电解质和弱电解质""弱电解质的电离平衡"和"电离平衡常数"三部分内容，如图3-13。

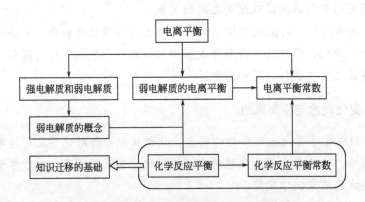

图3-13　教材中"电离平衡"一节内容体系

在掌握了化学反应平衡相关知识之后，研究电离平衡的相关知识就具备了构建的基础。与化学反应平衡相似，电解质在水中电离成阴、阳离子的同时，阴、阳离子因为电荷的吸引重新结合形成化学键的过程是不可避免的。因此，理论上电离可能存在平衡。在电离过程中，原有的化学键断裂需要吸收能量，生成的离子和水分子在电荷作用下转化为水合离子，这个过程吸收能量。与化学反应过程相似，整个电离过程也伴随着能量的变化，不同的电解质在水中表现出不同的电离特性，这是造成强弱电解质电离能力差异的原因。

弱电解质在电离过程中，逐渐生成了水合阴、阳离子。同样，水合阴、阳离子之间的电荷作用导致其逆过程也同时存在。结合化学反应速率的相关知识，当电离的速率和逆过程速率相等时，体系达到了电离平衡状态。

当弱电解质电离过程达到平衡态时，其电离的速率和弱电解质的浓度有关，逆过程和阴、阳离子的浓度有关，根据电离反应方程式，正、逆反应速率相等，则必然表现为离子浓度积和未电离分子的浓度比是常数的特征，这就是电离平衡常数的理论基础。

结合化学反应平衡常数的相关知识，可以理解根据电离平衡计算相关物质（或离子）的浓度的方法。

因此，在知识层面，本节主要讲述"弱电解质和电离平衡的概念"与"电离平衡常数及其应用"两方面内容；在方法论层面，本节内容旨在让学生掌握从微观的角度分析影响化学电离平衡的方法；在价值论层面，学生可进一步理解研究平衡的因素最终是为了改变电离平衡以服务人类社会生活的价值。教材中"电离平衡"一节知识的逻辑体系见图3-14。

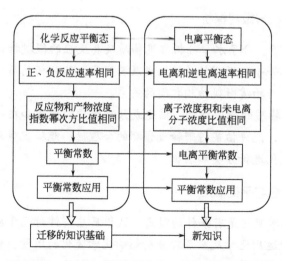

图3-14 教材中"电离平衡"一节知识的逻辑体系

教学思考

"电离平衡"的相关知识完全可以通过对化学平衡相关知识的复习和迁移展开教学。

本节知识的生成一定是学生完成了以下问题链的思考后得到的：

① 从微观视角看，电解质的电离过程经历了什么？

② 如何从微观的视角理解弱电解质的电离过程？

③ 弱电解质的电离达到平衡态时，结合化学反应平衡常数的概念，如何理解电解质的电离平衡常数？

④ 基于化学反应平衡常数应用相关知识，思考电离平衡常数可以应用于哪些方面？

由于电离平衡的相关概念和化学反应平衡的概念相似，因此本节课的教学可以尽可能地迁移化学反应平衡的相关知识的教学方法，促进学生系统地掌握相关知识以提升学生的微粒观等化学观念，进而促进学科核心素养的发展。

二、水的电离和溶液的pH值

课标要求

根据课标中"学业质量标准"部分的化学学科核心素养水平划分的相关规定，通过该部分的学习，学生应该获得的化学学科核心素养主要表现在：

素养1 宏观辨识与微观探析

水平3：能从原子、分子水平分析常见物质及其反应的微观特征，能运用化学符号和定量计算等手段说明物质的组成及其变化，能分析物质化学变化和伴随发生的能量转化与物质微观结构之间的关系。

水平4：能依据物质的微观结构，描述或预测物质的性质和在一定条件下可能发生的化学变化，能评估某种解释或预测的合理性；能从宏观与微观结合的视角对物质及其变化进行分类和表征。

素养2 变化观念与平衡思想

水平3：形成化学变化是有条件的观念，认识反应条件对化学反应速率和化学平衡的影响，能运用化学反应原理分析影响化学变化的因素，初步学会运用变量控制的方法研究化学反应。

水平4：能从不同视角认识化学变化的多样性，能运用对立统一思想和定性定量结合的方式揭示化学变化的本质特征；能对具体物质的性质和化学变化做出解释或预测，能运用化学变化的规律分析说明生产、生活实际中的化学变化。

素养3　证据推理与模型认知

水平3：能从定性与定量结合上收集证据，能通过定性分析和定量计算推出合理的结论；能认识物质及其变化的理论模型和研究对象之间的异同，能对模型和原型的关系进行评价以改进模型使用的条件和适用范围。

水平4：能依据各类物质及其反应的不同特征寻找充分的证据，能解释证据与结论之间的关系；能对复杂的化学问题情境中的关键要素进行分析以建构相应的模型，能选择不同模型综合解释或解决复杂的化学问题；能指出所建模型的局限性，探寻模型优化需要的证据。

素养5　科学态度与社会责任

水平3：具有理论联系实际的观念，有将化学成果应用于生产、生活的意识，能依据实际条件并运用所学的化学知识和方法解决生产、生活中简单的化学问题；在实践中逐步形成节约成本、循环利用、保护环境等观念。

水平4：尊重科学伦理道德，能依据"绿色化学"思想和科学伦理对某一个化学过程进行分析，权衡利弊，做出合理的决策；能针对某些化学工艺设计存在的各种问题，提出处理或解决问题的具体方案。

知识体系梳理

　　从教材内容体系中看，"水的电离和溶液的pH值"部分包含"水的电离""溶液的酸碱性和pH值"和"酸碱中和滴定"三部分内容，如图3-15。

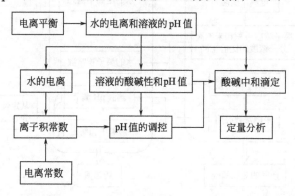

图3-15　教材中"水的电离和溶液的pH值"一节内容体系

在掌握了电离平衡的相关知识之后，水作为一种弱电解质，其电离过程完全可以用弱电解质电离的相关知识进行思考和研究。和化学反应速率相似，温度会影响电离平衡常数的值。在同一温度下，水分子电离出氢离子和氢氧根离子的电离平衡常数又称为水的离子积常数。

在水溶液中，因为氢离子和氢氧根离子在固定温度下的离子浓度积是常数，因此，可以根据其中一个离子的浓度计算得到另一个离子的浓度，也可以通过调节其中一个离子的浓度达到改变另一个离子浓度的目的，这就是用氢离子浓度表示溶液酸碱性的理论依据和应用基础。

在常见酸碱溶液中，氢离子的浓度都比较小，表示起来比较麻烦，将其浓度数值取负对数后往往会得到一个 0 ～ 14 之间的数字，这就是 pH 值，用于表示氢离子浓度。

准确标注溶液的 pH 值是为了调控体系的酸碱性为人类生产和生活服务。例如植物生长对土壤的 pH 值有很严格的要求，酸性过强，改良土壤性能的方法就是加入碱性物质进行中和以提高其 pH 值。

用准确 pH 值的酸（碱）通过中和法测量未知碱（酸）的量，这就是定量酸碱中和滴定法。

在知识层面上，本节内容主要包括"水的离子积常数""溶液的酸碱性和 pH 值"以及"酸碱中和滴定"三方面；在方法论层面，本节内容可使学生掌握通过迁移电离平衡的相关知识学习水电离知识的方法；在价值论层面，学生可进一步理解研究水的电离最终是为了改变体系的 pH 值以服务人类社会生产和生活的价值。教材中"水的电离和溶液的 pH 值"一节知识的逻辑体系如图 3-16。

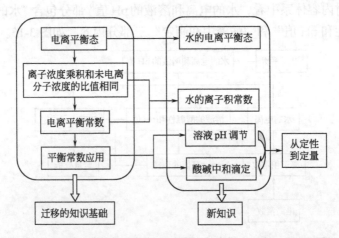

图 3-16　教材中"水的电离和溶液的 pH 值"一节知识的逻辑体系

 **教学思考**

　　水是一种典型的弱电解质，关于水电离平衡的探究都是之前学习的电离平衡相关知识的应用。

　　"水的电离和溶液的 pH 值"相关知识的生成一定是学生完成了以下问题链的思考后得到的：

　　① 根据弱电解质的电离平衡常数公式推导出水的电离常数如何表示？

　　② 如何在微观视角理解水的离子积常数？

　　③ 根据弱电解质电离平衡常数的影响因素，归纳整理水的离子积常数和哪些因素有关。

　　④ 哪些生产和生活中实例需要调控体系的 pH 值？ pH 值调控的方式是什么？

　　⑤ 如何保证酸碱中和滴定过程的准确性？

　　在水溶液中，水本身的浓度可以近似看成 1，因此，根据弱电解质的电离平衡常数很容易得到水的离子积常数的计算公式。

　　水的电离生成了氢离子和氢氧根离子，因此，可以将水的电离平衡看成化学反应平衡的特例，温度对水的离子积常数的影响就是温度对电离平衡影响的特例。水电离过程需要吸收能量，高温有利于水的电离。由此可见，温度变化对水电离平衡的影响完全符合勒夏特列原理。虽然教材中简单呈现了水的离子积常数随着温度升高而升高的数据，但该组数据的变化趋势应该能通过简单的分析引导学生思考而得到。

　　从溶液中氢离子浓度到 pH 值概念的建立完全是为了方便人类生产、生活。在熟悉了 pH 值概念之后，通过生活中的具体案例，从定性调节体系的 pH 值到定量酸碱中和滴定，是让学生逐步理解严格调节体系酸碱性对人类有巨大作用的过程。该过程聚焦培养学生的化学价值目标从而促进学生化学学科核心素养的发展。

三、盐类的水解

 **课标要求**

　　根据课标中"学业质量标准"部分的化学学科核心素养水平划分的相关规定，通过该部分的学习，学生应该获得的化学学科核心素养主要表现在：

素养1　宏观辨识与微观探析

水平3：能从原子、分子水平分析常见物质及其反应的微观特征，能运用化学符号和定量计算等手段说明物质的组成及其变化，能分析物质化学变化和伴随发生的能量转化与物质微观结构之间的关系。

水平4：能依据物质的微观结构，描述或预测物质的性质和在一定条件下可能发生的化学变化，能评估某种解释或预测的合理性；能从宏观与微观结合的视角对物质及其变化进行分类和表征。

素养2　变化观念与平衡思想

水平3：形成化学变化是有条件的观念，认识反应条件对化学反应速率和化学平衡的影响，能运用化学反应原理分析影响化学变化的因素，初步学会运用变量控制的方法研究化学反应。

水平4：能从不同视角认识化学变化的多样性，能运用对立统一思想和定性定量结合的方式揭示化学变化的本质特征；能对具体物质的性质和化学变化做出解释或预测，能运用化学变化的规律分析说明生产、生活实际中的化学变化。

素养3　证据推理与模型认知

水平3：能从定性与定量结合上收集证据，能通过定性分析和定量计算推出合理的结论；能认识物质及其变化的理论模型和研究对象之间的异同，能对模型和原型的关系进行评价以改进模型使用的条件和适用范围。

水平4：能依据各类物质及其反应的不同特征寻找充分的证据，能解释证据与结论之间的关系；能对复杂的化学问题情境中的关键要素进行分析以建构相应的模型，能选择不同模型综合解释或解决复杂的化学问题；能指出所建模型的局限性，探寻模型优化需要的证据。

素养5　科学态度与社会责任

水平3：具有理论联系实际的观念，有将化学成果应用于生产、生活的意识，能依据实际条件并运用所学的化学知识和方法解决生产、生活中简单的化学问题；在实践中逐步形成节约成本、循环利用、保护环境等观念。

水平4：尊重科学伦理道德，能依据"绿色化学"思想和科学伦理对某一个化学过程进行分析，权衡利弊，做出合理的决策；能针对某些化学工艺设计存在的各种问题，提出处理或解决问题的具体方案。

知识体系梳理

从教材内容体系中看，"盐类的水解"部分包含"盐类的水解""影响盐类水解的主要因素"和"盐类水解的应用"三部分内容，如图 3-17。

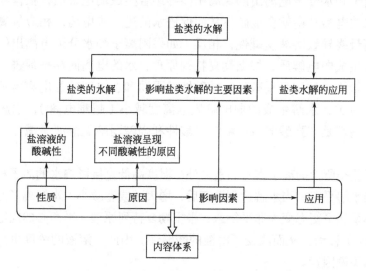

图 3-17　教材中"盐类的水解"一节内容体系

在研究了弱电解质尤其是水的电离之后，继续研究电解质在水中电离对水电离平衡的影响就十分必要了。

电解质在水中电离为相应的阴、阳离子后，带电粒子和极性水分子之间通过电荷作用形成水合离子就不可避免。以铜离子和水分子的作用为例，由于水分子中氧元素的电负性强于氢元素，共用电子的偏向导致氧原子带部分负电荷，该负电荷和铜离子间产生一种电荷相互作用（也可以简单理解为氧原子的最外层孤对电子填充到铜离子空轨道上的过程），这种作用可以进一步看成铜离子吸引氧周围的电子，导致氧氢键断裂（促进水分子的电离过程）。铜离子在水溶液中和单个水分子的强相互作用示意见图 3-18。

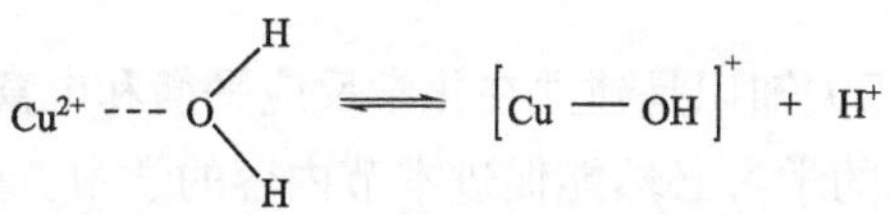

$$Cu^{2+} ---- O\begin{array}{c} H \\ \\ H \end{array} \rightleftharpoons \left[Cu - OH \right]^+ + H^+$$

图 3-18　铜离子在水溶液中和单个水分子的强相互作用

简化该过程，因为铜离子和单个水分子的电荷相互作用，促进了水分子的电离，而电离产生的氢氧根与铜离子结合，进而促进水分子进一步电离，最终导致溶液中氢离子浓度升高，整个溶液因此而显酸性。

一般情况下，盐类物质都属于强电解质，在水中电离为阴离子和阳离子，如果阴离子和水分子电离出的氢离子能够结合生成弱电解质，根据勒夏特列原理，水的电离平衡就会被破坏从而促进水的进一步电离，相应氢氧根离子浓度升高最终导致溶液呈碱性；相反，如果阳离子和水分子电离出的氢氧根离子结合生成弱电解质，根据勒夏特列原理，水的电离同样被促进，氢离子浓度升高最终导致体系呈酸性。酸碱性的强弱和弱电解质的电离常数（电离难易度）有关，水解生成的弱电解质电离度越小（越难电离），水解的趋势就越大。这就是"强酸弱碱盐溶液呈酸性和强碱弱酸盐溶液呈碱性"的理论基础。

除了盐类所含的离子本身因素之外，温度高低直接影响水的离子积从而影响盐类的水解平衡。当水解达到平衡后，增大（或者减小）水解离子的浓度可直接将体系从平衡态变为非平衡态，根据勒夏特列原理，平衡必然向继续水解（或逆方向）移动，从而改变了溶液的酸碱性。因此，溶液的浓度也是决定水解程度的关键因素。

研究盐类水解的最终目的是服务于人类社会生产和生活。该知识之所以能在人类生产生活中广泛应用，主要取决于以下几点：①盐类水解可以改变体系的酸碱度；②可以通过温度或浓度等条件的改变促进（或抑制）水解；③水解后生成的新物质（例如胶体）可以为人类所用。

在知识层面，本节内容主要包括"盐类水解导致溶液 pH 值的改变""盐类水解的原因和影响因素"以及"盐类水解的应用"三个方面；在方法论层面，本节内容可使学生掌握从微观电荷作用的视角研究水解本质的方法；在价值论层面，学生可进一步理解研究盐类的水解规律最终是为了控制盐类水解以服务人类社会生产生活的价值。教材中"盐类的水解"一节知识的逻辑体系见图 3-19。

教学思考

"盐类的水解"相关知识是建立在化学反应平衡和电离平衡的基础之上的，之前对平衡相关知识的学习必然能促进本节内容的学习。受学段的限制，盐类水解的平衡常数不在高中阶段涉及。本节课通过引导学生基于微观离子的变化展开思考，从而促进学生对相关知识的掌握。

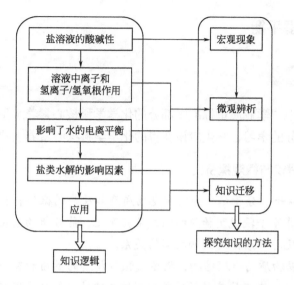

图 3-19　教材中"盐类的水解"一节知识的逻辑体系

"盐类的水解"相关知识的生成一定是学生完成了以下问题链的思考后得到的：

① 同样都是盐的水溶液，为什么碳酸钠溶液呈碱性而氯化铵溶液显酸性？

② 从微粒视角，氯化铵微粒在水中如何促进水分子的电离？

③ 从微观视角，如何理解温度对盐类水解的影响？

④ 从微观视角，如何理解反应物和产物对盐类水解的影响？

⑤ 盐类水解在社会生活中有哪些应用？

只要从微观视角理解了盐类水解的本质，讨论盐类水解的影响因素就相对容易了。氯化铵溶液的酸性自然说明了溶液中氢离子浓度比氢氧根离子浓度高，能够消耗氢氧根离子进而促进水电离的微粒只有铵离子，铵离子遇到氢氧根离子后结合生成水合氨分子这一弱电解质，这个弱电解质电离过程的逆过程同样能够达到水解——电离平衡的平衡态。这个逻辑体系可以通过引导学生对问题链进行思考和回答而建构。

对于盐类水解的影响因素，本质上都是勒夏特列原理的应用。本节课中，对勒夏特列原理适当的复习回顾有助于学生深层次理解本节课的内容。例如探究反应物浓度对水解的影响，利用氯化铁溶液的 pH 值可以直接探究浓度改变对水解的影响。当氯化铁浓度升高时，根据水解反应方程式，结合勒夏特列原理，铁离子浓度增加必然导致平衡朝着正方向移动，因此，水解后氢离子浓度增加，通过测量溶液 pH 值，能够验证之前的推测。

四、沉淀溶解平衡

 **课标要求**

根据课标中"学业质量标准"部分的化学学科核心素养水平划分的相关规定，通过该部分的学习，学生应该获得的化学学科核心素养主要表现在：

素养1 宏观辨识与微观探析

水平3：能从原子、分子水平分析常见物质及其反应的微观特征，能运用化学符号和定量计算等手段说明物质的组成及其变化，能分析物质化学变化和伴随发生的能量转化与物质微观结构之间的关系。

水平4：能依据物质的微观结构，描述或预测物质的性质和在一定条件下可能发生的化学变化，能评估某种解释或预测的合理性；能从宏观与微观结合的视角对物质及其变化进行分类和表征。

素养2 变化观念与平衡思想

水平3：形成化学变化是有条件的观念，认识反应条件对化学反应速率和化学平衡的影响，能运用化学反应原理分析影响化学变化的因素，初步学会运用变量控制的方法研究化学反应。

水平4：能从不同视角认识化学变化的多样性，能运用对立统一思想和定性定量结合的方式揭示化学变化的本质特征；能对具体物质的性质和化学变化做出解释或预测，能运用化学变化的规律分析说明生产、生活实际中的化学变化。

素养3 证据推理与模型认知

水平3：能从定性与定量结合上收集证据，能通过定性分析和定量计算推出合理的结论；能认识物质及其变化的理论模型和研究对象之间的异同，能对模型和原型的关系进行评价以改进模型使用的条件和适用范围。

水平4：能依据各类物质及其反应的不同特征寻找充分的证据，能解释证据与结论之间的关系；能对复杂的化学问题情境中的关键要素进行分析以建构相应的模型，能选择不同模型综合解释或解决复杂的化学问题；能指出所建模型的局限性，探寻模型优化需要的证据。

素养4 科学探究与创新意识

水平3：具有较强的问题意识，能在与同学讨论基础上提出探究的问题和假设，依据假设提出实验方案，独立完成实验，收集实验证据，基于现象和数据进行分析并得出结论，交流自己的探究成果。

水平4：能根据文献和实际需要提出综合性的探究课题，根据假设提出多种探究方案，评价和优化方案，能用数据、图表、符号等处理实验信息。

素养5 科学态度与社会责任

水平3：具有理论联系实际的观念，有将化学成果应用于生产、生活的意识，能依据实际条件并运用所学的化学知识和方法解决生产、生活中简单的化学问题；在实践中逐步形成节约成本、循环利用、保护环境等观念。

水平4：尊重科学伦理道德，能依据"绿色化学"思想和科学伦理对某一个化学过程进行分析，权衡利弊，做出合理的决策；能针对某些化学工艺设计存在的各种问题，提出处理或解决问题的具体方案。

知识体系梳理

从教材内容体系中看，"沉淀溶解平衡"部分内容包含"难溶电解质的沉淀溶解平衡"和"沉淀溶解平衡的应用"两个部分，如图3-20。

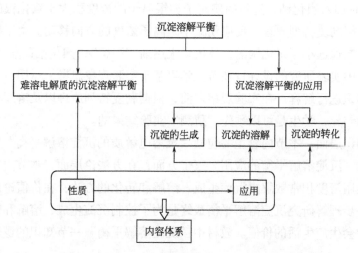

图3-20 教材中"沉淀溶解平衡"一节内容体系

溶解在水中的弱电解质分子如果转换成固态电解质溶解时，电离平衡就转化成了沉淀溶解平衡。相应地，电离平衡常数也就转化为溶度积常数了，二者影响因素都是物质本身的特性和温度。

绝大部分的难溶电解质都是盐类和少量的金属氢氧化物。在溶解电离过程中，随着旧化学键的断裂，生成的阴、阳离子分别和水化合生成水合离子。前者是吸热过程，后者是放热过程，因此，从微观角度很容易理解温度和溶度积常数有关。

物质难溶、可溶和易溶的区别是人为划定的，因此，从理论上来说，温度不变时，任何电解质在溶解过程中，只要达到平衡时固体尚未完全溶解（溶液达到饱和态），其溶度积都是一个常数。只是在人类生产和生活中，人们经常会遇到难溶电解质生成、溶解和转化的问题，因此，溶度积常数经常只和难溶电解质相关联。需要说明的是，易溶电解质在固定温度下具有固定的溶解度，因而也应该具有固定的溶度积常数，只要体系中还有未能溶解的固体物质，固体的溶解和结晶平衡就存在，此时难溶电解质的溶解平衡知识同样适用。

对于难溶电解质的沉淀生成、溶解和转化问题，其解决方式在本质上都是勒夏特列原理的应用范畴。例如，用加入硫离子的方式使溶液中铜离子沉淀完全，硫离子增加改变了原有的平衡，反应自然朝减小硫离子浓度的方向也就是硫化铜生成的方向进行；当铜离子被完全除去（小于 1×10^{-5} mol/L）时，根据硫化铜的溶度积常数，可以计算出此时溶液中硫离子的浓度。

对于氯化银沉淀转化为碘化银沉淀的问题，氯化银在溶液中达到"饱和态"，此时加入碘化钠，过量的碘离子和银离子的浓度积大于碘化银的溶度积常数，根据勒夏特列原理，反应朝减小碘离子浓度的方向移动。由于碘化银的溶度积常数远远小于氯化银的，故氯化银逐渐"溶解"，碘化银逐渐"生成"。

教材中实验研究的设计旨在希望学生基于实验现象思考、运用所学溶度积常数的知识进行解释。在实验观察之前，根据勒夏特列原理以及溶度积常数与浓度积的差异，学生是可以预先"猜测"实验结果的。

在知识层面，本节内容主要包括"难溶电解质的沉淀溶解平衡""K_{sp} 的概念"以及"沉淀溶解平衡的应用"三个方面；在方法论层面，本节内容可使学生掌握运用溶度积常数解决沉淀生成、溶解和转化的方法；在价值论层面，学生可进一步理解研究沉淀溶解平衡最终是为了控制沉淀生成、溶解和转化以服务人类社会生产生活的价值。教材中"沉淀溶解平衡"一节知识的逻辑体系如图 3-21。

教学思考

沉淀溶解平衡是化学反应平衡和电离平衡知识在难溶电解质溶解过程中的具体应用，之前对平衡相关知识的学习必然为本节内容的学习奠定基础。

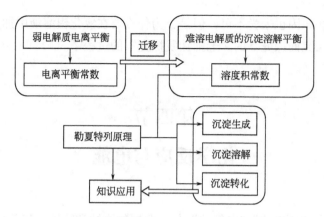

图 3-21　教材中"沉淀溶解平衡"一节知识的逻辑体系

"沉淀溶解平衡"相关知识的生成一定是学生完成了以下问题链的思考后得到的：

① 如果将沉淀溶解的过程看成可逆的化学变化，思考其反应平衡常数的公式并分析其影响因素。

② 如何根据溶度积常数计算某浓度的金属离子在开始生成沉淀时对应的阴离子浓度？

③ 结合溶度积常数和勒夏特列原理，归纳总结促进碳酸钙固体溶解的方法。

④ 根据氯化银和碘化银的溶度积常数，判断固体氯化银悬浊液中加入碘化钾溶液后的化学反应过程和现象。思考如何设计实验证实以上的理论推测。

在学习了相关的各类化学平衡之后，学生理解溶度积常数的概念并不困难，本节内容的重点是利用溶度积常数结合勒夏特列原理，帮助学生掌握难溶电解质沉淀生成、溶解和转化的相关知识。

通过生成难溶电解质沉淀，可以有效去除溶液中的某些离子。通过溶度积常数可以计算沉淀生成时阴、阳离子的浓度以及当一种离子沉淀完全时（小于 1×10^{-5} mol/L ）对应的另一种离子的浓度。这是一个基本的数学模型，学生通过简单的分析和练习便能掌握。

难溶电解质沉淀的溶解问题，严格来说是勒夏特列原理的应用问题，促进固体的溶解必须要通过减小生成的离子浓度才能实现。通过回顾勒夏特列原理便可以帮助学生找寻到合适的解决方法。

沉淀转化问题是勒夏特列原理和溶度积常数的综合利用问题，通过简单的分析，学生肯定能合理预测氯化银悬浊液遇到碘化钾溶液后的变化，后续的实验是对之前预测的验证。如果首先呈现实验，根据现象让学生通过理论分析、探究其产生的原因也未尝不可，但是，为什么要在氯化银溶液中加入碘化钾就成了"为了探究而探究"的"老师让我探究"的过程了。

第四节
化学反应与电能

本节包含"原电池""电解池"与"金属的腐蚀和防护"三部分内容。

一、原电池

 课标要求

根据课标中"学业质量标准"部分的化学学科核心素养水平划分的相关规定，通过该部分的学习，学生应该获得的化学学科核心素养主要表现在：

素养1　宏观辨识与微观探析

水平3：能从原子、分子水平分析常见物质及其反应的微观特征，能运用化学符号和定量计算等手段说明物质的组成及其变化，能分析物质化学变化和伴随发生的能量转化与物质微观结构之间的关系。

水平4：能依据物质的微观结构，描述或预测物质的性质和在一定条件下可能发生的化学变化，能评估某种解释或预测的合理性；能从宏观与微观结合的视角对物质及其变化进行分类和表征。

素养2　变化观念与平衡思想

水平3：形成化学变化是有条件的观念，认识反应条件对化学反应速率和化学平衡的影响，能运用化学反应原理分析影响化学变化的因素，初步学会运用变量控制的方法研究化学反应。

水平4：能从不同视角认识化学变化的多样性，能运用对立统一思想和定性定量结合的方式揭示化学变化的本质特征；能对具体物质的性质和化学变化做出解释或预测，能运用化学变化的规律分析说明生产、生活实际中的化学变化。

素养 3 证据推理与模型认知

水平 3：能从定性与定量结合上收集证据，能通过定性分析和定量计算推出合理的结论；能认识物质及其变化的理论模型和研究对象之间的异同，能对模型和原型的关系进行评价以改进模型使用的条件和适用范围。

水平 4：能依据各类物质及其反应的不同特征寻找充分的证据，能解释证据与结论之间的关系；能对复杂的化学问题情境中的关键要素进行分析以建构相应的模型，能选择不同模型综合解释或解决复杂的化学问题；能指出所建模型的局限性，探寻模型优化需要的证据。

素养 4 科学探究与创新意识

水平 3：具有较强的问题意识，能在与同学讨论基础上提出探究的问题和假设，依据假设提出实验方案，独立完成实验，收集实验证据，基于现象和数据进行分析并得出结论，交流自己的探究成果。

水平 4：能用数据、图表、符号等处理实验信息。

素养 5 科学态度与社会责任

水平 3：具有理论联系实际的观念，有将化学成果应用于生产、生活的意识，能依据实际条件并运用所学的化学知识和方法解决生产、生活中简单的化学问题；在实践中逐步形成节约成本、循环利用、保护环境等观念。

水平 4：尊重科学伦理道德，能依据"绿色化学"思想和科学伦理对某一个化学过程进行分析，权衡利弊，做出合理的决策；能针对某些化学工艺设计存在的各种问题，提出处理或解决问题的具体方案。

知识体系梳理

从教材内容体系中看，"原电池"部分内容包含"原电池的工作原理"和"化学电源"两部分，如图 3-22。

常见的氧化还原反应过程中经常伴随着热量的放出，以锌和稀硫酸的反应为例，反应过程中往往能感觉到烧杯温度升高的现象。从微观视角看，在金属锌表面，氢离子获得电子形成氢原子进而转化为氢气分子逸出体系。失去电子的锌原子转化为锌离子进入溶液中，锌离子离开金属表面向溶液中扩散和氢离子从溶液中向锌表面扩散刚好逆向进行，相同电荷的排斥作用造成两种阳离子"摩擦"而产生热量。当然，该过程还伴随着水合氢离子的破坏和水合锌离子的形成等化学变化过程。

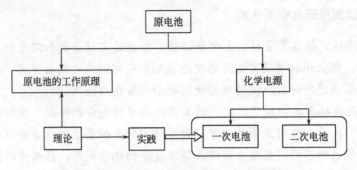

图 3-22　教材中"原电池"一节内容体系

如果将锌和铜两种金属单质接触后放入稀硫酸溶液中，氢离子可以在金属锌表面得到电子，也可以在金属铜表面得到电子。铜元素的惰性导致其失去电子后金属锌可以很快转移电子给铜进而形成锌离子，由于锌离子从金属锌表面扩散到溶液中的过程会阻碍氢离子向金属锌表面扩散，因此，氢离子主要在金属铜表面获得电子。整个过程中，电子从金属锌向铜扩散，进而转移给氢离子生成氢气。溶液中靠近铜片附近由于氢离子减少使得硫酸根离子相对过量，在电荷不平衡所引起的"力"的作用下，硫酸根离子向锌片扩散"中和"新生成的锌离子，这个过程也可以看成电子的定向移动过程。故整个过程，电子定向移动形成闭环。

氧化还原反应的本质就是电子的定向移动，因此理论上所有的氧化还原反应都可以通过一定的装置形成原电池。这就是化学能转化为电能的原理。

教材中呈现了以碱性锌锰电池为代表的一次电池和以铅酸蓄电池为代表的二次电池的工作原理。

对原电池工作原理的理解无非就是从化学反应本身和电子的移动方向两个因素考虑。碱性锌锰电池氧化还原反应的本质是二氧化锰中正四价锰氧化金属锌，金属锌失去电子形成锌离子自然就是原电池的负极，二氧化锰得到电子被还原自然就是电子流入的正极。相应的电极反应方程式就是正极的二氧化锰得到电子的反应以及负极的锌原子失去电子的反应。

除了能够多次充放电之外，二次电池的工作原理和一次电池没有本质上的差异。二氧化铅氧化金属铅生成硫酸铅的反应也可以设计成原电池以提供电能。金属铅失去电子自然就是原电池电子流出的负极，而二氧化铅得到电子自然就是电子流入的正极。

绝大多数的电池都因含有锰、铅等重金属会对环境造成一定的潜在危害。氢燃料电池因其生成水而被称为"绿色"电池。在电池工作过程中，氢气分子在电池的负极室失去电子生成氢离子，氧气分子在正极室得到电子后和水分子一起转化为氢氧根离子，溶液中氢离子和氢氧根结合生成产物水。

综合各类电池反应，结合氧化还原的电子转移方向，抓住整个体系电子的流动方向就能理解原电池的基本原理，教材中各类原电池的呈现就是在具体情境中不断呈现原电池工作原理的过程。教材中同时表述了传统电池的环境污染问题和新型电池的发展趋势。

总之，在知识层面，本节内容主要包括"原电池的工作原理"和"不同种类的原电池"两方面；在方法论层面，本节内容旨在使学生掌握从氧化还原反应的本质理解原电池工作原理的方法；在价值论层面，学生可进一步理解掌握化学能转化为电能的方法以服务人类社会生产生活的价值。教材中"原电池"一节知识的逻辑体系如图 3-23。

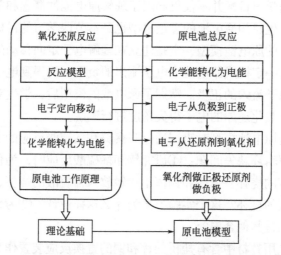

图 3-23　教材中"原电池"一节知识的逻辑体系

教学思考

"原电池"的相关知识是建立在氧化还原反应模型基础上的，因此，本单元的教学一定是基于氧化还原反应的基础从而达成原电池模型的建构。

"原电池"相关知识的生成一定是学生完成了以下问题链的思考后得到的：

① 氧化还原反应的本质是什么？

② 在锌和稀硫酸的氧化还原反应中，电子、锌离子和氢离子的转移路径如何？

③ 从锌和稀硫酸反应放热的宏观现象可以推测出微粒经历了哪些和能量

变化有关的反应过程？

　　④ 如何设计实验装置"避免"锌离子和氢离子相向运动造成的"摩擦"？

　　⑤ 如何设计实验验证预先猜想的锌片和铜片接触后放入稀硫酸中的现象？

　　⑥ 从电子转移视角思考锌铜原电池的正、负极反应分别是什么。

　　⑦ 原电池的理论模型是什么？

　　⑧ 碱性锌锰电池的正、负极反应分别是什么？

　　⑨ 铅酸电池的正、负极反应分别是什么？

　　⑩ 传统电池对环境的潜在危害有哪些？

　　⑪ 如何根据氢气的燃烧反应原理设计氢燃料电池？

　　本节内容的学习目标并不仅仅局限于理解原电池的概念和掌握原电池的电极反应。帮助学生建构原电池的理论模型也是本节课学习的目标之一。基于氧化还原反应原理的原电池模型一定是建立在理解电子定向移动的基础上的，失去电子的反应物一定构成原电池中电子流出的负极，而得到电子的氧化剂一定构成原电池中电子流入的正极。掌握了原电池的模型后，学生对任何陌生的原电池结构都能从氧化还原的电子得失角度进行理解。

　　如果在建构原电池模型时直接通过观察锌和稀硫酸反应的实验进行，则可能会产生两个逻辑环缺失问题：①研究锌和稀硫酸反应时，为什么要分别观察锌和稀硫酸反应的烧杯、锌棒和铜棒不接触放入稀硫酸的烧杯、锌棒和铜棒接触后放入稀硫酸的烧杯？这个实验方案为什么这样设计？②为什么选择的是锌棒和铜棒，而不是其他金属？

　　如果直接选用教材中含有盐桥的锌和铜的置换反应装置作为构建原电池概念的实验模型，含有盐桥的复杂装置对学生的干扰不可忽视。通过电流计的偏转"观察"到了锌棒是电子流出的负极，铜棒是电子流入的正极，虽然这个结果也能够构建铜锌原电池的模型，但是这个实验方案本身就是为了探究而进行的探究实验，这个过程削弱了实验作为验证理论猜想进而强化理论模型的教育功能。

二、电解池

 课标要求

　　根据课标中"学业质量标准"部分的化学学科核心素养水平划分的相关规定，通过该部分的学习，学生应该获得的化学学科核心素养主要表现在：

素养1　宏观辨识与微观探析

水平3：能从原子、分子水平分析常见物质及其反应的微观特征，能运用化学符号和定量计算等手段说明物质的组成及其变化，能分析物质化学变化和伴随发生的能量转化与物质微观结构之间的关系。

水平4：能依据物质的微观结构，描述或预测物质的性质和在一定条件下可能发生的化学变化，能评估某种解释或预测的合理性；能从宏观与微观结合的视角对物质及其变化进行分类和表征。

素养2　变化观念与平衡思想

水平3：形成化学变化是有条件的观念，认识反应条件对化学反应速率和化学平衡的影响，能运用化学反应原理分析影响化学变化的因素，初步学会运用变量控制的方法研究化学反应。

水平4：能从不同视角认识化学变化的多样性，能运用对立统一思想和定性定量结合的方式揭示化学变化的本质特征；能对具体物质的性质和化学变化做出解释或预测，能运用化学变化的规律分析说明生产、生活实际中的化学变化。

素养3　证据推理与模型认知

水平3：能从定性与定量结合上收集证据，能通过定性分析和定量计算推出合理的结论；能认识物质及其变化的理论模型和研究对象之间的异同，能对模型和原型的关系进行评价以改进模型使用的条件和适用范围。

水平4：能依据各类物质及其反应的不同特征寻找充分的证据，能解释证据与结论之间的关系；能对复杂的化学问题情境中的关键要素进行分析以建构相应的模型，能选择不同模型综合解释或解决复杂的化学问题；能指出所建模型的局限性，探寻模型优化需要的证据。

素养4　科学探究与创新意识

水平3：具有较强的问题意识，能在与同学讨论基础上提出探究的问题和假设，依据假设提出实验方案，独立完成实验，收集实验证据，基于现象和数据进行分析并得出结论，交流自己的探究成果。

水平4：能用数据、图表、符号等处理实验信息。

素养5　科学态度与社会责任

水平3：具有理论联系实际的观念，有将化学成果应用于生产、生活的意识，能依据实际条件并运用所学的化学知识和方法解决生产、生活中简单的化学问题；在实践中逐步形成节约成本、循环利用、保护环境等观念。

水平4：尊重科学伦理道德，能依据"绿色化学"思想和科学伦理对某一个化学过程进行分析，权衡利弊，做出合理的决策；能针对某些化学工艺设计存在的各种问题，提出处理或解决问题的具体方案。

知识体系梳理

从教材内容体系中看，"电解池"部分内容包含"电解原理"和"电解原理的应用"两部分，如图3-24。

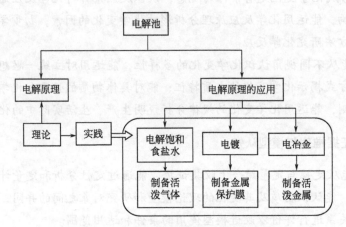

图3-24　教材中"电解池"一节内容体系

在学习电解质的概念时涉及了溶解于水中的电解质可以导电的实验。连接于回路中的电解质溶液可以导电，这说明电解质溶液能够参与电子的传递。在和电源负极相连的电极上，溶液中必须有接受负极电子的过程才能体现出导电的性能，一般情况下，带正电荷的氢离子和溶质阳离子都可能在负极接受电子而被还原。在和电源正极相连的电极上，一定有给电子的还原过程发生，能够给出电子的有氢氧根离子（生成氧气）和溶质阴离子。当然，如果化学性质较活泼的金属做正电极时，金属原子也可以失去电子被氧化为阳离子。总之，电解池装置中，负极的竞争反应是氢离子和溶质阳离子的还原反应，正极的竞争反应是氢氧根离子、溶质阴离子和电极本身的氧化反应。这个过程说明电解池是将电能转化为化学能的装置，其转化的过程同样是通过电子的定向移动实现的。这就是电解池的理论模型，如图3-25。

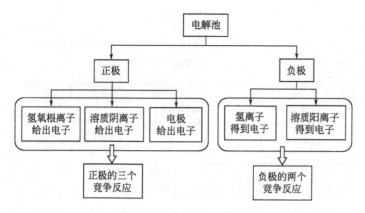

图 3-25　电解池的理论模型

在电解原理的应用部分，主要结合具体案例讨论电解池的正、负极竞争反应。

在用惰性电极电解饱和氯化钠溶液的电解池中，正极涉及氢氧根离子和氯离子给出电子能力强弱的竞争，氯离子比氢氧根离子更容易放电可以理解为氯离子还原性比氢氧根离子强。这个结论可以根据元素周期律推导得到，氧气的氧化性比氯气强决定了其还原产物氢氧根离子的还原性较弱。负极涉及氢离子和钠离子得到电子能力的竞争。根据元素周期律，钠原子的还原性比氢强，相应地钠离子的氧化性比氢离子弱，因此负极产生的是氢气。在溶液中，因为氢离子和氯离子逐渐消耗，最终生成了氢氧化钠。

在特殊的电解池中，当溶质阳离子比氢离子更容易得到电子时，此时得到电子的零价金属单质（在金属活泼性顺序中排在氢后面的惰性金属）就会附着在负极电极上，这就是电镀的基本原理。

在金属活泼性顺序中排在氢前面的金属，因其阳离子在水溶液中得电子能力比氢离子弱（金属单质的失电子能力比氢强），在水溶液中，电解法永远无法得到该金属单质。电解质除了在水溶液中能够导电之外，熔融状态下也可以导电。活泼金属阳离子在惰性电极的做负极时能够获得电子生成金属单质。这就是电冶金的基本原理。

总之，在知识层面，本节内容主要包括“电解池的原理”和“电解池的应用”两方面；在方法论层面，本节内容旨在使学生掌握从氧化还原反应的本质理解电解池工作原理的方法；在价值论层面，学生可进一步理解掌握电能转化为化学能以服务人类社会生产生活的价值。教材中“电解池”一节知识的逻辑体系如图 3-26。

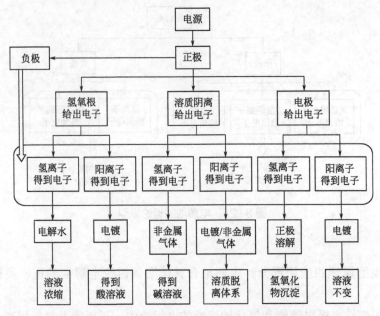

图 3-26 教材中 "电解池" 一节知识的逻辑体系

 教学思考

和 "原电池" 的相关知识相似，"电解池" 的知识也是建立在氧化还原反应模型基础上的，因此，本节内容的教学一定是基于氧化还原反应的基础进而达成电解池模型的建构目标。

"电解池" 相关知识的生成一定是学生完成了以下问题链的思考后得到的：

① 电解质溶液导电的过程是否发生了化学反应？

② 和电源正极相连的电极上可能发生什么反应？其竞争关系如何？

③ 和电源负极相连的电极上可能发生什么反应？其竞争关系如何？

④ 如何简单描述电解池的基本模型？

⑤ 如何理解电解饱和食盐水的过程？

⑥ 如何利用电解池原理进行电镀？

⑦ 在水中不放电的活泼金属离子如何获得其金属单质？

无论是原电池还是电解池，其工作原理的本质都是电子的定向移动。在电解过程中，由于溶液中存在多种阴、阳离子（氢离子和溶质阳离子、氢氧根离子和溶质阴离子），因此，比原电池更复杂的是，电解池需要分别比较正极和负极的反应竞争关系。在合理运用元素周期律相关知识进行判断之后，就能得出正、负极优先放电的微粒，从而得到电解池的反应结果。

任何化学知识的生成如果是在一定知识基础上，经过合理的推导得到一定的"猜想"，进而通过设计实验验证之前猜想的过程，该知识就容易转化成网格化的知识从而被学习者内化。这样生成的知识也有利于知识的迁移应用。

三、金属的腐蚀和防护

 课标要求

根据课标中"学业质量标准"部分的化学学科核心素养水平划分的相关规定，通过该部分的学习，学生应该获得的化学学科核心素养主要表现在：

素养1　宏观辨识与微观探析

水平3：能从原子、分子水平分析常见物质及其反应的微观特征，能运用化学符号和定量计算等手段说明物质的组成及其变化，能分析物质化学变化和伴随发生的能量转化与物质微观结构之间的关系。

水平4：能依据物质的微观结构，描述或预测物质的性质和在一定条件下可能发生的化学变化，能评估某种解释或预测的合理性；能从宏观与微观结合的视角对物质及其变化进行分类和表征。

素养2　变化观念与平衡思想

水平3：形成化学变化是有条件的观念，认识反应条件对化学反应速率和化学平衡的影响，能运用化学反应原理分析影响化学变化的因素，初步学会运用变量控制的方法研究化学反应。

水平4：能从不同视角认识化学变化的多样性，能运用对立统一思想和定性定量结合的方式揭示化学变化的本质特征；能对具体物质的性质和化学变化做出解释或预测，能运用化学变化的规律分析说明生产、生活实际中的化学变化。

素养3　证据推理与模型认知

水平3：能从定性与定量结合上收集证据，能通过定性分析和定量计算推出合理的结论；能认识物质及其变化的理论模型和研究对象之间的异同，能对模型和原型的关系进行评价以改进模型使用的条件和适用范围。

水平4：能依据各类物质及其反应的不同特征寻找充分的证据，能解释证据与结论之间的关系；能对复杂的化学问题情境中的关键要素进行分析以建构相应

的模型，能选择不同模型综合解释或解决复杂的化学问题；能指出所建模型的局限性，探寻模型优化需要的证据。

素养4　科学探究与创新意识

水平3：具有较强的问题意识，能在与同学讨论基础上提出探究的问题和假设，依据假设提出是实验方案，独立完成实验，收集实验证据，基于现象和数据进行分析并得出结论，交流自己的探究成果。

水平4：能用数据、图表、符号等处理实验信息。

素养5　科学态度与社会责任

水平3：具有理论联系实际的观念，有将化学成果应用于生产、生活的意识，能依据实际条件并运用所学的化学知识和方法解决生产、生活中简单的化学问题；在实践中逐步形成节约成本、循环利用、保护环境等观念。

水平4：尊重科学伦理道德，能依据"绿色化学"思想和科学伦理对某一个化学过程进行分析，权衡利弊，做出合理的决策；能针对某些化学工艺设计存在的各种问题，提出处理或解决问题的具体方案。

🗐 知识体系梳理

从教材内容体系中看，"金属的腐蚀和防护"部分内容包含"金属的腐蚀"和"金属的防护"两部分，如图3-27。

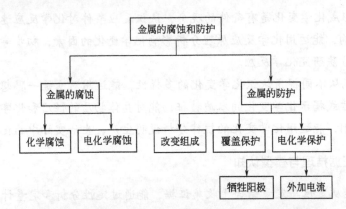

图3-27　教材中"金属的腐蚀和防护"一节内容体系

在生活中经常遇到金属腐蚀的情境，为了减少环境污染和最大限度地合理利用金属，必须要研究金属腐蚀的原理进而得到保护金属免受腐蚀的方法，这就是本节内容的整体逻辑体系。

对于金属的腐蚀，其相关知识是金属氧化的反应在生活中的呈现，金属接触一些诸如酸雨、氧气等氧化性物质时能够被氧化，这就是金属的化学腐蚀过程。根据原电池的相关知识，当金属遇到电解质溶液时也容易形成原电池造成氧化腐蚀，这就是金属的电化学腐蚀过程。铁的析氢和吸氧腐蚀就属于典型的电化学腐蚀。

在梳理清楚引起金属腐蚀的化学原理之后，对金属进行针对性的保护就比较容易了。为了防止金属和氧化性物质接触所引发的化学腐蚀，可以将金属做成耐腐蚀的合金或者将金属表面处理后隔绝氧化物；为了减少金属的电化学腐蚀，可以在金属上捆绑相对活泼的其他金属，两种金属接触后形成原电池，使新加入的金属被腐蚀从而保护原金属。也可以根据电解池的原理，使和电源负极相连的金属不发生失去电子的氧化反应从而防止金属被腐蚀。

总之，在知识层面，本节内容主要包括"金属的腐蚀"和"金属的防护"两方面；在方法论层面，本节内容旨在使学生掌握从金属的化学腐蚀以及电化学腐蚀原理角度探求金属保护的方法；在价值论层面，学生可进一步理解研究金属腐蚀原理为保护金属免受腐蚀的价值。教材中"金属的腐蚀和防护"一节知识的逻辑体系如图 3-28。

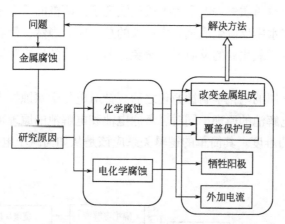

图 3-28　教材中"金属的腐蚀和防护"一节知识的逻辑体系

教学思考

金属的腐蚀和防护是生产和生活中常见的化学问题，为了保护金属不受腐蚀就一定要首先研究金属腐蚀的原因，找到原因后，逐个解决金属的腐蚀问题就相对容易了，因此，本节内容在教学上的基本逻辑顺序也大体如此。

"金属的腐蚀和防护"相关知识的生成一定是学生完成了以下问题链的思考后得到的：

① 生活中经常见到金属材料被腐蚀的现象，哪些因素导致了金属的腐蚀？

② 根据原电池的工作原理，总结金属在哪些情况下会加速腐蚀过程。如何设计实验验证？

③ 以铁的腐蚀为例，思考为什么电化学腐蚀比化学腐蚀的速率快。

④ 针对化学腐蚀，思考如何进行金属材料的防护。

⑤ 针对电化学腐蚀，思考如何进行金属材料的防护。

学习了原电池和电解池部分相关知识之后，理解金属的电化学腐蚀就相对比较容易了。以铁的电化学腐蚀为例，金属铁和酸反应生成亚铁离子和氢气是典型的氧化还原反应，而且铁单质中含有少量的碳，该结构使得金属铁在遇到酸性电解质溶液时能形成原电池，从而造成铁的锈蚀。这部分知识的教学目标在简单复习已经掌握的知识后便可以达成。对于铁的吸氧腐蚀，学生熟悉的氧化还原反应是铁和氧气反应生成氧化铁或四氧化三铁。这个知识可能会对学生掌握铁的吸氧腐蚀造成一定的干扰。此时，若从两个电极反应入手是一个有效的方法。在正极碳的表面，氧气失去电子后只能和水结合生成氢氧根离子；在负极铁的表面，铁单质失去电子后生成亚铁离子。两极的反应相加就可以得到金属铁和氧气在水中反应生成氢氧化亚铁的总反应。当然，氢氧化亚铁继续被氧化和经脱水生成氧化铁的反应不可避免，但是后续的反应和第一步的原电池无关。

在梳理了金属的电化学腐蚀原理之后，针对电化学腐蚀提出相应的解决办法时需要用到电解池的原理，同时思考原电池和电解池的原理可能会对学生的学习造成一定的难度。其简单的逻辑关系应该是从如何减小电化学腐蚀开始，如图3-29。

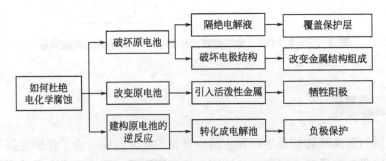

图3-29 "杜绝电化学腐蚀的方法"知识生成的逻辑体系

　　从总体上思考，杜绝电化学腐蚀的方法无非就是破坏原电池、改变原电池和建构原电池的逆反应三种方法。从原电池结构上来讲，破坏原电池只能有破坏电极结构和隔绝电解液两种办法。因此，覆盖保护层和改变金属的结构组成这两种保护金属的方法，很容易被学生理解和掌握。

　　对于改变原电池方面，利用原电池人为创造新的原电池结构以保护金属材料，这就得到了保护金属的牺牲阳极法。

　　原电池和电解池中的反应分别代表电池的充/放电过程，放电的过程造成了金属的腐蚀，那充电的过程自然就是保护金属不被腐蚀的过程，这就自然而然得到了保护金属的外加电流法。

第五节

原子结构与性质

本节包含"原子结构"和"原子结构与元素性质"两部分内容。

一、原子结构

 **课标要求**

　　根据课标中"学业质量标准"部分的化学学科核心素养水平划分的相关规定，通过该部分的学习，学生应该获得的化学学科核心素养主要表现在：

素养1　宏观辨识与微观探析

水平3：能从原子、分子水平分析常见物质及其反应的微观特征，能运用化学符号等手段说明物质的组成及其变化，能分析物质化学变化和伴随发生的能量转化与物质微观结构之间的关系。

水平4：能依据物质的微观结构，描述或预测物质的性质和在一定条件下可能发生的化学变化，能评估某种解释或预测的合理性；能从宏观与微观结合的视角对物质及其变化进行分类和表征。

素养2　变化观念与平衡思想

水平3：能运用化学反应原理分析影响化学变化的因素，初步学会运用变量控制的方法研究化学反应。

水平 4：能对具体物质的性质和化学变化做出解释或预测，能运用化学变化的规律分析说明生产、生活实际中的化学变化。

素养 3　证据推理与模型认知

水平 3：能认识物质及其变化的理论模型和研究对象之间的异同，能对模型和原型的关系进行评价以改进模型使用的条件和适用范围。

水平 4：能依据各类物质及其反应的不同特征寻找充分的证据，能解释证据与结论之间的关系；能对复杂的化学问题情境中的关键要素进行分析以建构相应的模型，能选择不同模型综合解释或解决复杂的化学问题；能指出所建模型的局限性，探寻模型优化需要的证据。

素养 4　科学探究与创新意识

水平 3：具有较强的问题意识，能在与同学讨论基础上提出探究的问题和假设。

水平 4：能根据文献和实际需要提出综合性的探究课题，根据假设提出多种探究方案，评价和优化方案，能用数据、图表、符号等处理实验信息。

素养 5　科学态度与社会责任

水平 3：具有理论联系实际的观念，有将化学成果应用于生产、生活的意识，能依据实际条件并运用所学的化学知识和方法解决生产、生活中简单的化学问题。

知识体系梳理

从教材内容体系中看，"原子结构"部分包含"能层与能级""基态与激发态以及原子光谱""构造原理与电子排布式""电子云与电子轨道"和"泡利原理、洪特规则、能量最低原理"五部分，如图 3-30。

物质的多样性是由组成物质的结构多样性决定的，物质微观结构多样性的形成最终是由组成物质的原子的结构多样性决定的，因此，研究原子结构是研究物质多样性的基础。

化学反应中化学键的断裂、重组本质上就是原子间核外电子相互作用的重新构造过程，因此，在化学学科中，研究原子结构主要研究的是原子核外电子排布。

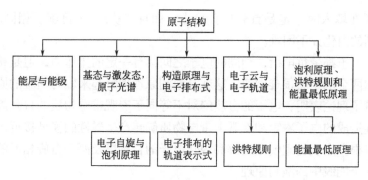

图3-30　教材中本节内容体系

　　电子的微观属性决定了其量子属性。因此，我们无法用宏观的理论解释或者迁移理解微观的电子特征。对学生来说，本节知识无法基于之前所掌握的知识进行构建。本节内容的呈现方式完全是陈述性的概念性知识罗列。

　　人类对任何知识的掌握都必须要经历一个内化的过程，所谓的内化就是个体依据已有的"知识图式"进行消化、理解，使知识转变为个体思维；或者，理解后逐步建立起学科思维意识，在已有的知识图式中增加该学科部分，这个过程就是内化的过程［段景智，宋金启，陈晶璞.试论知识和知识内化，教学研究，2002，25（4），289-292］。内化知识一定要经历自我解释的过程，学习者通过自我解释，使新知识符合原有的知识基础，从而建构自己的新知识体系。这便是建构主义理论理解的学习过程。教材在初次呈现量子理论相关基础知识时，也需要方便学生自我解释以及对知识的内化。

　　教材首先从能层和能级出发，对必修部分的核外电子能层进行了细分，从能量角度展示了能级的概念。在学生自我解释和内化知识时，会产生几个认知问题：①为什么能层越高容纳的电子数越多？②为什么不同能层内排列的能级数不同？

　　和必修部分不同的是，该部分从能量的视角展示了能层与能级的概念，而在核外电子排布中引入能量概念，有利于理解基态、激发态以及原子光谱的概念，同时也可以方便学习者自我解释该部分的新知识以达到知识的内化。

　　虽然微观的电子特性无法用宏观的任何一种模型进行科学解释，但是学习者在内化知识时一定会经过一个"套用"已知熟悉模型进行解释的过程，如果将原子核看成一个带电小球的话，距离中心"球"越远的地方，相同"厚度"的空间体积越大，相应能够容纳的电子数就越多。由于电子之间互相排斥，所以整个原子模型可以看成一个原子核和电子吸引以及电子之间互相排斥的不稳定体系，该体系必然会形成不同的能层和能级。距离原子核越远的能层，可容纳的电子个数越多。在相同的能级中，因为轨道的能量是相同的（简并的），因此电子在填入时一定是首先单独分占，而且"状态"（自旋）相同。因此，洪特规则的内化并不困难。

由于电子都带负电荷，相同的电子之间具有一定的排斥力，但是相同能级可以容纳两个电子就很难理解，这就是泡利原理理解起来较为困难的原因。虽然现代量子理论表明，电子的自旋绝对不等同于宏观带电物质的自我旋转，但是因自旋造成的电子磁矩和宏观上带电物质旋转产生磁性的模型接近，学习者完全可以根据宏观物理模型理解和内化电子的自旋以及两个自旋相反的电子成对填入一个能级中的泡利原理。

电子和原子核的电荷吸引必然决定电子在核外轨道上排布时优先填充能量低的轨道，由此能量最低原理就具有了知识迁移的基础。

对于固定的原子，因其电子优先填充在能量较低的轨道，在接受能量后，电子就有可能跃迁到高能量轨道上。能量有多种形式，如果电子跃迁时吸收的是光能，电子返回时释放的是热能。由于轨道的固定性，电子在跃迁时吸收的光能是固定的（特定频率的光），这就是原子光谱产生的基本模型。

需要说明的是，电子在轨道上运行具有微观粒子特有的属性，电子云就是电子在核外出现的概率密度分布。把电子云简化后就得到了原子轨道的概念。学习者在自我解释电子云的时候往往会思考、观察速度很快但是很小的物质会出现"模糊带"的效果。因为电子的运动速度很快，在原子核等各种电荷作用下，其运动会有一个概率范围，这个和宏观的弹簧振动相似，在合理范围内，电子的出现概率就是电子云概念建立的基础。

总之，在知识层面，本节内容主要包括"能层与能级""基态与激发态""原子光谱""构造原理和电子排布式""电子云与原子轨道""泡利原理""洪特规则"和"能量最低原理"等；在方法论层面，本节内容旨在使学生学会合理利用宏观模型掌握微观原子结构的方法；在价值论层面，学生可进一步理解探究原子结构最终为了理解物质性质的科学价值。教材中"原子结构"一节知识的逻辑体系见图 3-31。

 教学思考

概念教学，尤其是微观粒子的相关概念教学，最大的难点是无法合理运用宏观模型进行知识迁移。但是基于学生学习时一定会寻找一个知识基础进而建构新的知识的规律，有些看起来并非完全科学的迁移基础模型某种意义上有利于学生对该部分内容的掌握，受学段的影响，若不能将微观概念用宏观模型进行展示，则该节教学就完全变成了教师的陈述和学生的记忆。

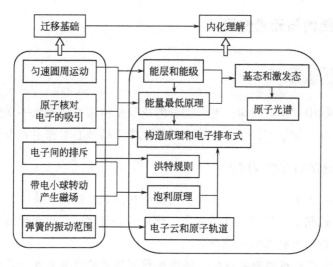

图 3-31　教材中"原子结构"一节知识的逻辑体系

"原子结构"相关知识的生成一定是学生完成了以下问题链的思考后得到的：

① 氢原子中，原子核和核外电子的吸引为什么没有使电子"降落在"原子核上？

② 氢原子核外电子离原子核的距离和氢原子的内能之间有什么关系？

③ 如何理解非氢原子核外电子排布会出现能层差异现象？

④ 如何理解能层越高其包含的能级就越高的现象？

⑤ 如何理解离原子核越远的能层能容纳的电子数越多的现象？

⑥ 如何理解不同原子核外电子从低能层跃迁到高能层所形成的原子光谱不同的现象？

⑦ 如何理解能量最低原理？

⑧ 如何理解洪特规则？

⑨ 如何理解泡利原理？

⑩ 如何理解原子轨道和电子云的概念？

⑪ 如何从能量的角度理解构造原理和电子排布式？

在高中阶段，这部分内容的学习最终目的是让学生从原子核外电子排布的规律性角度认识元素周期律。如果不涉及原子的核外电子排布规律，任何周期律的描述都是基于宏观实验的归纳和演绎。解释周期律产生的原因一定是基于原子核外电子排布的周期性。当掌握了原子核外电子排布规律后，对元素周期律的深入认识以及运用元素周期律科学"预测"物质的性质便具有了科学基础。因此，所有问题链的设计，最终落脚点一定是构造原理和电子排布式。

二、原子结构与元素性质

 课标要求

　　根据课标中"学业质量标准"部分的化学学科核心素养水平划分的相关规定，通过该部分的学习，学生应该获得的化学学科核心素养主要表现在：

素养1　宏观辨识与微观探析

水平3：能从原子、分子水平分析常见物质及其反应的微观特征，能运用化学符号等手段说明物质的组成及其变化，能分析物质化学变化和伴随发生的能量转化与物质微观结构之间的关系。

水平4：能依据物质的微观结构，描述或预测物质的性质和在一定条件下可能发生的化学变化，能评估某种解释或预测的合理性；能从宏观与微观结合的视角对物质及其变化进行分类和表征。

素养2　变化观念与平衡思想

水平3：能运用化学反应原理分析影响化学变化的因素，初步学会运用变量控制的方法研究化学反应。

水平4：能对具体物质的性质和化学变化做出解释或预测，能运用化学变化的规律分析说明生产、生活实际中的化学变化。

素养3　证据推理与模型认知

水平3：能认识物质及其变化的理论模型和研究对象之间的异同，能对模型和原型的关系进行评价以改进模型使用的条件和适用范围。

水平4：能依据各类物质及其反应的不同特征寻找充分的证据，能解释证据与结论之间的关系；能对复杂的化学问题情境中的关键要素进行分析以建构相应的模型，能选择不同模型综合解释或解决复杂的化学问题；能指出所建模型的局限性，探寻模型优化需要的证据。

素养4　科学探究与创新意识

水平3：具有较强的问题意识，能在与同学讨论基础上提出探究的问题和假设。

水平4：能根据文献和实际需要提出综合性的探究课题，根据假设提出多种探究方案，评价和优化方案，能用数据、图表、符号等处理实验信息。

素养5　科学态度与社会责任

水平3： 具有理论联系实际的观念，有将化学成果应用于生产、生活的意识，能依据实际条件并运用所学的化学知识和方法解决生产、生活中简单的化学问题。

 **知识体系梳理**

从教材内容体系中看，"原子结构与元素性质"部分内容包含"原子结构与元素周期表"和"元素周期律"两部分，如图 3-32。

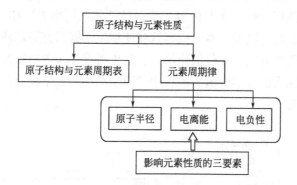

图 3-32　教材中"原子结构与元素性质"一节内容体系

原子结构决定元素的性质，原子结构的周期性变化必然决定元素性质的周期性变化，因此，将所有元素按照一定的顺序进行周期性排列得到元素周期表，是化学学科发展的历史必然。因为元素性质周期性的变化是客观事实，人们根据结构或者性质变化所排列的周期表仅仅是一个呈现方式，因此，历史上出现不同呈现方式的元素周期表也无可厚非。但是，影响原子结构的构造原理是元素周期表的"纲"。

对于原子核外电子规律性排列在原子核周围为什么造就了不同元素性质规律性变化的问题，人们习惯从原子半径、电离能和电负性三个方面解释。

当人们按照构造原理将元素进行规律性排列后发现，原子半径表现出了周期性的变化，在同一个周期内的原子，随着核电荷数的增加，原子核外的电子个数也在增加，但是原子半径却在逐渐减小。这表明原子核对核外电子的吸引呈递增变化，这在宏观上与"同周期元素随着核电荷数增加原子得电子的能力增加"相一致。因此，原子半径是决定原子性质的因素之一。

原子的金属性（非金属性）是判断元素化学活性的标准之一，金属性的强弱一般用第一电离能的大小表示。原子最外层的一个电子越容易失去，表明其金属性越强。电子失去的过程需要吸收能量，这就是第一电离能的概念。和原子半径变化规律相比，同一周期元素第一电离能的周期性变化也能体现能级的变化。因此，第一电离能是判断元素性质的因素之一。

和电离能相对应的是原子的吸电子能力，吸电子能力越强，则元素的非金属性越强。元素吸电子能力一般用电负性进行量化，电负性也是判断元素性质的因素之一。

原子半径、电离能和电负性三个概念架起了原子核外电子排布和元素周期律之间的"桥梁"。也可以说，原子核外电子排布的规律性决定了元素原子半径、电离能和电负性的规律性变化，从而形成了元素性质的规律性变化。原子半径、电离能和电负性的概念同时也架起了宏观性质和微观结构的桥梁。

总之，在知识层面，本节内容主要包括"元素周期表"和"元素周期律"两个概念；在方法论层面，本节内容旨在使学生掌握研究微观核外电子排布影响宏观物质性质的方法；在价值论层面，学生可进一步理解探究原子结构最终为了理解物质性质的科学价值。教材中"原子结构与元素性质"一节知识的逻辑体系如图 3-33。

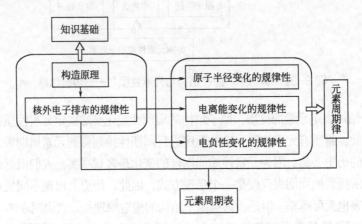

图 3-33　教材中"原子结构与元素性质"一节知识的逻辑体系

 教学思考

元素周期律的内涵丰富多样，理论上，只要某个要素按照元素核电荷数的递增呈周期性变化都可以称为元素周期律。但是研究元素周期律最终的目的是将宏观性质变化和微观结构变化建立科学的联系。原子半径、电离能和电负性的变化规律是连接宏观和微观的桥梁，因此，本节教学的核心内容是三者的概念及其与构造原理和宏观性质之间的关系。

"原子结构与元素性质"一节知识的生成一定是学生完成了以下问题链的

思考后得到的：

① 如何理解原子结构和元素周期表之间的关系？

② 依据原子结构还可以排列出哪些形式的元素周期表？

③ 如何理解同周期原子随着核电荷数增加原子半径反而减小的事实？

④ 同周期原子随着核电荷数增加原子半径反而减小，这一事实使相关元素的哪些宏观性质形成了递变规律？

⑤ 如何理解同周期原子随着核电荷数增加第一电离能总体增加的事实？

⑥ 同周期原子随着核电荷数增加第一电离能总体增加，这一事实使相关元素的哪些宏观性质形成了递变规律？

⑦ 同周期原子随着核电荷数增加第一电离能总体增加，如何理解不同周期都具有相同的"例外"（硼比铍小，铝比镁小）？

⑧ 如何理解同周期原子随着核电荷数增加元素电负性逐渐增加的事实？

⑨ 同周期原子随着核电荷数增加元素电负性逐渐增加，这一事实使相关元素的哪些宏观性质形成了递变规律？

⑩ 研究元素周期表，你还能发现哪些规律性的变化？

元素周期律是研究元素化学性质的有效工具，帮助学生建构元素周期律的概念以及训练学生运用元素周期律解决生产和生活中的问题是本节课堂的教学目标之一。

建构元素周期律的概念可以通过观察元素周期表或者根据元素的相关性质展开研究，让学生自主获得知识，也可以研究元素周期表中原子核外电子排布规律，研究该规律的变化和原子半径、电离能或电负性等原子性质之间的关系，进而关联之前已经掌握的元素宏观性质的变化规律，帮助学生建立从微观到宏观的结构决定性质的观念。

在理解和内化了元素周期律的概念后，学生就学会了运用元素周期律这一工具研究物质性质的方法。

第六节

分子结构与性质

本节包含"共价键""分子的空间结构"和"分子结构与物质的性质"三部分内容。

一、共价键

 **课标要求**

根据课标中"学业质量标准"部分的化学学科核心素养水平划分的相关规定，通过该部分的学习，学生应该获得的化学学科核心素养主要表现在：

素养1　宏观辨识与微观探析

水平3：能从原子、分子水平分析常见物质及其反应的微观特征，能运用化学符号等手段说明物质的组成及其变化，能分析物质化学变化和伴随发生的能量转化与物质微观结构之间的关系。

水平4：能依据物质的微观结构，描述或预测物质的性质和在一定条件下可能发生的化学变化，能评估某种解释或预测的合理性；能从宏观与微观结合的视角对物质及其变化进行分类和表征。

素养2　变化观念与平衡思想

水平3：能运用化学反应原理分析影响化学变化的因素，初步学会运用变量控制的方法研究化学反应。

水平4：能对具体物质的性质和化学变化做出解释或预测，能运用化学变化的规律分析说明生产、生活实际中的化学变化。

素养3　证据推理与模型认知

水平3：能认识物质及其变化的理论模型和研究对象之间的异同，能对模型和原型的关系进行评价以改进模型使用的条件和适用范围。

水平4：能依据各类物质及其反应的不同特征寻找充分的证据，能解释证据与结论之间的关系；能对复杂的化学问题情境中的关键要素进行分析以建构相应的模型，能选择不同模型综合解释或解决复杂的化学问题；能指出所建模型的局限性，探寻模型优化需要的证据。

素养4　科学探究与创新意识

水平3：具有较强的问题意识，能在与同学讨论基础上提出探究的问题和假设。

水平4：能根据文献和实际需要提出综合性的探究课题，根据假设提出多种探究方案，评价和优化方案，能用数据、图表、符号等处理实验信息。

素养5　科学态度与社会责任

水平3： 具有理论联系实际的观念，有将化学成果应用于生产、生活的意识，能依据实际条件并运用所学的化学知识和方法解决生产、生活中简单的化学问题。

　知识体系梳理

从教材内容体系中看，"共价键"部分包含"共价键"和"键参数"两部分内容，如图3-34。

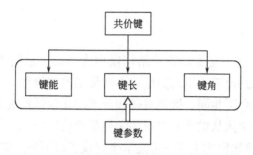

图3-34　教材中"共价键"一节内容体系

在高中化学必修部分已经呈现了共价键的概念，在选择性必修部分，为了在分子结构层面研究物质的性质，必须要对构成分子的基本结构——共价键做进一步阐释。

掌握了原子核外电子能层和能级的知识基础后，共价键的呈现方式就从简单的共用电子对进一步细化为s-s型σ键、s-p型σ键、p-p型σ键、p-p型π键等类型。受学段的限制，高中尚未涉及其他类型的π共价键，但是基于d和f等轨道的形状，通过知识迁移了解和掌握其他类型的π共价键便具有一定的知识基础。

在了解了各类共价键的成键方式后，对于键能、键长和键角等描述共价键键参数的了解便水到渠成。键长和键角是分子结构的具化特征，键能是分子活性的重要量化"指标"。故键长和键角都和键能有相关性。

总之，本节知识层面的内容主要是"共价键的类型"和"键能、键长与键角的概念"等；在方法论层面，本节的内容包括从微观原子结构理解共价键的方法；在价值论层面，学生进一步理解原子结构决定共价键类型进而形成分子结构并影响物质性质的科学价值。教材中"共价键"一节知识的逻辑体系如图3-35。

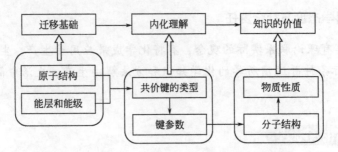

图3-35 教材中"共价键"一节知识的逻辑体系

准确理解共价键一定要以原子结构模型为基础，准确掌握了原子结构模型，才能准确认识共价键的不同类型。不同类型的共价键一定具有不同的键长和键角，其键能也会不相同，键能直接和分子的化学活性有关，因此，这节课的教学目标一定是聚焦从微观到宏观的学科观念的培养。

"共价键"一节知识的生成一定是学生完成了以下问题链的思考后得到的：
① 从原子的能层和能级视角，思考共价键有哪些类型。
② 不同类型共价键的键长差异和什么因素有关？
③ 不同类型共价键的键能差异和什么因素有关？
④ 键能和物质的化学活性之间有什么关系？

在不涉及轨道杂化理论和分子轨道理论的前提下，只能简单地根据形成共价键的两个原子的能级对共价键进行分类，这种"粗略"的分类方式并不影响键参数概念的理解和掌握。当学生掌握了键参数的差异来源于形成共价键的原子能级的差异并影响分子结构从而影响物质的性质等关系时，课堂教学目标便已达成。

二、分子的空间结构

根据课标中"学业质量标准"部分的化学学科核心素养水平划分的相关规定，通过该部分的学习，学生应该获得的化学学科核心素养主要表现在：

素养1 宏观辨识与微观探析

水平3：能从原子、分子水平分析常见物质及其反应的微观特征，能运用化学符号等手段说明物质的组成及其变化，能分析物质化学变化和伴随发生的能量转化与物质微观结构之间的关系。

水平4：能依据物质的微观结构，描述或预测物质的性质和在一定条件下可能发生的化学变化，能评估某种解释或预测的合理性；能从宏观与微观结合的视角对物质及其变化进行分类和表征。

素养2　变化观念与平衡思想

水平3：能运用化学反应原理分析影响化学变化的因素，初步学会运用变量控制的方法研究化学反应。

水平4：能对具体物质的性质和化学变化做出解释或预测，能运用化学变化的规律分析说明生产、生活实际中的化学变化。

素养3　证据推理与模型认知

水平3：能认识物质及其变化的理论模型和研究对象之间的异同，能对模型和原型的关系进行评价以改进模型使用的条件和适用范围。

水平4：能依据各类物质及其反应的不同特征寻找充分的证据，能解释证据与结论之间的关系；能对复杂的化学问题情境中的关键要素进行分析以建构相应的模型，能选择不同模型综合解释或解决复杂的化学问题；能指出所建模型的局限性，探寻模型优化需要的证据。

素养4　科学探究与创新意识

水平3：具有较强的问题意识，能在与同学讨论基础上提出探究的问题和假设。

水平4：能根据文献和实际需要提出综合性的探究课题，根据假设提出多种探究方案，评价和优化方案，能用数据、图表、符号等处理实验信息。

素养5　科学态度与社会责任

水平3：具有理论联系实际的观念，有将化学成果应用于生产、生活的意识，能依据实际条件并运用所学的化学知识和方法解决生产、生活中简单的化学问题。

知识体系梳理

　　从教材内容体系中看，"分子的空间结构"部分包含"分子结构的测定""多样的分子空间结构""价层电子对互斥模型"和"杂化轨道理论"四部分内容，如图 3-36。

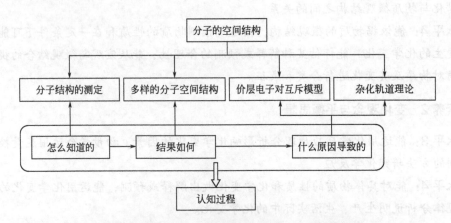

图 3-36 教材中"分子的空间结构"一节内容体系

分子的空间结构与其化学性质有直接的关系，研究分子的空间结构自然会产生以下四个问题：①怎么"看到"分子的空间结构？②"看到"的结果有哪些？③什么原因导致这些结果？④其和物质的化学性质之间有何关联？除了第四个问题在下一节中已讨论外，本节主要呈现前三个问题的答案。

与原子结构的"看到"方式超越本学段的学生认知能力不同，分子结构测定的部分原理都基于高中物理学的相关知识。高中物理学已经涉及了简谐振动的频率公式，简谐振动的频率和弹簧的弹性系数以及弹簧两侧小球的质量有关。在分子的共价键结构中，共用电子对可以看成弹簧，成键的原子可以看成弹簧两侧的小球，因此，共价键的振动可以看成弹簧的简谐振动，不同的共价键振动的频率不同。振动频率和普朗克常数的乘积就是振动的能量，共价键的振动频率刚好处于红外线的频率范围内，因此，不同的共价键吸收红外线引发振动会形成不同的红外光谱谱线。这就是利用红外光谱仪测定分子结构的原理。该原理完全可以通过简单的高中物理学知识的迁移而被学生掌握。

同样，高中物理已学过"带电的微粒以一定速率进入磁场中后做匀速圆周运动"和"带电微粒在磁场中做匀速圆周运动的半径和运动速率、电荷、微粒的质量以及磁场强度有关"等知识。因此，利用高能电子轰击分子形成带电的微粒，经过电场加速后，带电微粒以一定速率进入磁场中，根据微粒偏转的角度和路径就能够"测量"出微粒的质荷比，该质荷比能给出一定的分子结构信息。这就是质谱法测定分子的相对分子质量以及分子片段质量的原理。该原理完全可以通过简单的高中物理学知识的迁移而被学生掌握。

通过不同的测量方法，人们已经"看到"了种类繁多、变化多样的微观分子结构。

对于不同的测量结果，人们自然希望对其进行合理的解释。目前最容易被高中生理解和掌握的就是价层电子对互斥模型和以此为基础建立起来的杂化轨道理论。

共价键之所以能够稳定存在，公认的原因是通过形成共价键，每一个组成分子的原子周围都形成了能层饱和的稳定态。例如水分子中两根 σ 键的形成使中心氧原子的最外层达到 8 个电子的饱和态，而每一个氢原子都达到了 2 个电子的 K 能层电子饱和态。在水分子中心氧原子的最外能层上，8 个价电子（4 组电子）分成成键电子和孤对电子两大类，4 组电子之间由于电荷相同而产生的排斥作用不可避免，这种排斥作用很好地解释了水分子结构是角形的事实。目前，价层电子对互斥理论能够很好地解释绝大多数分子结构的成因。

在价层电子对互斥力的作用下，形成分子前原子的能层结构必然会受到破坏或改变（从理论上来说，原子的能层结构也是电荷力作用的结果）。这就是杂化轨道理论的基础。分子中核心原子的轨道杂化形式和价层电子对互斥有着直接的关系，也可以理解为因存在价层电子对互斥所以形成了中心原子轨道的杂化形式。

总之，在知识层面，本节内容主要包括"分子结构的测定""多样的分子空间结构""价层电子对互斥模型"和"杂化轨道理论简介"等；在方法论层面，本节内容旨在使学生了解从微观原子结构和共价键结构理解分子结构的方法；在价值论层面，学生可进一步理解分子结构取决于原子结构及其共价键结构的科学价值。教材中"分子的空间结构"一节知识的逻辑体系如图 3-37。

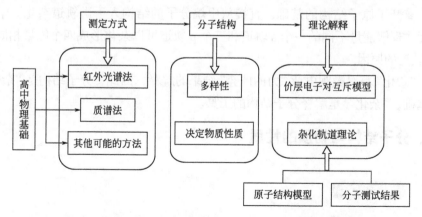

图 3-37　教材中"分子的空间结构"一节知识的逻辑体系

 **教学思考**

从化学史的发展来看，人类认识分子结构是从先进测试仪器的发明开始的。只有先进的仪器让我们"看到"了分子的结构，才能促使科学家提出新的理论解释分子结构的成因，从而建立结构和性质之间的关联。根据知识发展的脉络展开课堂教学，符合人类的科学认知过程。

"分子的空间结构"一节知识的生成一定是学生完成了以下问题链的思考后得到的：

① 如何从物理学中简谐振动模型理解红外光谱法测定分子结构的原理？

② 如何根据物理学中带电微粒进入磁场中的运动方程式理解质谱法测定相对分子量的原理？

③ 还有哪些物理方法能帮助我们"看到"分子的结构？

④ 分子结构多样性产生的原因可能有哪些？

⑤ 哪些因素可能造成了原子能层结构到分子结构的改变？

⑥ 如何从电荷排斥的视角理解价层电子对互斥理论？

⑦ 如何根据价层电子对互斥模型理解杂化轨道理论？

⑧ 杂化轨道理论能够合理地解释哪些分子的结构？

在形成分子前后，原子核外电子排布结构和分子中原子的价层电子结构差异非常大，这种差异性恰好是展开价层电子互斥理论和杂化轨道理论教学的有效抓手，电子间电荷的排斥以及原子核和电子间的吸引共同造就了轨道的形状。从原子到分子必然会造成价层电子排布的改变。这个思维模型有助于学生理解本节中的两个基本理论。

离开了原子结构的基础，直接从甲烷分子的结构入手讲轨道杂化，学生就无法理解能量不同的一个 s 轨道和三个 p 轨道可以杂化形成四个能量相同的 sp^3 轨道的原因。

"杂化"是对微观电荷"力的博弈"结果的解释，因此，分子结构是"杂化"的基础，"杂化"是解释分子结构的工具。

三、分子结构与物质的性质

 **课标要求**

根据课标中"学业质量标准"部分的化学学科核心素养水平划分的相关规

定，通过该部分的学习，学生应该获得的化学学科核心素养主要表现在：

素养 1　宏观辨识与微观探析

水平 3：能从原子、分子水平分析常见物质及其反应的微观特征，能运用化学符号等手段说明物质的组成及其变化，能分析物质化学变化和伴随发生的能量转化与物质微观结构之间的关系。

水平 4：能依据物质的微观结构，描述或预测物质的性质和在一定条件下可能发生的化学变化，能评估某种解释或预测的合理性；能从宏观与微观结合的视角对物质及其变化进行分类和表征。

素养 2　变化观念与平衡思想

水平 3：能运用化学反应原理分析影响化学变化的因素，初步学会运用变量控制的方法研究化学反应。

水平 4：能对具体物质的性质和化学变化做出解释或预测，能运用化学变化的规律分析说明生产、生活实际中的化学变化。

素养 3　证据推理与模型认知

水平 3：能认识物质及其变化的理论模型和研究对象之间的异同，能对模型和原型的关系进行评价以改进模型使用的条件和适用范围。

水平 4：能依据各类物质及其反应的不同特征寻找充分的证据，能解释证据与结论之间的关系；能对复杂的化学问题情境中的关键要素进行分析以建构相应的模型，能选择不同模型综合解释或解决复杂的化学问题；能指出所建模型的局限性，探寻模型优化需要的证据。

素养 4　科学探究与创新意识

水平 3：具有较强的问题意识，能在与同学讨论基础上提出探究的问题和假设。

水平 4：能根据文献和实际需要提出综合性的探究课题，根据假设提出多种探究方案，评价和优化方案，能用数据、图表、符号等处理实验信息。

素养 5　科学态度与社会责任

水平 3：具有理论联系实际的观念，有将化学成果应用于生产、生活的意识，能依据实际条件并运用所学的化学知识和方法解决生产、生活中简单的化学问题。

📖 知识体系梳理

　　从教材内容体系中看，"分子结构与物质的性质"部分包含"共价键的极性""分子间作用力"和"分子的手性"三部分内容，如图3-38。

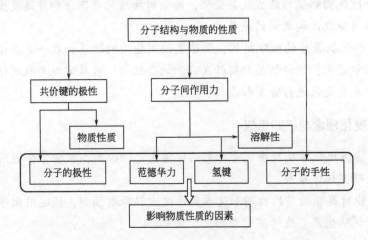

图 3-38　教材中"分子结构与物质的性质"一节内容体系

　　分子的空间结构是如何影响物质的化学性质的，思考这个问题必须要从化学性质的本质说起。化学性质是在化学变化过程中物质表现出的特征。化学变化是旧化学键断裂和新化学键生成的过程。因此，分子结构中共价键的特性是物质化学性质的基本决定因素。当然，分子结构和共价键的特性相互影响，互为因果关系。

　　在固定结构的分子中，研究其共价键的特性是理解物质性质的基础。相同原子形成的共价键中，由于原子的电负性相同，化学键中的共用电子对正常位于原子核连线的中心位置，所形成的共价键一般就是非极性共价键；相反，如果构成共价键的是电负性不同的原子，则成键电子对必然会偏向电负性强的原子一侧，从而形成极性共价键。一般情况下，极性共价键所产生的电荷偏移会增强分子间的碰撞概率从而提高分子的化学活性。

　　在特殊情况下，例如四氯化碳，构成分子的四个极性化学键因为空间对称关系最终使分子的正、负电荷中心重叠。这种由极性共价键形成的非极性分子的化学活性相对也较为惰性。

　　总之，影响分子化学活性的主要因素是其结构中共价键的极性及其分子的极性。极性分子构成的物质，其分子间电荷的互相作用力较强；非极性分子构成的物质，其分子间电荷的作用力较弱。因此，分子间作用力在一定程度上也影响物质的性质。理解非极性键形成的分子或非极性分子间的范德华力比较困难，基于微观分子不断运动以及组成分子的原子振动的思考，非极性分子的瞬间极化就比较好理解了，相应地，非极性分子间的范德华力也就容易理解了。

氢键是介于范德华力和化学键之间的分子间（内）作用力，在极性共价键形成的分子之间，极化导致不同电荷端相互吸引，极化度越大，这种吸引力就越大。在氢原子和氧、氮或氟原子形成的共价键中，因形成化学键的元素电负性差异较大而显现出较强的极化度，这种极化导致分子间的吸引力较大，这就是氢键的理论模型。从理论上来说，氢键可以看成范德华力中最特殊（作用力最强）的一类分子间作用力。

人们归纳、总结物质的溶解性时得到了"相似相溶"的经验规律，如果不同物质的分子之间吸引力较强或者能够通过氢键和范德华力形成较强的相互作用，往往两个物质就会显现出"相溶"的宏观性质。

受高中学段的制约，"分子的手性"相关知识仅仅以概念的形式呈现。对认识手性结构和物质性质之间的关系并不做要求。

总之，在知识层面，本节内容主要包括"共价键的极性和分子的极性""分子间作用力"与"分子的手性"三方面；在方法论层面，本节内容旨在使学生了解从微观共价键结构理解物质性质的方法；在价值论层面，学生可进一步理解分子结构决定物质性质的科学价值。教材中"分子结构与物质的性质"一节知识的逻辑体系如图3-39。

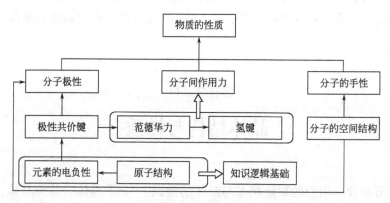

图3-39　教材中"分子结构与物质的性质"一节知识的逻辑体系

原子结构决定了共价键的特性，共价键的性质决定了分子结构，共价键和分子结构共同决定了分子的化学活性，而分子的化学活性在宏观上就表现为物

质的性质。这就是学生在本节课中需要了解和掌握的知识逻辑关系。

"分子结构与物质的性质"一节知识的生成一定是学生完成了以下问题链的思考后得到的:

① 如何从原子结构和元素的电负性角度理解共价键的极性?

② 极性共价键对分子结构有何影响?

③ 如何理解极性共价键对分子结构的影响导致了分子间的作用力?

④ 如何理解范德华力和氢键的本质?

⑤ 如何从分子间作用力的视角理解物质的溶解性?

⑥ 分子具有手性的原因是什么?

教材中范德华力的概念是通过降温和加压能使气体液化和液体凝固的事实进行"证明"后呈现的。这仅仅从宏观上呈现了范德华力存在的证据,对于为什么非极性分子间仍然存在范德华力(低温下固体四氯化碳)的问题,如果不基于原子的振动等动态分析,则无法理解范德华力产生的根本原因。范德华力是形成分子化学活性不可或缺的因素之一。从微观原子的振动视角分析和理解分子模型,可以帮助学生理解相似相溶的本质,从而有利于培养学生的化学学科核心素养。

分子的手性仅仅是由构成分子的原子在空间排列的差异引起的,虽然分子的手性是导致物质性质差异的原因之一,但是与分子间作用力和共价键结构不同,分子的手性与构成分子的原子结构以及元素电负性并无直接关系。

总之,本节内容是有效培养学生"结构决定性质"观念的重要载体。

第七节

晶体结构与性质

本节包含"物质的聚集状态与晶体的常识""分子晶体、共价晶体、金属晶体与离子晶体"和"配合物与超分子"三部分。

一、物质的聚集状态与晶体的常识

 课标要求

根据课标中"学业质量标准"部分的化学学科核心素养水平划分的相关规

定，通过该部分的学习，学生应该获得的化学学科核心素养主要表现在：

素养 1　宏观辨识与微观探析

水平 3：能从原子、分子水平分析常见物质的微观特征，能运用化学符号和定量计算等手段说明物质的组成，能分析物质化学变化和伴随发生的能量转化与物质微观结构之间的关系。

水平 4：能依据物质的微观结构，描述或预测物质的性质和在一定条件下可能发生的化学变化，能评估某种解释或预测的合理性；能从宏观与微观结合的视角对物质及其变化进行分类和表征。

素养 2　变化观念与平衡思想

水平 3：形成化学变化是有条件的观念，认识反应条件对化学反应速率和化学平衡的影响。

水平 4：能从不同视角认识化学变化的多样性，能运用对立统一思想和定性定量结合的方式揭示化学变化的本质特征；能对具体物质的性质和化学变化做出解释或预测。

素养 3　证据推理与模型认知

水平 3：能从定性与定量结合上收集证据，能通过定性分析和定量计算推出合理的结论；能认识物质及其变化的理论模型和研究对象之间的异同，能对模型和原型的关系进行评价以改进模型使用的条件和适用范围。

水平 4：能依据各类物质及其反应的不同特征寻找充分的证据，能解释证据与结论之间的关系；能对复杂的化学问题情境中的关键要素进行分析以建构相应的模型，能选择不同模型综合解释或解决复杂的化学问题；能指出所建模型的局限性，探寻模型优化需要的证据。

素养 4　科学探究与创新意识

水平 3：具有较强的问题意识，能在与同学讨论基础上提出探究的问题和假设。

水平 4：能根据文献和实际需要提出综合性的探究课题，根据假设提出多种探究方案，评价和优化方案，能用数据、图表、符号等处理实验信息。

素养 5　科学态度与社会责任

水平 3：具有理论联系实际的观念，有将化学成果应用于生产、生活的意识，能依据实际条件并运用所学的化学知识和方法解决生产、生活中简单的化学问题。

水平4： 尊重科学伦理道德。

知识体系梳理

从教材内容体系中看，"物质的聚集状态与晶体的常识"部分包含"物质的聚集状态""晶体与非晶体""晶胞"和"晶体结构的测定"四部分内容，如图 3-40。

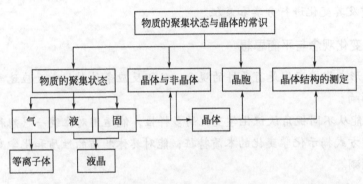

图 3-40　教材中"物质的聚焦状态与晶体的常识"一节内容体系

分子的结构是影响物质性质的重要因素之一，但并不是决定物质性质的唯一因素。物质的聚集状态在一定程度上也能影响宏观物质的性质，这就是研究物质聚集状态的原因。

在初中化学教材中已经呈现了物质气、液和固三态变化的相关知识。同一种物质的气态和液态在绝大多数情况下都表现出组成均一的微观特征，并且长时间内微粒间可以保持相对自由移动的状态，因此，这两个状态下物质所表现出的性质也是相对单一和固定的。在固态情况下，由于存在晶体和非晶体两种微观结构，因此研究晶体和非晶体的构成就十分必要了。

从微观视角看，固态物质最主要的特性就是构成物质的微粒无法相对自由移动，微粒只能在相对固定的范围内振动。这种相对固定的组成只能是有规律的和无规律的两种固定方式，分别对应非晶体和晶体的微观结构。

非晶体是一种玻璃体或者无定形体，最主要的特点就是没有固定的熔点。物质在熔化过程中温度不断升高。受学段的制约，高中阶段只呈现非晶体的概念，对其性质的探究并不做要求。

从晶体结构微观有序排列的视角，理解晶体的诸如外形有序、物理性质各向异性等性质就相对容易了。和非晶体不同，晶体在熔化时，断裂的化学键单一，在宏观上体现出了熔点固定的特性。晶体微观高度有序，可以用晶体的微观重复单元——晶胞表示晶体的结构。

将晶体结构的微观有序性可以看成光栅沿着固定方向上的规律排列，当 X 光透过这些光栅时可以发生衍射现象，根据衍射的光谱以及 X 光的频率可以计算光栅的"宽度"，也就是晶体微观原子核间的距离，根据这些不同方向的距离组合就可以还原晶体的三维结构。这就是晶体结构测定的基本原理。该原理在高中物理学中已经涉及。

总之，在同种物质的气、液、固三种聚集态中，只有固态才有可能产生不同的聚集态。不同的聚集态才可能对其宏观性质产生不同的影响。

总之，在知识层面本节内容主要包括"物质的聚集状态""晶体和非晶体的概念""晶胞"与"晶体结构的测定"等；在方法论层面，本节内容旨在使学生了解从物质的微观聚集状态研究物质性质的方法；在价值论层面，学生可进一步理解物质微观聚集状态影响物质宏观性质的科学价值。教材中"物质的聚集状态与晶体的常识"一节知识的逻辑体系如图 3-41。

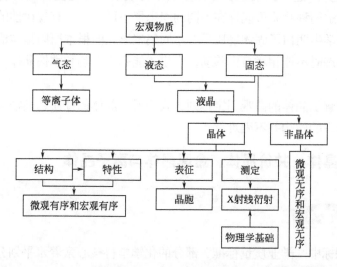

图 3-41　教材中"物质的聚集状态与晶体的常识"一节知识的逻辑体系

 教学思考

本节内容的重点是晶体结构的相关知识，但是要理解晶体结构一定要从物质的聚集状态开始进行逻辑推导。物质的聚集状态是从原子到分子再到物质的微观和宏观结构过程中的重要一环。

"物质的聚集状态与晶体常识"部分知识的生成一定是学生完成了以下问题链的思考后得到的：

① 之前化学课程中学过的物质的聚集状态有哪三种？

② 如何理解等离子体以及液晶与气、液、固三态之间的关系？

③ 从微观视角，同一种物质的固态聚集方式和气态与液态有何差异？

④ 从微观视角，为什么有的固体有固定的熔点，有的固体却有相对较长的熔程？

⑤ 如何理解晶体结构的微观高度有序性？

⑥ 晶体结构的微观高度有序性在宏观性质上有哪些体现？

⑦ 如何表征高度有序的晶体结构？

⑧ 如何从物理学知识的视角理解晶体结构的测定方法？

从微观视角，组成气态和液态物质的基本微粒可以相对"自由"移动，这就决定用不同方法得到的绝大多数同种物质的气态或者液态不可能表现出不同的性质差异。这个归纳过程在课堂上不可或缺。在此基础上，引导学生从微观视角理解同种物质可能存在不同的固态聚集形式——有规律性的和无规律性的。只有学生明白了固体物质具有不同集聚形式的根本原因是构成物质的基本微粒在固态时不能相对自由移动，学生才能真正理解和掌握晶体和非晶体的概念。

真正理解了晶体的微观固定排列方式之后，晶体的性质、表征以及测定方式等相关知识的建构并不困难。

二、分子晶体、共价晶体、金属晶体与离子晶体

 课标要求

根据课标中"学业质量标准"部分的化学学科核心素养水平划分的相关规定，通过该部分的学习，学生应该获得的化学学科核心素养主要表现在：

素养 1　宏观辨识与微观探析

水平 3：能从原子、分子水平分析常见物质的微观特征，能运用化学符号和定量计算等手段说明物质的组成，能分析物质化学变化和伴随发生的能量转化与物质微观结构之间的关系。

水平 4：能依据物质的微观结构，描述或预测物质的性质和在一定条件下可能发生的化学变化，能评估某种解释或预测的合理性；能从宏观与微观结合的视

角对物质及其变化进行分类和表征。

素养2　变化观念与平衡思想

水平3：形成化学变化是有条件的观念，认识反应条件对化学反应速率和化学平衡的影响。

水平4：能从不同视角认识化学变化的多样性，能运用对立统一思想和定性定量结合的方式揭示化学变化的本质特征；能对具体物质的性质和化学变化做出解释或预测。

素养3　证据推理与模型认知

水平3：能从定性与定量结合上收集证据，能通过定性分析和定量计算推出合理的结论；能认识物质及其变化的理论模型和研究对象之间的异同，能对模型和原型的关系进行评价以改进模型使用的条件和适用范围。

水平4：能依据各类物质及其反应的不同特征寻找充分的证据，能解释证据与结论之间的关系；能对复杂的化学问题情境中的关键要素进行分析以建构相应的模型，能选择不同模型综合解释或解决复杂的化学问题；能指出所建模型的局限性，探寻模型优化需要的证据。

素养4　科学探究与创新意识

水平3：具有较强的问题意识，能在与同学讨论基础上提出探究的问题和假设。

水平4：能根据文献和实际需要提出综合性的探究课题，根据假设提出多种探究方案，评价和优化方案，能用数据、图表、符号等处理实验信息。

素养5　科学态度与社会责任

水平3：具有理论联系实际的观念，有将化学成果应用于生产、生活的意识，能依据实际条件并运用所学的化学知识和方法解决生产、生活中简单的化学问题。

水平4：尊重科学伦理道德。

知识体系梳理

　　教材中该部分内容在"分子晶体与共价晶体"和"金属晶体与离子晶体"两个独立的小节中展示，鉴于这两节都是讨论晶体的类型，为了方便比较分析，笔者将其合并为一节讨论。该部分包含"分子晶体""共价晶体""金属晶体"和"离子晶体"四部分内容，如图3-42。

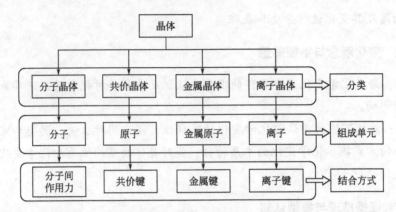

图 3-42　教材中"分子晶体与共价晶体""金属晶体与离子晶体"部分内容体系

在建构了晶体的概念之后，为了方便研究晶体的性质以及便于知识的迁移，寻找一定的科学方法对晶体进行分类就显得十分必要了。

晶体的基本特征是构成其微粒的高度有序性，因此，基于微粒以及微粒的结合方式对晶体进行分类，有利于人们基于微观的差异研究宏观晶体的性质。

一般情况下，构成物质的微粒有原子、分子和离子三种。因此，从逻辑上推导，晶体应该分为原子晶体、分子晶体和离子晶体三种。从微粒间的结合方式上来看，原子间可以通过共价键结合，也可以通过金属键结合，因此，原子晶体又可以分为共价晶体和金属晶体。总之，根据组成单元和结合方式，晶体大体上可以分为分子晶体、共价晶体、金属晶体和离子晶体。高中化学教材就是按照这个分类结果逐一呈现不同晶体的概念和性质。

分子是组成分子晶体的基本单元，分子间作用力大体上分为范德华力和氢键两类。当分子间通过范德华力聚集时，一个中心分子周围最多可以容纳 12 个紧邻的分子，绝大多数分子极性都较小，因此，在空间上各向异性表现得不明显。当分子间通过氢键聚集时，因为氢键的方向性，在绝大多数情况下，该类晶体的中心分子周围不可能排列 12 个紧邻的分子。这就是水在 0～4℃表现出"热缩冷胀"的原因。

原子间通过共价键结合形成共价晶体。和分子晶体中能量较小的分子间作用力不同，共价晶体中心原子通过若干共价键与其他原子结合，这种结构往往导致晶体具有较高的强度和熔点。

金属原子间通过金属键结合形成金属晶体。从理论上讲，金属键是一种特殊的共价键，金属原子核外电子形成"电子气"被所有的金属原子核共用。这种结构形成金属的导电性和延展性等性质。虽然金属晶体和共价晶体同属于原子晶体范畴，但是由于金属独特的成键方式和性能，一般将金属晶体区别于共价晶体单独讨论。

阴、阳离子的相互作用形成离子晶体。在离子晶体中，每一个阳离子和周围若干阴离子形成强相互作用，每一个阴离子也和周围若干阳离子形成强相互作用，这种结构决定了离子晶体硬度较大和熔点较高的性质。

由于离子键和共价键是人为定义的化学键类型，严格来说，二者并没有非此即彼的排他性区别，大量过度的中间态键型的存在决定了晶体也必然存在过渡型晶体和混合型晶体等类型。人们习惯将复杂问题归纳、梳理成简单的模型以便于认识本体的本质，因此，无论真实情况下晶体的分类如何繁杂，将晶体简单分类为分子晶体、共价晶体、金属晶体和离子晶体四类仍然是通行的。这四种晶体模型有助于人们认识微观固体聚集态及其对宏观性质的影响。

总之，在知识层面，本节内容主要包括"分子晶体""共价晶体""金属晶体"和"离子晶体"四个概念；在方法论层面，本节内容旨在使学生了解从晶体的微观聚集状态研究晶体性质的方法；在价值论层面，学生可进一步理解晶体的微观聚集状态影响晶体宏观性质的科学价值。本部分知识的逻辑体系如图 3-43。

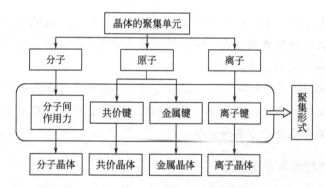

图 3-43 "分子晶体、共价晶体、金属晶体与离子晶体"部分知识的逻辑体系

 教学思考

本部分内容的重点是晶体的分类方法和分类结果。掌握了分类方法和分类结果后，从微观结构的角度理解不同晶体的性质就相对容易了。

本部分知识的生成一定是学生完成了以下问题链的思考后得到的：

① 组成晶体的最小微粒有哪几种？

②组成晶体的微粒通过哪几种键（力）结合形成固体物质？

③如何根据化学键（力）和基本微粒理解四大类型的晶体结构？

④每种晶体的结构和性质关系如何？

⑤化学键概念间的边界重叠对晶体的分类可能造成什么影响？

从教学视角出发，本部分内容一定是在给学生清晰展示了晶体分类方法和结果的基础上对四大晶体类型展开分析和讨论。如果仅仅模仿教材，逐一对晶体的类型进行讲解，则违反了建构主义的基本原理，使学生将化学学习转化为"死"知识的记忆。

三、配合物与超分子

 课标要求

根据课标中"学业质量标准"部分的化学学科核心素养水平划分的相关规定，通过该部分的学习，学生应该获得的化学学科核心素养主要表现在：

素养1　宏观辨识与微观探析

水平3：能从原子、分子水平分析常见物质的微观特征，能运用化学符号和定量计算等手段说明物质的组成，能分析物质化学变化和伴随发生的能量转化与物质微观结构之间的关系。

水平4：能依据物质的微观结构，描述或预测物质的性质和在一定条件下可能发生的化学变化，能评估某种解释或预测的合理性；能从宏观与微观结合的视角对物质及其变化进行分类和表征。

素养2　变化观念与平衡思想

水平3：形成化学变化是有条件的观念，认识反应条件对化学反应速率和化学平衡的影响。

水平4：能从不同视角认识化学变化的多样性，能运用对立统一思想和定性定量结合的方式揭示化学变化的本质特征；能对具体物质的性质和化学变化做出解释或预测。

素养3　证据推理与模型认知

水平3：能从定性与定量结合上收集证据，能通过定性分析和定量计算推出合理的结论；能认识物质及其变化的理论模型和研究对象之间的异同，能对模型

和原型的关系进行评价以改进模型使用的条件和适用范围。

水平4：能依据各类物质及其反应的不同特征寻找充分的证据，能解释证据与结论之间的关系；能对复杂的化学问题情境中的关键要素进行分析以建构相应的模型，能选择不同模型综合解释或解决复杂的化学问题；能指出所建模型的局限性，探寻模型优化需要的证据。

素养4 科学探究与创新意识

水平3：具有较强的问题意识，能在与同学讨论基础上提出探究的问题和假设。

水平4：能根据文献和实际需要提出综合性的探究课题，根据假设提出多种探究方案，评价和优化方案，能用数据、图表、符号等处理实验信息。

素养5 科学态度与社会责任

水平3：具有理论联系实际的观念，有将化学成果应用于生产、生活的意识，能依据实际条件并运用所学的化学知识和方法解决生产、生活中简单的化学问题。

水平4：尊重科学伦理道德。

知识体系梳理

从教材内容体系看，"配合物与超分子"一节内容包含"配合物"和"超分子"两部分。

在上一节内容中，根据共价键、离子键、金属键和分子间作用力等因素对晶体进行了简单的分类，严格来讲，化学键还包含配位键，分子间作用力还包含超分子作用力等。因此，"配合物与超分子"一节内容是对晶体分类知识的补充和介绍。

对于含有配位键的配合物概念的呈现，教材中是通过几个实验展开并加以说明的。其实从之前原子结构的能层以及外层价电子的概念出发，直接建立配位键和配合物的概念是可行的。

根据原子核外电子排布的能层结构，原子形成阳离子失去电子的过程就是价电子层逐渐"空出"的过程，因此，一般情况下阳离子都具有能量较低的可以接受电子的空轨道。结合电子排布的构造原理，过渡金属原子也可能含有一定量的较低能层空轨道。总之，一般情况下，过渡金属及其阳离子以及绝大多数的非过渡金属阳离子都具有可以形成配位键的"空轨道"。

根据价层电子对互斥理论和杂化轨道理论，诸如氨分子和水分子等分子，非金属中心原子的最外层具有一定量的孤对电子。在氢键中，该孤对电子可以和其他分子中的氢原子产生电荷作用，那么这些孤对电子和金属阳离子的电荷作用就可以理解为孤对电子对空轨道的填充，这种填充作用就是配位键。

在之前分子间作用力的概念呈现过程中，已经涉及了分子之间可以通过范德华力或者氢键形成相互作用力。分子间的这种相互作用力往往是相对松散的"瞬间"力，因此，溶液中分子间的相互作用力不会使分子相对固定。只有在固态物质中，分子所具有的能量不足以破坏分子间作用力时，分子间位置的相对固定才成为可能。如果在溶液中两种或两种以上的分子间作用力足以"固定"分子间的相对位置，这时就形成了超分子。受学段的限制，教材中仅仅呈现了超分子的概念及其在两个特殊案例中的应用。

总之，在知识层面，本节内容主要是"配合物"和"超分子"两个概念；在方法论和价值论层面，通过本节内容的学习，让学生进一步了解从微观的视角理解宏观物质性质的方法和学科价值。教材中"配合物与超分子"一节知识的逻辑关系如图 3-44。

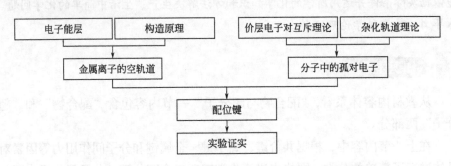

图 3-44 教材中"配合物与超分子"一节知识的逻辑体系

 教学思考

本节内容包含了两种不同微粒间通过相互作用形成的特殊结构，是之前微粒结构分类的补充和再思考。

"配合物与超分子"一节知识的生成一定是学生完成了以下问题链的思考后得到的：

① 如何根据电子能层和构造原理理解金属离子的核外空轨道？

② 根据价层电子对互斥理论和杂化轨道理论，思考分子中的孤对电子对物质性质有哪些影响？

③ 当含有孤对电子的分子遇到金属离子时，会产生怎样的化学作用？如何设计实验进行证明？

④ 分子间的作用力分为几种？

⑤ 如果分子间作用力都能使两种或者两种以上的分子相互聚集不产生相对移动，这种特殊的作用会导致哪些宏观性质产生？

教材中构建配合物的概念是从观察实验开始的，然后对实验现象进行解释，希望通过实验及其解释，让学生建构配合物的概念。但是，从实验现象到实验解释的过程并未从微粒结构出发，如果引导学生深度思考微观阳离子的空轨道结构和配体分子的孤对电子结构，从电荷作用的角度出发，学生能更加深刻理解配合物的结构并建立其概念。

第八节

有机化合物的结构特点和研究方法

本节包含"有机化合物的结构特点"和"研究有机化合物的一般方法"两部分内容。

一、有机化合物的结构特点

 课标要求

根据课标中"学业质量标准"部分的化学学科核心素养水平划分的相关规定，通过该部分的学习，学生应该获得的化学学科核心素养主要表现在：

素养 1　宏观辨识与微观探析

水平 3：能从原子、分子水平分析常见物质及其反应的微观特征，能运用化学符号等手段说明物质的组成及其变化，能分析物质化学变化与物质微观结构之间的关系。

水平 4：能依据物质的微观结构，描述或预测物质的性质和在一定条件下可能发生的化学变化，能评估某种解释或预测的合理性；能从宏观与微观结合的视角对物质及其变化进行分类和表征。

素养2 变化观念与平衡思想

水平3：形成化学变化是有条件的观念，认识反应条件对化学反应速率和化学平衡的影响，能运用化学反应原理分析影响化学变化的因素，初步学会运用变量控制的方法研究化学反应。

水平4：能从不同视角认识化学变化的多样性，能运用对立统一思想和定性定量结合的方式揭示化学变化的本质特征；能对具体物质的性质和化学变化做出解释或预测，能运用化学变化的规律分析说明生产、生活实际中的化学变化。

素养3 证据推理与模型认知

水平3：能从定性与定量结合上收集证据，能通过定性分析推出合理的结论；能认识物质及其变化的理论模型和研究对象之间的异同，能对模型和原型的关系进行评价以改进模型使用的条件和适用范围。

水平4：能依据各类物质及其反应的不同特征寻找充分的证据，能解释证据与结论之间的关系；能对复杂的化学问题情境中的关键要素进行分析以建构相应的模型，能选择不同模型综合解释或解决复杂的化学问题；能指出所建模型的局限性，探寻模型优化需要的证据。

素养4 科学探究与创新意识

水平3：具有较强的问题意识，能在与同学讨论基础上提出探究的问题和假设，依据假设提出实验方案。

水平4：能根据文献和实际需要提出综合性的探究课题，根据假设提出多种探究方案，评价和优化方案，能用数据、图表、符号等处理实验信息；能对实验中的"异常"现象和已有结论进行反思、提出质疑和新的实验设想，并进一步付诸实施。

素养5 科学态度与社会责任

水平3：具有理论联系实际的观念，有将化学成果应用于生产、生活的意识，能依据实际条件并运用所学的化学知识和方法解决生产、生活中简单的化学问题。

水平4：尊重科学伦理道德，能依据"绿色化学"思想和科学伦理对某一个化学过程进行分析，权衡利弊，做出合理的决策；能针对某些化学工艺设计存在的各种问题，提出处理或解决问题的具体方案。

📑 **知识体系梳理**

　　从教材内容体系中看，"有机化合物的结构特点"部分包含"有机化合物的分类方法""有机化合物中的共价键"和"有机化合物的同分异构现象"三部分内容，如图3-45。

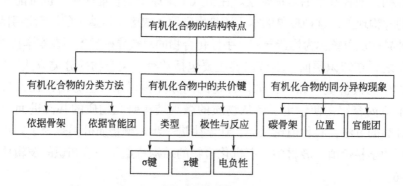

图3-45　教材中"有机化合物的结构特点"一节内容体系

　　必修部分已经涉及了有机物质的分类方法和简单性质，选择性必修部分的有机化学知识进一步渗透了结构决定性质的理念，是官能团和物质性质之间联系的逻辑再加工。

　　必修部分已经呈现了有机物质种类繁多、结构复杂的主要原因之一就是构成有机物质骨架的碳原子能够形成四个共价键。从数学逻辑上讲，碳原子和其他原子可以形成四个共价单键、一个共价双键和两个共价单键、两个共价双键、一个共价三键和一个共价单键共四种形式的键组合。如果碳原子间分别以这种形式构成烃类化合物，则分别形成烷烃、烯烃、联二烯烃和炔烃。如果碳原子和其他非碳氢原子通过以上组合形成化合物，则构成了烃的衍生物。

　　在必修部分，已经简单通过共价键电子式表征方式呈现了共价键的模型，在原子核外电子排布相关知识基础上，进一步建立"头碰头"的 σ 键和"肩并肩"的 π 键模型就成了可能。

　　之所以简单将有机化合物分为烃类和烃类衍生物，是以化学性质差异为基础的。分类的目的就是掌握物质的共性，以便于知识的发现、迁移和应用。构成烃类物质的两种元素的电负性比较接近（教材中 C 的电负性为 2.5，H 的电负性为 2.1），碳氢之间 σ 键共用电子对的偏移度不大，也就是化学键的极化度不大，这种键的特性在烃分子上呈现为分子的极性较小。极性较小的分子被酸碱物质活化并断键所需的活化能相对较高。在烃类衍生物中，因为引入了电负性相对较高的氧、氮等原子，碳氧键和碳氮键的极化度较高，整体上造成了分子的极性较大，在酸或者碱的作用下引发化学反应的活化能较低。根据性质差异，有机化合物就可以简单分成烃和烃类衍生物两大类了。

选修部分已经引入了同分异构的概念，结构的异构一定会造成物质性质的差异。异构现象产生的本质原因是碳原子成键的"灵活性"，因此碳架异构和位置异构是两种基本的异构现象。在引入了杂原子的官能团中，也可能产生官能团的异构现象，这种现象的本质还是由碳原子成键（构造）的灵活性引起的。这三种异构现象统称为构造异构。手性化合物的对映异构现象不在本学段涉及。

总之，在知识层面，本节内容主要包括"有机化合物的分类方法""有机化合物中的共价键"和"有机化合物的同分异构现象"三方面；在方法论层面，本节内容旨在使学生了解从物质的微观结构研究物质的共性进而对物质进行分类的方法；在价值论层面，让学生进一步理解物质分类是为了知识迁移和应用的学科价值。教材中"有机化合物的结构特点"一节知识的逻辑体系如图3-46。

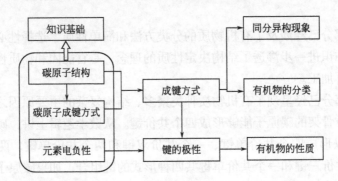

图3-46 教材中"有机化合物的结构特点"一节知识的逻辑体系

教学思考

本节内容的重点是从有机化合物分类的方法和目的视角理解有机化合物结构的特点。有机化合物结构的复杂性归根结底是碳原子的原子结构决定的。从微观结构到宏观性能理应是本节内容的基本教学逻辑。

"有机化合物的结构特点"一节知识的生成一定是学生完成了以下问题链的思考后得到的：

①有机分子中的一个碳原子可以以哪几种化学键和周围的原子相连？

② 从杂化轨道的结构视角思考乙烯分子中有几种类型的共价键。

③ 如何从元素电负性角度思考烃类物质的化学活性？

④ 如何从元素电负性角度思考烃的衍生物的化学活性？

⑤ 共价键的极性和物质的性质之间有什么关系？

⑥ 造成有机化合物同分异构现象的原因是什么？

⑦ 如何理解同分异构现象的分类方法和结果？

如果不从碳原子的微观结构出发分析有机化合物的结构特点，那课堂教学只能是就分类讲分类和就概念讲概念了。例如思考为什么有机化合物可以分为链状和环状化合物，可以有这几种答案：①因为链状和环状的结构不同；②因为链状和环状有机化合物的性质不同；③因为链状和环状化合物的应用不同；④基于人们的习惯分类。如果从碳原子的结构出发，其分类的逻辑就非常清晰，因为碳原子的原子结构导致其成键多样性，成键的多样性使其可能形成链状和环状化合物。因为链状和环状化合物的微观结构决定了宏观性质的差异，为了方便理解、表述、研究、总结规律、知识的迁移等，所以有机化合物可以按照骨架分为链状和环状两大类。这种逻辑顺序便于学生深度理解物质分类的方法和意义。

共价键的极性决定有机化合物性质的环节是整个有机化学继续学习的重要基础之一，在后续的很多有机反应中，适当分析有机化合物官能团的结构就可以理解其表现出的反应特性。键的极性直接取决于化学键两端元素的电负性。一般情况下，构成化学键两个元素的电负性差异越大，有机化合物的化学活性越高。在之前电负性概念的学习中，如果学生已经深刻理解元素周期律是原子微观结构导致的知识，那么，从原子微观结构到元素周期律，再到元素电负性，进而决定共价键和官能团的极性，最终影响物质的性质，这条逻辑脉络能够促进学生化学学科核心素养的发展。

二、研究有机化合物的一般方法

 课标要求

根据课标中"学业质量标准"部分的化学学科核心素养水平划分的相关规定，通过该部分的学习，学生应该获得的化学学科核心素养主要表现在：

素养3　证据推理与模型认知

水平3：能从定性与定量结合上收集证据，能通过定性分析和定量计算推出合理的结论；能认识物质及其变化的理论模型和研究对象之间的异同，能对模型

和原型的关系进行评价以改进模型使用的条件和适用范围。

水平4：能依据各类物质及其反应的不同特征寻找充分的证据，能解释证据与结论之间的关系；能对复杂的化学问题情境中的关键要素进行分析以建构相应的模型，能选择不同模型综合解释或解决复杂的化学问题；能指出所建模型的局限性，探寻模型优化需要的证据。

素养4 科学探究与创新意识

水平3：具有较强的问题意识，能在与同学讨论基础上提出探究的问题和假设，依据假设提出实验方案，独立完成实验，收集实验证据，基于现象和数据进行分析并得出结论，交流自己的探究成果。

水平4：能根据文献和实际需要提出综合性的探究课题，根据假设提出多种探究方案，评价和优化方案，能用数据、图表、符号等处理实验信息；能对实验中的"异常"现象和已有结论进行反思、提出质疑和新的实验设想，并进一步付诸实施。

素养5 科学态度与社会责任

水平3：具有理论联系实际的观念，有将化学成果应用于生产、生活的意识，能依据实际条件并运用所学的化学知识和方法解决生产、生活中简单的化学问题；在实践中逐步形成节约成本、循环利用、保护环境等观念。

水平4：尊重科学伦理道德，能依据"绿色化学"思想和科学伦理对某一个化学过程进行分析，权衡利弊，做出合理的决策；能针对某些化学工艺设计存在的各种问题，提出处理或解决问题的具体方案。

知识体系梳理

从教材内容体系中看，"研究有机化合物的一般方法"部分包含"分离提纯""确定实验式""确定分子式"和"确定分子结构"四部分，如图3-47。

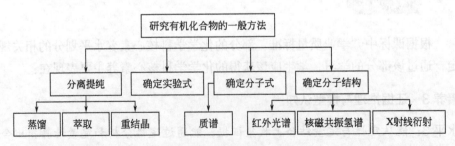

图3-47 教材中"研究有机化合物的一般方法"一节内容体系

熟悉了有机化合物的分类方法和结果之后，了解有机化合物研究方法就十分必要了。

绝大多数天然有机化合物都是以和其他有机化合物共存的形式存在的；由于绝大多数有机反应复杂且副产物较多，人类在实验室中合成的有机化合物也常常以混合物的形式存在。研究有机化合物首先要解决的问题就是有机化合物的分离和提纯。

教材中呈现了液体物质的典型分离方法蒸馏，固体物质的典型分离方法重结晶，以及固、液均适合的分离方法萃取。蒸馏法利用液态物质的沸点不同进行分离；重结晶法利用被提纯物和杂质在同一溶剂中的溶解度差异进行分离；萃取法利用相似相溶的原理对待分离物进行分离。

在历史上，有机物质经过分离、提纯后所面临的第一个问题便是确定其实验式。利用绝大多数有机化合物可燃的性质，通过准确吸收完全燃烧后产生二氧化碳和水的质量就能计算出有机分子中碳、氢、氧的个数比。结合之前所学过的质谱和红外光谱法，确定分子式和分子结构就相对容易了。

教材中呈现了核磁共振氢谱和 X 射线衍射两种测定分子结构的方法，X射线的基本原理在之前的章节中已经涉及，受学段的限制，核磁共振氢谱的基本原理并不涉及，教材中仅仅简要说明了处于不同化学环境中的氢原子在核磁共振氢谱中谱线不同的知识。

总之，在知识层面，本节内容主要包括"分离提纯""确定实验式""确定分子式"和"确定分子结构"四方面；在方法论层面，本节内容旨在使学生了解从化学历史发展的顺序理解研究有机物结构的方法；在价值论层面，学生可进一步理解寻找合适的方法以解决化学问题的学科价值。教材中"研究有机化合物的一般方法"一节知识的逻辑体系见图3-48。

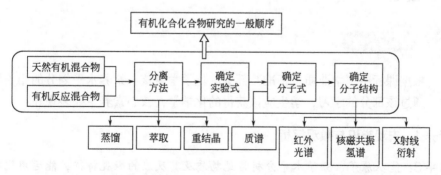

图3-48　教材中"研究有机化合物的一般方法"一节知识的逻辑体系

教学思考

本节内容的重点是让学生掌握研究有机化合物的一般方法，因此教学中呈现的逻辑次序一定是基于历史事实的问题解决过程的呈现。

"研究有机化合物的一般方法"一节知识的生成一定是学生完成了以下问题链的思考后得到的：

① 有机化合物的获得方式有哪些？

② 如何得到纯净的有机化合物？

③ 蒸馏、萃取和重结晶的基本原理是什么？

④ 如何确定有机化合物的组成？

⑤ 如何确定有机化合物的分子式和分子结构？

⑥ 为什么人类需要准确确定新发现（合成）的有机化合物的分子结构？

本节课的知识目标相对较易达成，在教学过程中，适当引导学生思考人类不断准确探究有机化合物结构的目的，有助于学生树立知识和人类关系的科学观念。

第九节

烃

本节包含"烷烃""烯烃、炔烃"和"芳香烃"三部分内容。

一、烷烃

课标要求

根据课标中"学业质量标准"部分的化学学科核心素养水平划分的相关规定，通过该部分的学习，学生应该获得的化学学科核心素养主要表现在：

素养 1　宏观辨识与微观探析

水平 3：能从原子、分子水平分析常见物质及其反应的微观特征，能运用化学符号说明物质的组成及其变化，能分析物质化学变化和伴随发生的能量转化与物质微观结构之间的关系。

水平4：能依据物质的微观结构，描述或预测物质的性质和在一定条件下可能发生的化学变化，能评估某种解释或预测的合理性；能从宏观与微观结合的视角对物质及其变化进行分类和表征。

素养2　变化观念与平衡思想

水平3：形成化学变化是有条件的观念。

素养3　证据推理与模型认知

水平3：能从定性与定量结合上收集证据，能通过定性分析和定量计算推出合理的结论；能认识物质及其变化的理论模型和研究对象之间的异同，能对模型和原型的关系进行评价以改进模型使用的条件和适用范围。

素养5　科学态度与社会责任

水平3：具有理论联系实际的观念，有将化学成果应用于生产、生活的意识，能依据实际条件并运用所学的化学知识和方法解决生产、生活中简单的化学问题；在实践中逐步形成节约成本、循环利用、保护环境等观念。

水平4：尊重科学伦理道德，能依据"绿色化学"思想和科学伦理对某一个化学过程进行分析，权衡利弊，做出合理的决策。

知识体系梳理

　　从教材内容体系中看，"烷烃"部分包含"烷烃的结构和性质"与"烷烃的命名"两部分内容，如图3-49。

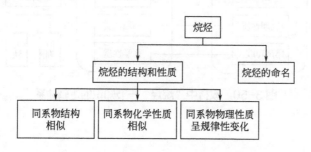

图3-49　教材中"烷烃"一节内容体系

　　必修部分已经学习了甲烷的相关性质和同系物的概念，根据结构决定性质的规律，和甲烷相似，其同系物的化学性质应该也主要体现在可燃和可取代两类反应中。通过对甲烷同系物物理性质的梳理，可以发现如下规律：分子量越大，微观分子的比表面积就越大，相应的分子间作用力就越大，物质整体从气态逐渐向液态和固态过渡。整体来看，烷烃结构和性质部分的知识基本上是必修部分知识的梳理、整合和再呈现过程。

本节的核心内容是烷烃的命名。

随着碳原子数增加，烷烃同分异构现象造成结构变化多样，一个碳原子的甲烷、两个碳原子的乙烷以及三个碳原子的丙烷不存在同分异构现象，因此，"甲烷""乙烷"和"丙烷"的名字足以准确单一指代该物质。丁烷分子的四个碳原子可以有两种不同的排列方式，人们习惯上用正丁烷和异丁烷分别指代两个同分异构体。相应地，含有五个碳原子的烷烃便需要"正戊烷""异戊烷"和"新戊烷"三个名称对应三种分子结构。对于五个碳以上的烷烃分子，人们就必须研制一套约定成俗的命名规则对复杂的同分异构体进行命名。

从逻辑上讲，有机化合物的命名原则一定是简单、方便和无歧义的。在此基础上，人们发明了一套系统命名方法。

物质分类的最终态就是单一物质的单独表征，因此，名称是物质分类的终极态。和人类在姓名基础上用身份证号加以命名和区分的目的相同，单个个体有规律且独有的符号标识有利于对个体的管理和准确描述。

总之，本节内容是学习烷烃命名的方法，实现以命名强化物质分类的价值。教材中"烷烃"一节知识的逻辑体系如图3-50。

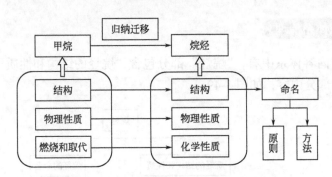

图3-50　教材中"烷烃"一节知识的逻辑体系

教学思考

本节内容中"烷烃的结构和性质"部分是之前知识的归纳、总结，命名部分是概念的呈现，知识容量较小的内容教学往往比较适合聚焦学生学科核心素养的发展。虽然没有固定的发展学生素养的教学模式，但是体现化学学科思维容量较大并能引发学生深度思维的课堂，一定是发展学生学科核心素养的课堂。

"烷烃"一节知识的生成一定是学生完成了以下问题链的思考后得到的：

① 如何从甲烷的分子结构理解其同系物的结构特点？

② 从甲烷的化学性质如何推测得到其同系物的化学性质？

③ 随着碳原子个数增加，烷烃的物理性质有哪些规律性的变化？如何从微观的视角解释这种变化规律？

④ 创造一种命名规则的原则和方法是什么？

⑤ 如何理解烷烃系统命名法中的命名原则和方法？

通过简单记忆和训练，学生掌握本节内容并不困难，从未有文献报道聚焦学生学科核心素养的发展对本节课的教学要求展开讨论和创新。但是传统的简单的概念呈现式教学模式必然会造成新的教学问题，例如教师经常会依据"次序规则"，判定将 2- 甲基 -4- 氯戊烷（图 3-51）命名成 2- 氯 -4- 甲基戊烷是错误的。从命名的简单、方便、无歧义的视角来看，2- 氯 -4- 甲基戊烷并不会产生任何歧义，因此，在这里揪着"次序规则"就没有任何意义了。这样的评判只能进一步僵化学生对知识的理解和灵活运用。

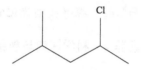

图 3-51　2- 甲基 -4- 氯戊烷的分子结构

二、烯烃、炔烃

课标要求

根据课标中"学业质量标准"部分的化学学科核心素养水平划分的相关规定，通过该部分的学习，学生应该获得的化学学科核心素养主要表现在：

素养 1　宏观辨识与微观探析

水平 3：能从原子、分子水平分析常见物质及其反应的微观特征，能运用化学符号和定量计算等手段说明物质的组成及其变化，能分析物质化学变化和伴随发生的能量转化与物质微观结构之间的关系。

水平 4：能依据物质的微观结构，描述或预测物质的性质和在一定条件下可能发生的化学变化，能评估某种解释或预测的合理性；能从宏观与微观结合的视角对物质及其变化进行分类和表征。

素养2　变化观念与平衡思想

水平3：形成化学变化是有条件的观念。

水平4：能从不同视角认识化学变化的多样性，能运用对立统一思想和定性定量结合的方式揭示化学变化的本质特征；能对具体物质的性质和化学变化做出解释或预测，能运用化学变化的规律分析说明生产、生活实际中的化学变化。

素养3　证据推理与模型认知

水平3：能从定性与定量结合上收集证据，能通过定性分析和定量计算推出合理的结论；能认识物质及其变化的理论模型和研究对象之间的异同，能对模型和原型的关系进行评价以改进模型使用的条件和适用范围。

水平4：能依据各类物质及其反应的不同特征寻找充分的证据，能解释证据与结论之间的关系；能对复杂的化学问题情境中的关键要素进行分析以建构相应的模型，能选择不同模型综合解释或解决复杂的化学问题；能指出所建模型的局限性，探寻模型优化需要的证据。

素养4　科学探究与创新意识

水平3：具有较强的问题意识，能在与同学讨论基础上提出探究的问题和假设，依据假设提出实验方案，独立完成实验，收集实验证据，基于现象和数据进行分析并得出结论，交流自己的探究成果。

素养5　科学态度与社会责任

水平3：具有理论联系实际的观念，有将化学成果应用于生产、生活的意识，能依据实际条件并运用所学的化学知识和方法解决生产、生活中简单的化学问题；在实践中逐步形成节约成本、循环利用、保护环境等观念。

水平4：尊重科学伦理道德，能依据"绿色化学"思想和科学伦理对某一个化学过程进行分析，权衡利弊，做出合理的决策；能针对某些化学工艺设计存在的各种问题，提出处理或解决问题的具体方案。

知识体系梳理

从教材内容体系中看，本节内容包含"烯烃"和"炔烃"两部分，如图3-52。

必修部分已经学习了乙烯的加成以及聚合反应等相关化学知识。在将知识从乙烯到烯烃同系

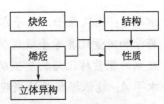

图3-52　教材中"烯烃、炔烃"一节内容体系

物的迁移过程中，遇到的新问题就是不对称烯烃加成会产生两种产物以及烯烃本身的立体异构。

　　必修部分对乙烯相关性质的呈现并未从微观结构开始，教材中直接从"双键可以打开一个键发生加成反应"对加成反应的模型展开建构，这种方式充其量算从微观和宏观之间的"介观"尺度理解宏观性质，因此，在选择性必修部分，进一步从介观到微观，直接从烯烃官能团的结构开始重新思考结构和性质之间的关联就显得十分必要。

　　烯烃官能团中存在一个"头碰头"的 σ 键和"肩并肩"的 π 键，未杂化的碳原子 p 轨道在形成 π 键时将碳碳 σ 键"包裹"在纺锤形电子云的内部，"肩并肩"的 π 键电子云重叠度明显不如"头碰头"的 σ 键，因此，π 键的键能远远小于 σ 键的键能，无论从能量视角还是空间结构视角，破坏 π 键保留内部 σ 键是完全可行的，这就是双键官能团可以发生加成反应的原因。

　　以乙烯的同系物丙烯为例，其双键打开加成两个不同的取代基时，会产生两种不同的加成产物，由于这涉及马氏加成规则，故不在高中阶段讨论。

　　在双键结构中，由于"肩并肩"的 π 键有方向性的限制，两侧的碳原子及其取代基构成的平面无法自由旋转，这必然造成双键可能产生立体异构的现象，理解这种立体异构的前提是一定要在微观结构上认识双键的本质。

　　对于炔烃，可以简单地看成碳碳 σ 键的上下（一个 p 轨道）和前后（另一个 p 轨道）各形成一个 π 键。高中阶段并不讨论双键和三键 p 轨道重叠程度所引起的键长差异导致两者加成反应活性上的差别，因此，高中范畴的三键可以看成两个双键的"叠加"体，烯烃能发生的化学反应，炔烃都可以发生。

　　由于三键含有两个 π 键，因此可以经历两次加成反应过程，在此过程中有可能产生以下三个问题：①加成获得烯烃和加成获得烷烃的选择问题；②加成获得烯烃的顺反立体异构问题；③炔烃加成反应和乙烯加成反应的条件区别问题。受学段的限制，这些问题都不在高中阶段讨论。

　　炔烃与水加成生成的烯醇结构不稳定，进一步异构化为稳定的羰基结构，该知识也不在本学段讨论。

　　总之，在知识层面，本节内容主要包括"烯烃"和"炔烃"的相关知识；在方法论层面，本节内容旨在使学生了解从官能团微观结构理解宏观物质的学科方法；在价值论层面，让学生进一步理解微观结构决定宏观性质的学科价值。教材中"烯烃、炔烃"一节知识的逻辑体系如图 3-53。

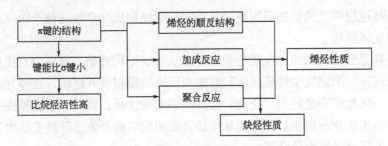

图 3-53 教材中"烯烃、炔烃"一节知识的逻辑体系

和必修部分相关知识相比，本节内容一定是基于微观结构的特征对烯烃和炔烃的相关知识进行建构的。

"烯烃、炔烃"一节知识的生成一定是学生完成了以下问题链的思考：

① 从结构上比较同种物质中 σ 键和 π 键的键能差异。

② 如何理解烯烃比烷烃化学性质活泼的事实？

③ 如何从微观结构的视角理解烯烃的立体异构？

④ 乙炔和乙烯性质的差异可能是由什么微观结构的差异造成的？

和乙烯在工业上的广泛应用不同，而乙炔对人类生产和生活发挥主要作用的是其燃烧产生的乙炔高温火焰。对乙炔及其性质的探讨建立在乙烯模型基础上，理解乙炔的化学活性就能实现教学目标。

三、芳香烃

根据课标中"学业质量标准"部分的化学学科核心素养水平划分的相关规定，通过该部分的学习，学生应该获得的化学学科核心素养主要表现在：

素养 1 宏观辨识与微观探析

水平 3：能从原子、分子水平分析常见物质及其反应的微观特征，能运用化学符号和定量计算等手段说明物质的组成及其变化，能分析物质化学变化和伴随发生的能量转化与物质微观结构之间的关系。

水平 4：能依据物质的微观结构，描述或预测物质的性质和在一定条件下可能发生的化学变化，能评估某种解释或预测的合理性；能从宏观与微观结合的视角对物质及其变化进行分类和表征。

素养2 变化观念与平衡思想

水平3：形成化学变化是有条件的观念。

水平4：能从不同视角认识化学变化的多样性，能运用对立统一思想和定性定量结合的方式揭示化学变化的本质特征；能对具体物质的性质和化学变化做出解释或预测，能运用化学变化的规律分析说明生产、生活实际中的化学变化。

素养3 证据推理与模型认知

水平3：能从定性与定量结合上收集证据，能通过定性分析和定量计算推出合理的结论；能认识物质及其变化的理论模型和研究对象之间的异同，能对模型和原型的关系进行评价以改进模型使用的条件和适用范围。

水平4：能依据各类物质及其反应的不同特征寻找充分的证据，能解释证据与结论之间的关系；能对复杂的化学问题情境中的关键要素进行分析以建构相应的模型，能选择不同模型综合解释或解决复杂的化学问题；能指出所建模型的局限性，探寻模型优化需要的证据。

素养4 科学探究与创新意识

水平3：具有较强的问题意识，能在与同学讨论基础上提出探究的问题和假设，依据假设提出实验方案，独立完成实验，收集实验证据，基于现象和数据进行分析并得出结论，交流自己的探究成果。

素养5 科学态度与社会责任

水平3：具有理论联系实际的观念，有将化学成果应用于生产、生活的意识，能依据实际条件并运用所学的化学知识和方法解决生产、生活中简单的化学问题；在实践中逐步形成节约成本、循环利用、保护环境等观念。

水平4：尊重科学伦理道德，能依据"绿色化学"思想和科学伦理对某一个化学过程进行分析，权衡利弊，做出合理的决策；能针对某些化学工艺设计存在的各种问题，提出处理或解决问题的具体方案。

知识体系梳理

从教材内容体系中看，"芳香烃"内容包含"苯"和"苯的同系物"两部分内容，如图 3-54。

从结构决定性质的逻辑关系来看，了解苯
的性质必须从了解苯的结构开始。历史上，从
得到苯的分子式为 C_6H_6 到真正了解苯分子的
结构经历了很长的时间，这个事实说明，科学
建构苯分子的模型是一件比较困难的事情，因
此，苯分子结构模型的建构是本节内容的重
难点。

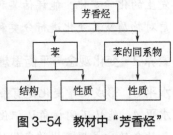

图 3-54　教材中"芳香烃"
一节内容体系

从分子式 C_6H_6 "推导"出带有单双键交替六元碳环结构的过程并不困难，
但是，苯的相对惰性明显和烯烃的化学活性相矛盾，严格来说，芳香性产生的
根本原因人类到目前都没有完全解释清楚，基于芳香性共轭 π 电子数的休克尔
规则也仅仅是个经验公式。

把苯环看成单双键交替的结构时会发现，单键两侧已经形成的"肩并肩"p
轨道之间的重叠不可避免，电子以及原子核之间的互相作用必然会造成"平
均"效应。从微观视角理解了这种平均效应就可以理解破坏苯环上"肩并肩"
的 π 键必然会造成"牵一发而动全身"的影响。相应地，其在加成等反应中所
表现出的化学活性就会降低。

从表面上看，苯环的大 π 键和周围的六个碳氢 σ 键之间并没有直接的关
系，由此，从甲烷取代反应较难的视角来看，苯环的取代反应应该一样比较困
难。但是，苯环的取代反应不需要经历类似于甲烷在光照条件下引发的自由基
历程。这就说明苯环的大 π 键在一定程度上"活化"了与其相邻的碳氢 σ 键。
鉴于高中有机化学不涉及反应机理的学段因素，苯环的取代反应仅仅以"死"
知识的形式进行了简单呈现。

对于苯的同系物的性质部分，教材中实验 2-2 比较了甲苯和苯的化学性质
差异，该实验的目的在一定程度上呈现了相邻官能团互相影响造成化学性质存
在差异。这个思想是苯环上大 π 键造成苯和烯烃性质差异的逻辑延续。从本质
上讲，相邻官能团互相影响造成化学性质的变化是微观结构决定宏观性质的必
然结果和具化内容。在苯的同系物中，和苯环直接相连的取代基必然会影响苯
环的化学性质。

总之，在知识层面，本节内容主要是"苯的结构和性质"和"苯的同系
物"的相关知识；在方法论层面，本节内容旨在使学生进一步了解从官能
团微观结构理解宏观物质的学科方法；在价值论层面，让学生进一步理解微
观结构决定宏观性质的学科价值。教材中"芳香烃"一节知识的逻辑体系如
图 3-55。

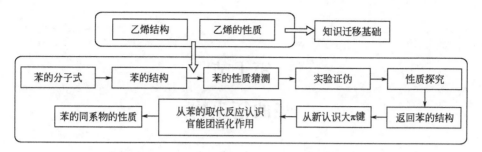

图 3-55 教材中"芳香烃"一节知识的逻辑体系

 **教学思考**

　　苯的性质和结构之间的关系是中学生较难科学建构的知识体系之一，基于乙烯知识的迁移、探究、发现矛盾、继续探究、重新回归微观结构、科学认识大π键的过程，能够帮助学生建构苯的概念模型。

　　"芳香烃"一节知识的生成一定是学生完成了以下问题链的思考后得到的：

　　① 基于苯的分子式，"猜测"苯有哪些可能的分子结构。

　　② 基于乙烯的化学性质，"猜测"苯可能有哪些化学性质。

　　③ 如何设计实验验证之前的猜测？

　　④ 通过实验探究总结苯的化学性质主要表现在哪些方面。

　　⑤ 之前猜测的苯的"双键单键相间"的结构可能有哪些问题？

　　⑥ 大π键共轭体系结构有哪些特点？

　　⑦ 大π键共轭体系结构如何体现在苯的性质上？

　　⑧ 和烷烃的碳氢键相比，苯的碳氢键化学活性较高说明了什么？

　　⑨ 甲苯的甲基和苯基之间互相影响对宏观性质造成了哪些影响？

　　基于乙烯的结构和苯的分子式，学生"猜想"出苯环"双键单键相间"的结构并不困难，这种双键的性质和乙烯的性质差异必然激发学生进一步优化这个初步模型的兴趣，通过对π键中p轨道重叠时不可避免形成大共轭体系的分析，结合实验中得到的苯环较为"惰性"的信息，学生理解苯环的结构进而建构"芳香性"概念就相对容易了。

　　在本节课中，通过比较苯环上碳氢键和烷烃碳氢键性质的差异，以及甲苯中甲基性质和甲烷性质的差异，可帮助学生初步建立官能团相互作用影响化学性质的理念，为后续羧基等官能团的学习建立知识迁移基础。

第十节

烃的衍生物

本节包含"卤代烃""醇、酚""醛、酮""羧酸、羧酸衍生物"和"有机合成"五部分内容。

一、卤代烃

 课标要求

根据课标中"学业质量标准"部分的化学学科核心素养水平划分的相关规定，通过该部分的学习，学生应该获得的化学学科核心素养主要表现在：

素养1　宏观辨识与微观探析

水平3： 能从原子、分子水平分析常见物质及其反应的微观特征，能运用化学符号等手段说明物质的组成及其变化，能分析物质化学变化与物质微观结构之间的关系。

水平4： 能依据物质的微观结构，描述或预测物质的性质和在一定条件下可能发生的化学变化，能评估某种解释或预测的合理性；能从宏观与微观结合的视角对物质及其变化进行分类和表征。

素养2　变化观念与平衡思想

水平3： 形成化学变化是有条件的观念，能运用化学反应原理分析影响化学变化的因素，初步学会运用变量控制的方法研究化学反应。

水平4： 能从不同视角认识化学变化的多样性，能运用对立统一思想和定性定量结合的方式揭示化学变化的本质特征；能对具体物质的性质和化学变化做出解释或预测，能运用化学变化的规律分析说明生产、生活实际中的化学变化。

素养3　证据推理与模型认知

水平3： 能认识物质及其变化的理论模型和研究对象之间的异同，能对模型和

原型的关系进行评价以改进模型使用的条件和适用范围。

水平 4：能依据各类物质及其反应的不同特征寻找充分的证据，能解释证据与结论之间的关系；能对复杂的化学问题情境中的关键要素进行分析以建构相应的模型，能选择不同模型综合解释或解决复杂的化学问题；能指出所建模型的局限性，探寻模型优化需要的证据。

素养 4　科学探究与创新意识

水平 3：具有较强的问题意识，能在与同学讨论基础上提出探究的问题和假设，依据假设提出实验方案，收集实验证据，基于现象和数据进行分析并得出结论，交流自己的探究成果。

素养 5　科学态度与社会责任

水平 3：具有理论联系实际的观念，有将化学成果应用于生产、生活的意识，能依据实际条件并运用所学的化学知识和方法解决生产、生活中简单的化学问题；在实践中逐步形成节约成本、循环利用、保护环境等观念。

水平 4：尊重科学伦理道德，能依据"绿色化学"思想和科学伦理对某一个化学过程进行分析，权衡利弊，做出合理的决策；能针对某些化学工艺设计存在的各种问题，提出处理或解决问题的具体方案。

知识体系梳理

　　从教材内容体系中看，"卤代烃"部分主要包含"卤代烃的物理性质"和"溴乙烷的化学性质"两部分，其中"溴乙烷的化学性质"部分主要包含"取代反应"和"消去（除）反应"两部分，如图 3-56。

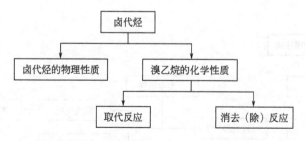

图 3-56　教材中"卤代烃"一节内容体系

　　从微观结构看，烃分子的一个氢原子被卤素原子取代就形成了卤代烃。和取代前的碳氢键属于典型的非极性共价键不同，取代后，由于卤族元素，尤其是氟、氯和溴的电负性比碳要大，碳和卤素原子之间所形成的共价键属于典型极性化学键。以溴乙烷为例，如图 3-57，在溴原子的吸电子作用下，碳溴共价键的电子偏向于溴，相应地，与溴相连的碳原子因为电子对的偏离而带部分正电荷。这种极性共价键的键能比烷烃碳氢键的键能小，其化学活性高。总之，溴的电负性造就了溴乙烷分子的极性和化学活性。溴乙烷分子内的极化模型见图 3-57。

图 3-57　溴乙烷分子内的极化模型

在溴乙烷的取代反应中，当氢氧化钠水溶液中电离出的相对"自由"的氢氧根离子和溴乙烷中与溴相连的碳发生碰撞时，氢氧根的负电荷和溴的负电荷相互作用，使溴原子成功获得与碳原子共用的共价键电子，这个过程就是碳氧键形成和碳溴键断裂的过程。受学段的制约，在不呈现反应机理的前提下，这种简单地理解水中氢氧根碰撞取代溴形成乙醇的过程是符合逻辑的。

在溴乙烷的消除反应中，氢氧化钠在醇溶液中不可能电离形成"自由"的氢氧根离子，因此，这种碱性体系可以简单地理解为"碱性条件"。根据熵增的原理，在加热情况下，溴乙烷自身脱除溴化氢生成乙烯，溴化氢被碱性体系中和，根据勒夏特列原理，反应不断朝向生成乙烯的方向进行。这种简单的模型有利于学生掌握取代反应和消除反应中溶剂水和乙醇存在差异的原因。基于反应的复杂性，消除反应的真实机理即使在大学也是学生学习的难点，受制于学段，教材中未作任何解释。

总之，在知识层面，本节内容主要包括"卤代烃的物理性质"和"溴乙烷的化学性质"等知识；在方法论层面，本节内容使学生进一步了解从官能团微观结构理解宏观物质的学科方法；在价值论层面，让学生进一步理解微观结构决定宏观性质的学科价值。教材"卤代烃"一节知识的逻辑体系见图 3-58。

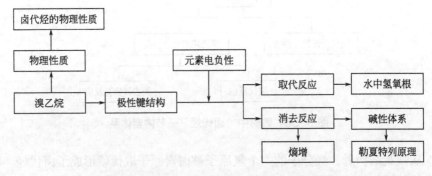

图 3-58　教材"卤代烃"一节知识的逻辑体系

教学思考

本节内容的核心是溴乙烷的取代和消除反应，在没有任何知识迁移基础的前提下，两个有机反应本身只能靠"记忆"掌握。但是，不可避免地学生会对两个相似的反应条件进行比较。寻找合理的建构基础是本节教学的难点。

"卤代烃"一节知识的生成一定是学生完成了以下问题链的思考后得到的：

① 如何从微观的视角理解卤代烃比烷烃的化学活性强？

② 从电负性的角度思考溴乙烷中碳溴键的特点。

③ 从微观视角理解为什么溴乙烷在热的氢氧化钠水溶液中可以生成乙醇。

④ 如何从熵变的角度理解溴乙烷的消除反应？

⑤ 氢氧化钠的醇溶液和水溶液相比有哪些不同？

⑥ 思考溴乙烷取代反应和消除反应条件不同的原因。

比较取代反应和消除反应条件的本质差异，就是比较溶液中是否存在"自由"的氢氧根离子。"自由"的氢氧根是良好的取代基，能够通过"碰撞"取代溴，醇中没有"自由"的氢氧根离子，氢氧化钠的醇溶液只能算是碱性条件。这个逻辑分析过程学生比较好理解。

二、醇、酚

课标要求

根据课标中"学业质量标准"部分的化学学科核心素养水平划分的相关规定，通过该部分的学习，学生应该获得的化学学科核心素养主要表现在：

素养1　宏观辨识与微观探析

水平3：能从原子、分子水平分析常见物质及其反应的微观特征，能运用化学符号等手段说明物质的组成及其变化，能分析物质化学变化与物质微观结构之间的关系。

水平4：能依据物质的微观结构，描述或预测物质的性质和在一定条件下可能发生的化学变化，能评估某种解释或预测的合理性；能从宏观与微观结合的视角对物质及其变化进行分类和表征。

素养2　变化观念与平衡思想

水平3：形成化学变化是有条件的观念，能运用化学反应原理分析影响化学变化的因素，初步学会运用变量控制的方法研究化学反应。

水平4：能从不同视角认识化学变化的多样性，能运用对立统一思想和定性定量结合的方式揭示化学变化的本质特征；能对具体物质的性质和化学变化做出解释或预测，能运用化学变化的规律分析说明生产、生活实际中的化学变化。

素养3 证据推理与模型认知

水平3：能认识物质及其变化的理论模型和研究对象之间的异同，能对模型和原型的关系进行评价以改进模型使用的条件和适用范围。

水平4：能依据各类物质及其反应的不同特征寻找充分的证据，能解释证据与结论之间的关系；能对复杂的化学问题情境中的关键要素进行分析以建构相应的模型，能选择不同模型综合解释或解决复杂的化学问题；能指出所建模型的局限性，探寻模型优化需要的证据。

素养4 科学探究与创新意识

水平3：具有较强的问题意识，能在与同学讨论基础上提出探究的问题和假设，依据假设提出实验方案，收集实验证据，基于现象和数据进行分析并得出结论，交流自己的探究成果。

素养5 科学态度与社会责任

水平3：具有理论联系实际的观念，有将化学成果应用于生产、生活的意识，能依据实际条件并运用所学的化学知识和方法解决生产、生活中简单的化学问题；在实践中逐步形成节约成本、循环利用、保护环境等观念。

水平4：尊重科学伦理道德，能依据"绿色化学"思想和科学伦理对某一个化学过程进行分析，权衡利弊，做出合理的决策；能针对某些化学工艺设计存在的各种问题，提出处理或解决问题的具体方案。

知识体系梳理

从教材内容体系中看，"醇、酚"部分主要包含"醇"和"酚"两部分内容，如图3-59。

和水分子相似，醇和酚的氧氢键结构也能形成氢键；和相同碳数的烷烃相比，其熔沸点都较高。氢键是两者物理性质差异的主要影响因素。

和卤代烃相似，醇分子中碳氧极性键也决定了羟基具有一定的离去性，因此醇也可以被取代生成卤代烃。教材中溴乙烷取代生成乙醇和乙醇取代生成溴乙烷的条件虽然不同，但是并没有明确比较说明两个反应发生的决定因素。虽然学生可以通过记忆反应条件来区别这两个反应，但是，为了防止学生将可逆反应的模型迁移进来认知这两个反应，在教学过程中有必要进行合理的符合学段的机理说明。

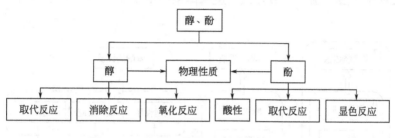

图3-59　教材中"醇、酚"一节内容体系

乙醇在浓硫酸体系中，不同的加热温度可以分别得到乙烯和乙醚。在不涉及反应机理的情况下，无法通过合理的推理得到温度是两个反应控制因素的结论。在乙醇脱水生成乙烯的过程中，一个乙醇分子反应后生成一个乙烯分子和一个水分子，该过程属于明显的熵增过程。在乙醇脱水生成乙醚的过程中，两个乙醇分子反应生成一个乙醚分子和一个水分子，该过程中没有明显的熵变。由于温度越高越有利于熵增的反应发生，从这个角度只能理解乙醇成烯反应温度比成醚反应高的原因。从定量角度来看，乙醚是 140℃下乙醇和浓硫酸反应的主产物，而乙烯是 170℃下乙醇和浓硫酸反应的主产物。

从结构上讲，乙醇的碳氧单键转变成碳氧双键就能得到乙醛，这个过程需要脱氢，因此乙醇反应生成乙醛是被氧化的过程。乙醛分子的羰基氢被羟基取代后得到乙酸，乙酸分子比乙醛分子多一个氧原子，因此，这个过程也是氧化反应过程。

醇和酚都含有羟基结构，但是和苯环相连后，羟基就具有了酸性，这就是醇和酚结构相近但是一个被称为"醇"而另一个被称为"酚"的原因。比较乙醇和苯酚酸性的差异，可以得到苯环是苯酚产生较强酸性的因素。受学段的限制，苯环吸电子性及其产生的原因在高中阶段不做讨论。

由于苯酚中和羟基相连的是苯环结构，因此，与乙醇类似的消除反应和取代反应，苯酚都无法发生。和羟基相连后，苯环也受到一定程度的活化，宏观性质体现在苯酚结构中苯环的取代反应变得较为容易。这种官能团相互作用影响对方性质的现象是高中阶段理解官能团性质及作用的关键。

对于苯酚遇到三价铁离子的显色反应，因为没有任何可以解释其原理的知识基础，高中阶段仅仅作为一个逻辑原点型知识呈现。

总之，在知识层面，本节内容主要是"醇和酚的物理和化学性质"；在方法论层面，本节内容可使学生进一步了解从官能团微观结构理解宏观物质的学科方法；在价值论层面，学生可进一步理解微观结构决定宏观性质的学科价值。教材中"醇、酚"一节知识的逻辑体系如图 3-60。

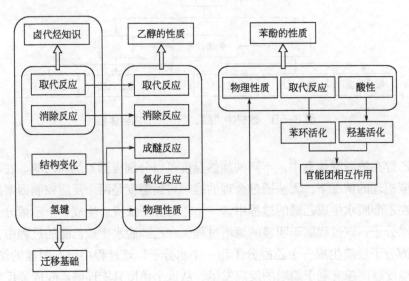

图 3-60　教材中"醇、酚"一节知识的逻辑体系

　**教学思考**

本节内容具有较多的局限于学段的"逻辑原点型知识"。因此，引导学生思考并强化自我解释，是本节教学中需要着重思考的问题。

"醇、酚"一节知识的生成一定是学生完成了以下问题链的思考后得到的：

① 从氢键的概念推测醇和酚的物理性质。

② 根据卤代烃的化学性质推断乙醇可能具有哪些化学性质。

③ 如何从熵变的概念理解乙醇脱水成醚和成烯条件的差异？

④ 如何从结构变化角度理解乙醇反应生成乙醛进而生成乙酸的分步氧化过程？

⑤ 如何理解酚的酸性？

⑥ 如何理解苯酚取代反应和苯取代反应的差异？

⑦ 如何理解苯酚和乙醇结构相近但性质差异较大的事实？

乙醇取代生成溴乙烷的反应是在酸性条件下进行的，溴乙烷水解生成乙醇的反应是在碱性条件下进行的，这种对比能让学生理解二者并不是条件相同的可逆反应。由于碳与卤素形成的共价键极性较大，化学活性较高，因此卤代烃在自然界中存在量极其少，在工业生产和生活中，常见的卤代烃都是人工合成的。乙醇和甘油等醇类物质在自然界中广泛存在，因此，真实的工业问题是如何高效合理地将醇转化为卤代烃而不是如何将卤代烃转化为廉价易得的醇。卤代烃被取代生成醇的反应，在中学阶段的育人价值是让学生了解卤素和碳原子相连时可以被氢氧根等官能团取代的性质，该学习为更高学段学习其机理做准备，更是为高中生建立官能团转换概念进而掌握有机合成的相关知识做准备。

从熵增的知识理解乙醇脱水成烯的反应温度比成醚的反应温度高，对学生来说并不困难，但是学生很容易得出在170℃时乙醇和浓硫酸反应只生成乙烯而不会生成乙醚的错误结论。在有机化学反应方程式中，人们习惯用箭头而不是等号的原因就是反应的副产物较多，因此，在从140℃逐渐升温到170℃的过程中，乙醇和浓硫酸反应的主产物逐渐从乙醚变成了乙烯，这个动态的过程有助于学生深度理解有机化学反应的特征。

乙醇氧化为乙醛进而氧化为乙酸的过程，一定是教师带领学生从碳原子和氧原子成键的可能性分析可以得到何种产物的过程，从碳氧单键的乙醇分子到碳氧双键的乙醛分子一定是脱氢的过程，从醛基到羧基就是醛基的碳氢键变成碳和羟基相连的加氧过程。从微观结构上带领学生分析官能团的变化，有助于学生理解有机氧化反应的本质。

从表面上看，将苯酚和乙醇放在一个单元中学习是因为两者都有羟基的结构。从性质上看，苯酚的化学性质和乙醇差异巨大，教师带领学生分析这种结构相近但性质差异较大的事实，有助于帮助学生建立邻近官能团影响会在化学性质上表现出差异的观念，为学生在今后学段中学习共轭效应和诱导效应做准备。至少学生通过实验得出苯酚具有酸性时，有意识地从受与羟基相连的苯环的影响造成苯酚酸性升高的视角思考和理解该结论。

很多教师在设计苯酚和氢氧化钠能够反应生成苯酚钠的实验时，通过向过饱和的苯酚悬浊液中加入氢氧化钠溶液后变澄清的现象，得出氢氧化钠和苯酚可以反应的事实，继续向该澄清溶液中通入二氧化碳气体，沉淀再次出现，由此就推测得到二氧化碳可以和苯酚钠溶液反应生成苯酚的结论。这个逻辑推导明显是"伪推导"，向一种过饱和悬浊液中加入另一种物质的水溶液，混合物变澄清有可能是新带入的溶剂水溶解了之前悬浊液中的固体；向一种澄清溶液中通入二氧化碳气体产生沉淀也可能是由盐离子效应造成的结果。

其基本的逻辑关系是首先需要研究为什么苯酚俗名是石炭酸，以及苯酚在水中呈现弱酸性的事实，在证明了苯酚在水中具有酸性的前提下，苯酚悬浊液遇到氢氧化钠变澄清在一定程度上是对其酸性的证明，该实验应该是一个性质验证性实验。苯酚酸性弱于碳酸的性质实验，是在将苯酚和碳酸氢钠溶液混合后没有气体生成的基础上得到的。在此基础上，苯酚钠溶液中通入二氧化碳产生沉淀也是一个性质验证性实验。

在苯酚和溴的取代反应探究过程中，如果首先展开实验探究，根据生成的白色沉淀，学生有可能根据乙醇的取代反应推论得出沉淀是溴苯的结论。严格来说，根据沉淀现象，无法得到任何有意义的结论。2,4,6-三溴苯酚作为反应产物，在高中阶段只能以简单呈现的方式告知学生。需要说明的是，教材中"苯酚与溴的反应很灵敏，可用于苯酚的定性检验和定量测定"这句话一定不能做过多的解读，严格来说，该反应应用于苯酚的定量测定时，测定的是溴氧化苯酚生成四溴醌的量，进而推导出苯酚的含量。也就是说，苯酚遇到溴水后，发生氧化还原反应不可避免。

在高中阶段，无论如何做教学设计，苯酚遇到铁离子的显色反应只能是呈现性的逻辑原点型知识。

三、醛、酮

 课标要求

根据课标中"学业质量标准"部分的化学学科核心素养水平划分的相关规定，通过该部分的学习，学生应该获得的化学学科核心素养主要表现在：

素养1　宏观辨识与微观探析

水平3：能从原子、分子水平分析常见物质及其反应的微观特征，能运用化学符号等手段说明物质的组成及其变化，能分析物质化学变化与物质微观结构之间的关系。

水平4：能依据物质的微观结构，描述或预测物质的性质和在一定条件下可能发生的化学变化，能评估某种解释或预测的合理性；能从宏观与微观结合的视角对物质及其变化进行分类和表征。

素养2　变化观念与平衡思想

水平3：形成化学变化是有条件的观念，能运用化学反应原理分析影响化学变化的因素，初步学会运用变量控制的方法研究化学反应。

水平4：能从不同视角认识化学变化的多样性，能运用对立统一思想和定性定量结合的方式揭示化学变化的本质特征；能对具体物质的性质和化学变化做出解释或预测，能运用化学变化的规律分析说明生产、生活实际中的化学变化。

素养3　证据推理与模型认知

水平3：能认识物质及其变化的理论模型和研究对象之间的异同，能对模型和原型的关系进行评价以改进模型使用的条件和适用范围。

水平4：能依据各类物质及其反应的不同特征寻找充分的证据，能解释证据与结论之间的关系；能对复杂的化学问题情境中的关键要素进行分析以建构相应的模型，能选择不同模型综合解释或解决复杂的化学问题；能指出所建模型的局限性，探寻模型优化需要的证据。

素养4　科学探究与创新意识

水平3：具有较强的问题意识，能在与同学讨论基础上提出探究的问题和假设，依据假设提出实验方案，收集实验证据，基于现象和数据进行分析并得出结论，交流自己的探究成果。

素养5　科学态度与社会责任

水平3：具有理论联系实际的观念，有将化学成果应用于生产、生活的意识，能依据实际条件并运用所学的化学知识和方法解决生产、生活中简单的化学问题；在实践中逐步形成节约成本、循环利用、保护环境等观念。

水平4：尊重科学伦理道德，能依据"绿色化学"思想和科学伦理对某一个化学过程进行分析，权衡利弊，做出合理的决策；能针对某些化学工艺设计存在的各种问题，提出处理或解决问题的具体方案。

知识体系梳理

从教材内容体系中看，"醛、酮"部分主要包含"醛"和"酮"两部分内容，如图3-61。

乙醇氧化首先得到乙醛，醛基的双键结构必然决定其和烯烃的双键结构类似，可以发生加成反应。乙醛的催化加氢反应就比较好理解了。

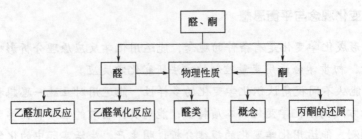

图 3-61　教材中"醛、酮"一节内容体系

醛基还可以与诸如氢氰酸等其他物质发生加成反应，从醛基官能团微观结构来看，氧原子的电负性比碳原子大，碳氧之间共用的两对电子被氧原子吸引而更加靠近氧原子。教材中分别用 δ^+ 和 δ^- 标注了羰基的电荷情况。根据电荷作用，氢氰酸中带正电荷的氢离子自然加成在 δ^- 的氧原子上，氰根负离子加成在带 δ^+ 电荷的碳原子上。

根据结构推断，乙醛可以被氧化成乙酸比较容易理解，但是发生氧化反应的条件是无法经过一定的知识基础推导得到的，因此，银氨离子和新制的氢氧化铜溶液可以氧化醛基属于逻辑原点型知识。根据氧化性比较弱的银离子和铜离子可以氧化醛基的事实，可以推导出醛类物质的还原性比较强的结论。

当醛基和其他官能团相连时，就形成了醛类物质的衍生物。当羰基处于碳链的非端位时就构成了酮类有机物质。教材中仅仅呈现了酮的概念和丙酮的加氢还原反应，该反应的原理和乙醛加氢反应类似。

总之，在知识层面，本书内容主要是"醛、酮的物理和化学性质"；在方法论层面，本节内容使学生进一步了解从官能团微观结构理解宏观物质的学科方法；在价值论层面，让学生进一步理解微观结构决定宏观性质的学科价值。教材中"醛、酮"一节知识的逻辑体系如图 3-62。

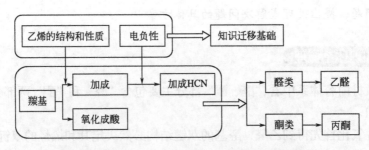

图 3-62　教材中"醛、酮"一节知识的逻辑体系

 教学思考

酮羰基的结构可基于烯键的结构进行迁移，相应地，学习乙醛和丙酮的性质应该从回顾乙烯的结构和性质开始。

"醛、酮"一节知识的生成一定是学生完成了以下问题链的思考后得到的：

① 在烯烃双键结构中，如果将其中一个碳原子换成氧，会形成什么样的结构？

②结合乙烯的性质，猜想乙醛有哪些化学性质？

③根据碳、氧元素的电负性，猜想乙醛与氢氰酸加成的结果？

④ 乙醛能够被铜离子和银离子氧化，说明乙醛的还原性比乙醇强还是弱？

⑤根据醛基的结构，如何理解乙醛的物理性质？

⑥根据羰基的结构，如何理解丙酮的物理和化学性质？

虽然羰基的相关性质可以基于烯烃的结构和性质进行合理的迁移得到，但是羰基结构中碳、氧元素的电负性差异造成了醛类比烯烃具有更高的化学活性和反应选择性。乙醛较易被氧化而乙烯较难被氧化，以及乙醛加成氢氰酸具有位置选择性，都是最佳案例。

乙醛和丙酮能与水互溶，这也是培养学生从微观视角理解结构决定性质的良好素材。羰基中氧原子的孤对电子和水分子之间通过氢键强相互作用导致的互溶性质，只有在充分理解并建构了羰基的结构模型后才能掌握。

四、羧酸、羧酸衍生物

 课标要求

根据课标中"学业质量标准"部分的化学学科核心素养水平划分的相关规定，通过该部分的学习，学生应该获得的化学学科核心素养主要表现在：

素养 1 宏观辨识与微观探析

水平 3：能从原子、分子水平分析常见物质及其反应的微观特征，能运用化学符号等手段说明物质的组成及其变化，能分析物质化学变化与物质微观结构之间的关系。

水平 4：能依据物质的微观结构，描述或预测物质的性质和在一定条件下可能

发生的化学变化，能评估某种解释或预测的合理性；能从宏观与微观结合的视角对物质及其变化进行分类和表征。

素养2 变化观念与平衡思想

水平3：形成化学变化是有条件的观念，能运用化学反应原理分析影响化学变化的因素，初步学会运用变量控制的方法研究化学反应。

水平4：能从不同视角认识化学变化的多样性，能运用对立统一思想和定性定量结合的方式揭示化学变化的本质特征；能对具体物质的性质和化学变化做出解释或预测，能运用化学变化的规律分析说明生产、生活实际中的化学变化。

素养3 证据推理与模型认知

水平3：能认识物质及其变化的理论模型和研究对象之间的异同，能对模型和原型的关系进行评价以改进模型使用的条件和适用范围。

水平4：能依据各类物质及其反应的不同特征寻找充分的证据，能解释证据与结论之间的关系；能对复杂的化学问题情境中的关键要素进行分析以建构相应的模型，能选择不同模型综合解释或解决复杂的化学问题；能指出所建模型的局限性，探寻模型优化需要的证据。

素养4 科学探究与创新意识

水平3：具有较强的问题意识，能在与同学讨论基础上提出探究的问题和假设，依据假设提出实验方案，收集实验证据，基于现象和数据进行分析并得出结论，交流自己的探究成果。

素养5 科学态度与社会责任

水平3：具有理论联系实际的观念，有将化学成果应用于生产、生活的意识，能依据实际条件并运用所学的化学知识和方法解决生产、生活中简单的化学问题；在实践中逐步形成节约成本、循环利用、保护环境等观念。

水平4：尊重科学伦理道德，能依据"绿色化学"思想和科学伦理对某一个化学过程进行分析，权衡利弊，做出合理的决策；能针对某些化学工艺设计存在的各种问题，提出处理或解决问题的具体方案。

📚 知识体系梳理

从教材内容体系中看，"羧酸、羧酸衍生物"部分主要包含"羧酸"和"羧酸衍生物"两部分内容，如图 3-63。

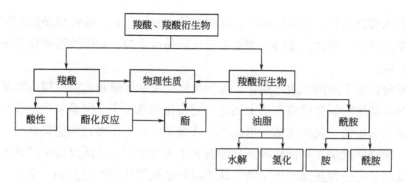

图3-63　教材中"羧酸、羧酸衍生物"一节内容体系

羧基可以简单地看成羰基和羟基直接相连的结构。

教材在甲苯和苯酚的相关知识呈现中，已经渗透了相邻官能团互相影响导致化学性质变化的思想，本节内容继续从羰基和羟基互相影响的微观视角呈现羧基的性质。

羧酸的酸性一定是羧基中氧氢键断裂形成"自由"的氢离子造成的。和醇相比，羰基的存在增加了氧氢键的活性，这主要是由于羰基结构中电负性较强的氧原子造成的。当然，电离后的羧基负离子比较稳定这一性质在一定程度上也增加了羧基的酸性。在讨论苯酚的酸性时，教材中呈现了苯环的存在增加了羟基酸性的知识，但是高中阶段不讨论为什么苯环能增强与其相连的羟基的酸性，同样，羰基增强了与其相连的羟基酸性的问题，也不需要学生理解、掌握。

根据羧基的结构，碳氧键也可以断裂而被其他官能团取代形成羧酸衍生物，但是，羧酸在水中电离显酸性足以说明羧基的氧氢键比碳氧键更容易断裂，这个结论可能会对学生学习酯化反应造成一定的负迁移作用。

对于乙酸乙酯的制备部分，教材中首先呈现了乙酸和乙醇脱水成酯的两种"可能"的方式，最后用同位素示踪法说明了乙酸脱羟基、乙醇脱氢的事实。在不涉及反应机理的前提下，对于为什么酯化反应中乙酸不断裂相对容易的氧氢键而是断裂能量较高的碳氧键问题以及乙醇在水中并不表现出酸性，乙醇的碳氧键也可以断裂发生取代反应，为什么酯化反应时乙醇断裂氧氢键表现出了"酸性"等问题，本学段无法讨论和给出正面回答。也就是说，合成乙酸乙酯时，乙醇断裂氧氢键表现出了"酸性"，乙酸断裂碳氧键，表现出了"碱性"，该知识在高中阶段属于逻辑原点型知识。需要说明的是，只有乙醇和乙酸在浓硫酸催化下生成乙酸乙酯时，乙醇断裂的是氧氢键，乙酸断裂的是碳氧键。在诸如叔丁醇酯等酯的合成过程中化学键的断裂方式与乙酸乙酯的合成过程不同。

由酸和醇合成酯是脱水的过程，相应地，酯在水中分解生成醇和酸的过程就是酯水解的过程。酸和碱都可以促进酯的水解，但是，酸性也是酸和醇反应生成酯的条件，因此，酯的酸催化水解反应是可逆的，而酯的碱催化水解是不可逆反应。

充分讨论了酯的性质之后，对油脂水解反应的理解和掌握就较为容易了。

虽然油脂的氢化反应本质上还是双键催化加氢反应，但是氢化油脂与人类的生活紧密相关，氢化油脂所形成的反式脂肪酸对人体潜在的危害在教材中的呈现，能够促进学生辩证地理解化学服务于人类生产、生活过程中的价值。

酰胺是另一种羧酸的衍生物，认识酰胺必须要从有机胺开始。学生对氨分子已经非常熟悉，在氨分子中，其中一个氢原子被有机官能团取代后就形成了有机胺分子。如果有机官能团是羰基结构的话，这种特殊的有机胺就是酰胺。当然，酰胺也可以看成有机羧酸羟基结构中的氧被氮原子"替代"的结果。和氧原子不同的是，氮原子可以同时生成三个共价键，所以这种替代的结果是氮原子结构上保留两个氢原子。

总之，在知识层面，本节内容主要是"羧酸和羧酸衍生物的相关性质"；在方法论层面，本节内容可使学生进一步了解从官能团微观结构理解宏观物质性质的学科方法；在价值论层面，学生可进一步理解微观结构决定宏观性质并为人类生产和生活服务的学科价值。教材中"羧酸、羧酸衍生物"一节知识的逻辑体系如图 3-64。

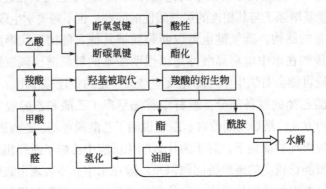

图 3-64　教材中"羧酸、羧酸衍生物"一节知识的逻辑体系

必修部分已经学习了羧酸的基本性质，在选择性必修部分，需要学生进一步从微观视角理解羧基的结构和羧酸的性质。鉴于羧酸是羟基和羰基直接相连

形成的特殊结构，分别单独思考官能团性质的同时建构羧基的综合性质有助于学生对本节内容的深度学习。

"羧酸、羧酸衍生物"一节知识的生成一定是学生完成了以下问题链的思考后得到的：

① 从醛基和羧基两个视角，思考甲酸可能有哪些化学性质。

② 从微观结构和相关元素电负性的视角，思考羧酸酸性是哪些因素导致的。

③ 在乙酸乙酯的合成过程中，如何理解乙酸显酸性但反应过程中断裂碳氧键的事实？

④ 如何理解油脂氢化的利弊？

⑤ 酰胺可以看成羧基中羟基氧被氮原子"替代"的结果，猜想哪些元素还可能替代该氧原子，结果如何？

带领学生思考并回答问题③的过程，就是合理"猜测"反应机理的过程。乙酸在反应中并未表现出其氧氢键容易断裂的酸性特征，这说明反应中乙酸经历了碳氧双键结构的变化。乙酸之所以显示酸性，主要是由和羟基紧密相邻的羰基导致的。只要破坏了乙酸分子中的羰基结构，乙酸的酸性就会消失。带领学生展开讨论并深入理解乙酸的酸性问题，可以帮助学生建立乙酸的科学模型并发展其宏观辨识和微观探析能力。

五、有机合成

 课标要求

根据课标中"学业质量标准"部分的化学学科核心素养水平划分的相关规定，通过该部分的学习，学生应该获得的化学学科核心素养主要表现在：

素养2　变化观念与平衡思想

水平3：形成化学变化是有条件的观念。

水平4：能从不同视角认识化学变化的多样性，能运用化学变化的规律分析说明生产、生活实际中的化学变化。

素养3　证据推理与模型认知

水平3：能从定性与定量结合上收集证据，能通过定性分析和定量计算推出合理的结论；能认识物质及其变化的理论模型和研究对象之间的异同，能对模型

和原型的关系进行评价以改进模型使用的条件和适用范围。

水平4：能依据各类物质及其反应的不同特征寻找充分的证据，能解释证据与结论之间的关系；能对复杂的化学问题情境中的关键要素进行分析以建构相应的模型，能选择不同模型综合解释或解决复杂的化学问题；能指出所建模型的局限性，探寻模型优化需要的证据。

素养4　科学探究与创新意识

水平3：具有较强的问题意识，能在与同学讨论基础上提出探究的问题和假设，依据假设提出实验方案，交流自己的探究成果。

水平4：能根据文献和实际需要提出综合性的探究课题，根据假设提出多种探究方案，评价和优化方案。

素养5　科学态度与社会责任

水平3：具有理论联系实际的观念，有将化学成果应用于生产、生活的意识，能依据实际条件并运用所学的化学知识和方法解决生产、生活中简单的化学问题；在实践中逐步形成节约成本、循环利用、保护环境等观念。

水平4：尊重科学伦理道德，能依据"绿色化学"思想和科学伦理对某一个化学过程进行分析，权衡利弊，做出合理的决策；能针对某些化学工艺设计存在的各种问题，提出处理或解决问题的具体方案。

知识体系梳理

从教材内容体系中看，"有机合成"部分主要包含"有机合成的主要任务"和"有机合成的路线设计与实施"两部分内容，如图3-65。

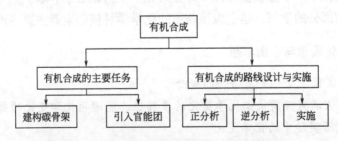

图3-65　教材中"有机合成"一节内容体系

研究官能团和有机物质性质的最终目的之一是合成人类所需要的有机化合物。有机合成的方法就是建构碳骨架和官能团转化。因此，本节内容是对之前学习的有机化合物性质和官能团转化知识的总结和应用，是从学以致用的视角网构之前所学习的有机化学知识。

碳骨架的构建主要是通过合理的有机反应增长碳链。教材中从氢氰酸与不饱和烃和羰基加成的视角，展示了主链增加一个碳原子的方法。

在某些工业生产中，需要将原料的碳链缩短以获取有用的物质，教材中展示了氧化不饱和烃和氧化苯环侧链取代基以缩短碳链的方法。从建构碳链骨架的合成方式来看，延长和缩短碳链的方法都需要了解和掌握。

在很多有机合成过程中，不可避免需要对官能团进行转化，虽然绝大多数的官能团转化不能改变碳链的结构，但是，通过官能团转化能够生成方便下一步反应的有用结构。

在实际生产中，主要遇到的有机化学问题就是合成具体的对人类有用的化合物。对于简单的经过一两步有机反应就能合成的有机化合物，通过已掌握的有机反应知识的合理组织，就能够选择出合理的初始原料。但是对于复杂结构的有机物质的合成，大部分情况下无法一步科学合理地选择出初始原料，此时就需要采用逆向思维的方式，首先思考什么反应能得到这个最终产物。这个问题在理论上解决以后，重复思考同样的问题不断地推导出合成前体，直到得到合成最终物质的第一步原料。这就是逆合成分析法。

在实际选择合成路线的时候，还需要考虑成本、操作、环保、便捷、低毒以及能耗低等因素。

总之，在知识层面，本节内容主要是"有机合成的概念"和"有机合成的路线设计"等方面内容；在方法论层面，本节内容旨在使学生掌握有机合成路线设计的方法；在价值论层面，学生可进一步理解研究有机化合物性质和化学反应的目的之一是合成对人类有用的有机化合物的学科价值。教材中"有机合成"一节知识的逻辑体系如图 3-66。

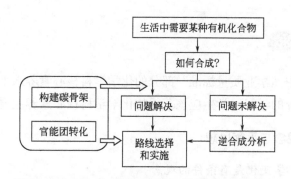

图 3-66　教材中"有机合成"一节知识的逻辑体系

教学思考

　　本节内容是对之前零散的有机化学知识的归纳、总结和应用。知识的应用是最终目的，因此教会学生掌握逆合成分析是本节内容的重点。

　　"有机合成"一节知识的生成一定是学生完成了以下问题链的思考：

　　① 化工生产中涉及的有机化学问题主要有哪些？

　　② 增加碳链的方法有哪些？

　　③ 哪些方法可以合理地缩短碳链？

　　④ 如何实现已经学习过的官能团之间的合理转化？

　　⑤ 用什么方法可以合理地选择出合成某个化合物的合成路线？

　　⑥ 为什么逆合成分析是一种有效的合成路线设计方法？

　　本节内容的核心是有机合成对人类的意义以及有机物合成路线的设计方法。其建构的基础是之前所学的所有有机化学知识。只有从官能团层面掌握了相关物质的性质和反应之后，才能充分挖掘本节内容的学科价值。

第十一节

生物大分子

　　本节包含"糖类""蛋白质"和"核酸"三部分内容。

一、糖类

课标要求

　　根据课标中"学业质量标准"部分的化学学科核心素养水平划分的相关规定，通过该部分的学习，学生应该获得的化学学科核心素养主要表现在：

素养2　变化观念与平衡思想

水平3：形成化学变化是有条件的观念。

水平4：能从不同视角认识化学变化的多样性，能运用化学变化的规律分析说

明生产、生活实际中的化学变化。

素养3 证据推理与模型认知

水平3：能从定性与定量结合上收集证据，能通过定性分析和定量计算推出合理的结论；能认识物质及其变化的理论模型和研究对象之间的异同，能对模型和原型的关系进行评价以改进模型使用的条件和适用范围。

水平4：能依据各类物质及其反应的不同特征寻找充分的证据，能解释证据与结论之间的关系；能对复杂的化学问题情境中的关键要素进行分析以建构相应的模型，能选择不同模型综合解释或解决复杂的化学问题；能指出所建模型的局限性，探寻模型优化需要的证据。

素养4 科学探究与创新意识

水平3：具有较强的问题意识，能在与同学讨论基础上提出探究的问题和假设，依据假设提出实验方案，交流自己的探究成果。

水平4：能根据文献和实际需要提出综合性的探究课题，根据假设提出多种探究方案，评价和优化方案。

素养5 科学态度与社会责任

水平3：具有理论联系实际的观念，有将化学成果应用于生产、生活的意识，能依据实际条件并运用所学的化学知识和方法解决生产、生活中简单的化学问题；在实践中逐步形成节约成本、循环利用、保护环境等观念。

水平4：尊重科学伦理道德，能依据"绿色化学"思想和科学伦理对某一个化学过程进行分析，权衡利弊，做出合理的决策；能针对某些化学工艺设计存在的各种问题，提出处理或解决问题的具体方案。

知识体系梳理

从教材内容体系中看，"糖类"部分主要包含"糖的组成和分类""单糖""二糖"和"多糖"四部分内容，如图 3-67。

在必修部分已经呈现了葡萄糖及其分子结构，对于一分子蔗糖水解可以生成一分子葡萄糖和一分子果糖、淀粉水解后生成葡萄糖的知识也已涉及。在选择性必修部分，完善糖的分类以及进一步介绍各种糖的简单性质的同时，呈现了作为生物大分子的糖对人类生活和生命的重要性。

作为还原性糖，葡萄糖能够发生银镜反应，也能够被新制的氢氧化铜氧化，这两个实验可以检验葡萄糖的存在，也能作为检验葡萄糖分子中具有醛基的验证性实验。核糖和脱氧核糖的分子中也有醛基结构,虽然教材中并未呈现其具有还原性的相关实验,但是推断二者也能发生银镜反应和被新制氢氧化铜氧化并不困难。

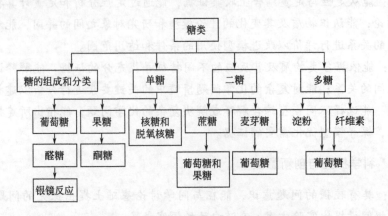

图 3-67　教材中"糖类"一节内容体系

果糖是一种含有酮羰基的单糖。根据"合理"的知识迁移,能够推测出果糖不能发生银镜反应,但是多种实验均表明,果糖能够发生银镜反应。如果要正面回答原因,就必须要涉及碱性情况下羰基的烯醇化问题。由于高中学段不涉及有机反应的机理问题,因此,果糖是否属于还原性糖的问题不在此学段讨论。除了葡萄糖的相关化学性质之外,其他单糖的化学性质并不涉及。

教材中仅仅呈现了蔗糖水解生成葡萄糖和果糖、麦芽糖水解生成葡萄糖、淀粉和纤维素水解都生成葡萄糖的化学反应,这几个反应都是在酸或者酶催化下的水解反应,因此,可以理解为教材中呈现的各类糖的逻辑关系是单糖可以通过分子间脱水生成二糖以及多糖结构。这个推论为后续高分子材料的学习奠定了知识迁移基础。

总之,在知识层面,本节内容主要是"糖的组成和分类"和"葡萄糖的性质"等知识;在方法论层面,本节内容旨在使学生学习糖类物质的分类方法;在价值论层面,让学生进一步理解分类的最终目的是研究物质共性和特性的学科价值。教材中"糖类"一节知识的逻辑体系如图 3-68。

教学思考

包括醛、酮和羟基在内的糖分子中的官能团,都是之前学习过的学生熟悉的结构。本节内容的核心是让学生了解作为生物大分子的糖类物质的大概分类以及糖类对人们生产和生活的重要作用。

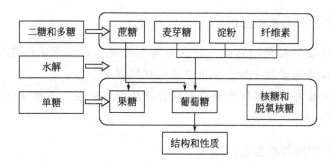

图 3-68　教材中"糖类"一节知识的逻辑体系

学生在学习必修部分时已经掌握了葡萄糖的结构和相关化学性质的知识，而二糖和多糖的水解产物等相关知识，都属于无法经过推理得到的逻辑原点型知识，在教学中都只能通过简单的演示和介绍展开。

二、蛋白质

 课标要求

根据课标中"学业质量标准"部分的化学学科核心素养水平划分的相关规定，通过该部分的学习，学生应该获得的化学学科核心素养主要表现在：

素养 2　变化观念与平衡思想

水平 3：形成化学变化是有条件的观念。

水平 4：能从不同视角认识化学变化的多样性，能运用化学变化的规律分析说明生产、生活实际中的化学变化。

素养 3　证据推理与模型认知

水平 3：能从定性与定量结合上收集证据，能通过定性分析和定量计算推出合理的结论；能认识物质及其变化的理论模型和研究对象之间的异同，能对模型和原型的关系进行评价以改进模型使用的条件和适用范围。

水平 4：能依据各类物质及其反应的不同特征寻找充分的证据，能解释证据与结论之间的关系；能对复杂的化学问题情境中的关键要素进行分析以建构相应的模型，能选择不同模型综合解释或解决复杂的化学问题；能指出所建模型的局限性，探寻模型优化需要的证据。

素养4 科学探究与创新意识

水平3：具有较强的问题意识，能在与同学讨论基础上提出探究的问题和假设，依据假设提出实验方案，交流自己的探究成果。

水平4：能根据文献和实际需要提出综合性的探究课题，根据假设提出多种探究方案，评价和优化方案。

素养5 科学态度与社会责任

水平3：具有理论联系实际的观念，有将化学成果应用于生产、生活的意识，能依据实际条件并运用所学的化学知识和方法解决生产、生活中简单的化学问题；在实践中逐步形成节约成本、循环利用、保护环境等观念。

水平4：尊重科学伦理道德，能依据"绿色化学"思想和科学伦理对某一个化学过程进行分析，权衡利弊，做出合理的决策；能针对某些化学工艺设计存在的各种问题，提出处理或解决问题的具体方案。

知识体系梳理

从教材内容体系中看，该部分主要包含"氨基酸""蛋白质"和"酶"三部分内容，如图3-69。

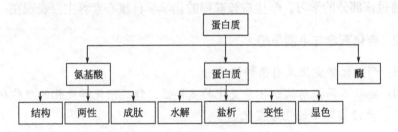

图3-69 教材中"蛋白质"一节内容体系

蛋白质是生活中常见的一类生物大分子有机化合物，组成蛋白质的基本单位是氨基酸。自然界中组成蛋白质的氨基酸主要是 α- 氨基酸，和羧基中羰基和羟基直接相连不同，α- 氨基酸的氨基和羧基之间间隔一个碳原子。这种结构可以简单地看成同时具备有机胺和羧酸的双官能团结构，其性质也可以简单地理解为同时具有氨基和羧基的物理、化学性质。

有机胺的主要化学性质是由其具有的碱性结构引起的，而羧基具有酸性，因此，氨基酸同时具有酸性和碱性，属于两性化合物。

羧基可以和醇羟基脱水成酯，相应地，羧基和胺脱水可以形成肽键结构。常见的氨基酸同时具有一个氨基和一个羧基，因此，理论上，若干个氨基酸可以通过形成肽键的形式形成大分子，这就是蛋白质的基本模型。一般情况下，由氨基酸通过肽键结合形成的酶也可以看成是蛋白质家族中的特殊成员。

组成蛋白质的单位是氨基酸，因此，在酸、碱或者酶的作用下，蛋白质水解的最终产物是氨基酸。盐析、变性和显色反应是蛋白质的特征性反应，中学阶段不涉及其机理。但是，从微观视角思考盐析和变性的过程，有助于发展学生的核心素养。

在蛋白质水溶液中加入某些可溶盐时，蛋白质溶解度降低从水中析出，该过程就是盐析。从微观角度看，蛋白质之所以能溶于水，一定是蛋白质分子中的官能团能够和水分子形成一定的强相互作用，水分子"间隔"并"包围"了蛋白质分子，从而在宏观上显示出蛋白质溶解。当某些盐类物质溶解于水中时，在水分子的作用下，盐发生电离生成阳离子和阴离子，两种离子的水合作用导致之前"围绕"在蛋白质周围的水分子数减少，蛋白质分子间因水分子的减少而相互作用出现团聚现象进而形成沉淀。这个过程可以简单地理解为蛋白质分子和盐对水分子的争夺。形成沉淀后，继续加入水，蛋白质还可以再次溶解，不影响其化学活性。

变性是对蛋白质活性结构的彻底破坏过程，该性质有助于人类掌握消毒和对自身蛋白质进行保护的基本原理。

总之，在知识层面，本节内容主要是"氨基酸的结构和性质"与"蛋白质的性质"等知识；在方法论层面，本节内容旨在使学生掌握从蛋白质的性质视角理解杀毒和保护自身蛋白质的基本方法；在价值论层面，让学生进一步理解研究和掌握生物大分子的结构和性质促进人类社会发展的价值。教材中"蛋白质"一节知识的逻辑体系如图 3-70。

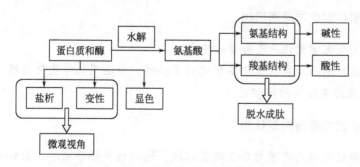

图 3-70　教材中"蛋白质"一节知识的逻辑体系

教学思考

"氨基酸的性质"部分知识的建构可以通过合理迁移有机胺和羧基的性质等相关知识达成。绝大部分蛋白质的性质部分知识都是简单呈现的逻辑原点型知识，但是，蛋白质的盐析和变性两个知识的课堂讨论有助于发展学生的化学学科核心素养。

对于"盐析"，教师可以通过以下几个问题的讨论引导学生从微观的视角理解：

① 绝大部分蛋白质能溶于水，说明蛋白质分子结构有哪些特点？

② 可溶性盐类物质在溶解过程中和水分子之间发生哪些作用？

③ 如何从微观视角理解蛋白质的盐析过程？

④ 如何从微观视角理解盐析出来的蛋白质继续加水后再溶解过程？

对于"蛋白质的变性"，教师可以通过以下几个问题的讨论引导学生从微观的视角理解：

① 为什么鸡蛋白在加热前后有如此大的变化？

② 哪些因素能引起蛋白质变性？

③ 如何从蛋白质变性的角度理解消毒的过程（病菌和病毒）？

④ 从保护自身的蛋白质角度出发可以总结出哪些好的生活习惯？

三、核酸

 课标要求

根据课标中"学业质量标准"部分的化学学科核心素养水平划分的相关规定，通过该部分的学习，学生应该获得的化学学科核心素养主要表现在：

素养2 变化观念与平衡思想

水平3：形成化学变化是有条件的观念。

水平4：能从不同视角认识化学变化的多样性，能运用化学变化的规律分析说明生产、生活实际中的化学变化。

素养3 证据推理与模型认知

水平3：能从定性与定量结合上收集证据，能通过定性分析和定量计算推出合理的结论；能认识物质及其变化的理论模型和研究对象之间的异同，能对模型

和原型的关系进行评价以改进模型使用的条件和适用范围。

水平4： 能依据各类物质及其反应的不同特征寻找充分的证据，能解释证据与结论之间的关系；能对复杂的化学问题情境中的关键要素进行分析以建构相应的模型，能选择不同模型综合解释或解决复杂的化学问题；能指出所建模型的局限性，探寻模型优化需要的证据。

素养4　科学探究与创新意识

水平3： 具有较强的问题意识，能在与同学讨论基础上提出探究的问题和假设，依据假设提出实验方案，交流自己的探究成果。

水平4： 能根据文献和实际需要提出综合性的探究课题，根据假设提出多种探究方案，评价和优化方案。

素养5　科学态度与社会责任

水平3： 具有理论联系实际的观念，有将化学成果应用于生产、生活的意识，能依据实际条件并运用所学的化学知识和方法解决生产、生活中简单的化学问题；在实践中逐步形成节约成本、循环利用、保护环境等观念。

水平4： 尊重科学伦理道德，能依据"绿色化学"思想和科学伦理对某一个化学过程进行分析，权衡利弊，做出合理的决策；能针对某些化学工艺设计存在的各种问题，提出处理或解决问题的具体方案。

📚 知识体系梳理

　　从教材内容体系中看，"核酸"部分主要包含"核酸的组成""核酸的结构"和"核酸的生物功能"三部分内容，如图3-71。

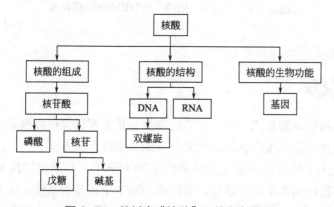

图3-71　教材中"核酸"一节内容体系

在高中生物学课程中，已经涉及了核酸的绝大部分知识内容。化学教材中的核酸部分主要呈现了以化学学科独有的视角研究核酸的结果。

从组成结构上讲，与蛋白质的结构相似，绝大多数生物大分子都具有基本的重复单元。核酸分子的重复单元是核苷酸。核苷酸是由核苷和磷酸组成的无机酸酯。高中阶段不涉及无机酸酯的结构，因此，教材中仅仅展示了核苷酸在酶的作用下水解生成核苷和磷酸的知识。核苷是由戊糖和碱基结合形成的有机分子。生物体内常见的碱基有五种，常见的戊糖有核糖和脱氧核糖两种。由排列组合可以计算出生物体内常见的核苷有 20 种。

这种从基本单元的视角研究大分子的方法对核酸概念的模型建构具有重要的作用。

核酸的结构和核酸的生物功能在高中生物学必修部分中都已涉及。

总之，在知识层面，本节内容主要是"核酸的组成"；在方法论层面，本节内容旨在使学生了解初步建立研究大分子的视角和方法；在价值论层面，让学生进一步理解研究和掌握生物大分子的结构和性质促进人类社会发展的价值。教材中"核酸"一节知识的逻辑体系如图 3-72。

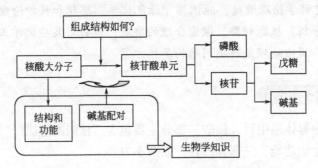

图 3-72 教材中"核酸"一节知识的逻辑体系

 教学思考

除了生物学基础知识之外，本节内容主要是无逻辑推理的概念性知识的阐述。唯一蕴含的知识理念就是研究大分子的基本视角和方法。

无论是人工合成的还是生命体内的生物大分子，其组成结构都有规律可循，例如多糖的基本单元是单糖，蛋白质的基本单元是氨基酸，聚苯乙烯的基本单元是苯乙烯。相关知识的理解为下一章合成高分子的学习奠定了迁移基础，本节教学目标之一就是让学生掌握从结构单元的视角理解核酸结构和性质的方法。

第十二节

合成高分子

本节包含"合成高分子的基本方法"和"高分子材料"两部分内容。鉴于这两部分的紧密关系，本节不进一步分解为小单元而将两部分合并综合讨论。

 课标要求

根据课标中"学业质量标准"部分的化学学科核心素养水平划分的相关规定，通过该部分的学习，学生应该获得的化学学科核心素养主要表现在：

素养2　变化观念与平衡思想

水平3：形成化学变化是有条件的观念。

水平4：能从不同视角认识化学变化的多样性，能运用化学变化的规律分析说明生产、生活实际中的化学变化。

素养3　证据推理与模型认知

水平3：能从定性与定量结合上收集证据，能通过定性分析和定量计算推出合理的结论；能认识物质及其变化的理论模型和研究对象之间的异同，能对模型和原型的关系进行评价以改进模型使用的条件和适用范围。

水平4：能依据各类物质及其反应的不同特征寻找充分的证据，能解释证据与结论之间的关系；能对复杂的化学问题情境中的关键要素进行分析以建构相应的模型，能选择不同模型综合解释或解决复杂的化学问题；能指出所建模型的局限性，探寻模型优化需要的证据。

素养4　科学探究与创新意识

水平3：具有较强的问题意识，能在与同学讨论基础上提出探究的问题和假设，依据假设提出实验方案，交流自己的探究成果。

水平4：能根据文献和实际需要提出综合性的探究课题，根据假设提出多种探究方案，评价和优化方案。

素养5 科学态度与社会责任

水平3：具有理论联系实际的观念，有将化学成果应用于生产、生活的意识，能依据实际条件并运用所学的化学知识和方法解决生产、生活中简单的化学问题；在实践中逐步形成节约成本、循环利用、保护环境等观念。

水平4：尊重科学伦理道德，能依据"绿色化学"思想和科学伦理对某一个化学过程进行分析，权衡利弊，做出合理的决策；能针对某些化学工艺设计存在的各种问题，提出处理或解决问题的具体方案。

📑 知识体系梳理

教材中"合成高分子"一节的知识体系如图3-73。

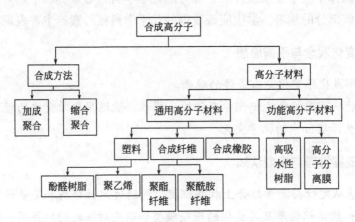

图3-73 教材中"合成高分子"一节内容体系

　　基于之前的知识基础，绝大多数高分子物质都具有一个基本的结构单元。相应地，合成高分子的基本方法必然是基于小分子单元的重复反应。在烯烃部分已经呈现了加成聚合反应的概念，因此，加成聚合必然是合成高分子物质的方法之一。

　　在酯化反应部分已经呈现了羧基和羟基脱水形成酯的反应，如果分子中存在两个以上的羧基，另一个分子中存在两个以上的羟基，其分子间的成酯反应必然有可能形成高分子化合物。这个过程中需要缩合脱水，因此称为缩合聚合反应。相似的反应还有氨基酸缩合聚合生成高分子蛋白质。

由加成聚合和缩合聚合生成的高分子类化合物统称为高分子材料。由于每种高分子材料的构成分子不完全相同，因此，每一种高分子材料都具有独特的性质和独特的应用。在人类生产和生活中，根据合成高分子材料的应用大概可以将合成高分子材料分为通用高分子材料和功能高分子材料两种。其中通用高分子材料就是常见的普通高分子材料，在某些特殊情况下，具有特殊理化性质的高分子材料习惯被人称为功能高分子材料。根据常见的性能特征：通用高分子材料可以分为塑料、合成纤维和合成橡胶三类。在化学学科领域内，这种分类彰显了结构和性质及其应用的关系。

高分子材料种类复杂、繁多，教材中通过聚乙烯和合成橡胶等相关知识的呈现，着重说明了具有双键的物质可以聚合为高分子材料的性质；通过酚醛树脂、聚酯纤维和聚酰胺纤维等相关知识的呈现，着重说明了不同物质可以缩合聚合为高分子材料的性质。当合成得到的高分子结构呈链状时，表现在宏观性质上主要是延展性，但是抗磨损能力较差；将链状高分子通过化学反应形成网状结构就可以改良其抗磨损性能，这些都蕴含了通过微观结构变化归纳形成物质宏观性质差异的学科方法。

酚醛树脂的合成反应是之前从未涉及的新反应，本节中其他的化学反应都在之前的教材中有所呈现。

总之，在知识层面，本节内容主要是"高分子材料的合成方法"和"高分子材料的分类"等知识；在方法论层面，本节内容旨在使学生了解从单元结构研究高分子的基本方法；在价值论层面，让学生进一步理解促进人类生产和生活的化学知识价值。教材中"合成高分子"一节知识的逻辑体系如图 3-74。

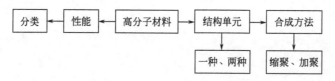

图 3-74　教材中"合成高分子"一节知识的逻辑体系

教学思考

本节内容中，除了酚醛树脂的合成反应属于新知识之外，其余反应都是之前知识的复习和应用。受学段的限制，对酚醛树脂合成反应本身不做机理上的要求，因此属于逻辑原点型知识。

　　高分子材料的分类介绍，是"结构决定性质、性质决定应用"的具体化过程。从微观结构上适当分析造成材料性能的差异，有助于培养学生遇到化学问题从微观结构寻找答案的意识。